本研究受北京社会科学青年基金项目"北京市小学生跨学科阅读素养的评价方式及干预路径研究"(23JYC018)资助

九州文库

从『阅读理解』到『跨学科阅读素养』
——理论模型、评估与教学

谷屹欣 著

九州出版社
JIUZHOUPRESS

图书在版编目（CIP）数据

从"阅读理解"到"跨学科阅读素养"：理论模型、评估与教学 / 谷屹欣著 . -- 北京：九州出版社，2025.3. -- ISBN 978-7-5225-3580-7

Ⅰ. G623.232

中国国家版本馆 CIP 数据核字第 2025KB6655 号

从"阅读理解"到"跨学科阅读素养"：理论模型、评估与教学

作　　者	谷屹欣　著
责任编辑	郝军启
出版发行	九州出版社
地　　址	北京市西城区阜外大街甲 35 号（100037）
发行电话	（010）68992190/3/5/6
网　　址	www.jiuzhoupress.com
印　　刷	三河市华东印刷有限公司
开　　本	710 毫米×1000 毫米　16 开
印　　张	16.5
字　　数	296 千字
版　　次	2025 年 3 月第 1 版
印　　次	2025 年 3 月第 1 次印刷
书　　号	ISBN 978-7-5225-3580-7
定　　价	95.00 元

前　言

随着第四次科技革命的推进，单一学科视角的局限性愈发明显，学科交叉融合成为解决重大问题、推动科技进步的关键引擎。有鉴于此，经济合作与发展组织（Organization for Economic Co-operation and Development, OECD）发布的《2030教育计划》中明确指出，中小学生必须具备跨学科学习和思维能力，才能适应未来社会的激烈竞争。近年来，美国、芬兰、加拿大等国基础教育领域的跨学科教育改革，均以培养学生的跨学科阅读素养为切入点。所谓跨学科阅读素养，指的是学生在阅读不同学科的文本时，能够像该学科专家一样进行深入阅读和思考的素养，它包含学科专家在阅读学科文本时所需的情感态度、认知策略、语言技能、思维习惯、解码能力等。美国《共同核心标准》和欧洲理事会语言政策署均指出，中小学生必须具备跨学科阅读素养，熟练掌握多门学科的学术语言和阅读策略，才能为未来的跨学科学习、创新打下良好基础。在这一背景下，本书《从"阅读理解"到"跨学科阅读素养"——理论模型、评估与教学》，正是一次对跨学科阅读素养深入剖析与理论构建的尝试。

针对跨学科阅读素养理论基础、评估方法、培养路径的研究，目前在国内外学术界均处于前沿领域。虽然在国外已有一些学者试图建构有关跨学科阅读素养的理论框架和评估工具，国内也有少数学者对此问题表示关注，但整体上，我们关于什么是跨学科阅读素养、具体的理论模型应当怎样建构、有哪些指标可以测量、怎样基于科学的评估反向设计合理的干预项目等问题依然知之甚少，因此，本书旨在通过梳理阅读理解理论模型及教学模式的历史演变，构建跨学科阅读素养的理论模型、开发评估工具和提出教学策略，为阅读教学及跨学科阅读教育的研究提供新的理论视角与路径支撑。

本书的核心目的在于通过梳理近半个世纪阅读理解模型的演变发展过

程，揭示跨学科阅读素养的本质特征、发展规律，并在前人提出的经典阅读理论模型的基础上，结合近年来有关不同学科阅读理解过程的认知特征研究，以及跨学科阅读素养的相关研究，建构有关跨学科阅读素养的理论框架；并在此基础上探索适合测评跨学科阅读素养的评估工具和实践培养路径。全书共分为七章，每章内容均围绕阅读理解及跨学科阅读素养的核心议题展开。具体而言，第一章从历时的角度，介绍了20世纪50年代以来国际学术界流行的有关阅读理解的经典理论模型，正是这些经典理论模型为跨学科阅读素养模型及核心概念的建构奠定了坚实的基础。第二章探讨了在过去的半个世纪中，不同理论视域下的阅读教学主张、特征及它们对现在阅读教学模式的重要影响，正是这些流行的阅读教学模式，在很大程度上塑造了现在跨学科阅读干预项目常用教学模式和策略。第三章分析了不同学科文本的阅读理解过程，主要从小学生就能够接触到的文学、历史、数学、科学四个学科出发，结合近年来关于学科阅读理论的研究成果，分析了不同学科文本阅读理解过程的共性与差异，以及它们如何影响跨学科阅读素养模型及组成概念的建构。第四章介绍了目前学术界较为流行的跨学科阅读素养的理论模型，由于跨学科阅读素养的研究尚处在萌芽阶段，不同研究者提出的跨学科阅读素养模型各有缺陷，本书尝试在此基础上提出了整合内容领域阅读、学科阅读、学科学术语言、元认知技能、阅读动机、多文档互文模型等元素的融合式跨学科阅读素养模型。第五章探讨了跨学科阅读素养的相关测评工具和方法，为了给有关跨学科阅读素养的实验研究提供合理的评估工具，本书介绍了截至目前在学术界较为流行的几种跨学科阅读素养及核心组成概念（如认识论信念、阅读策略、元认知技能等）测评方法和工具，尽管这些工具各有各的局限，仍需更大规模的实证数据检验和修订，但它们依然为研究者和一线教师了解学生的跨学科阅读素养提供了重要参考。第六章讨论了提升跨学科阅读素养的路径及项目，在综合分析了一些跨学科阅读素养典范干预项目的基础上，本书提炼出培养跨学科阅读素养干预项目的关键路径和注意事项。在最后一章，本书着重介绍了由研究团队开发设计的融合式阅读教学项目，在以北京市小学生为样本的一项实验研究中，是怎样对学生的标准化阅读理解能力、文学类文本的理解能力、文本中的跨学科主题及背景知识的理解能力、阅读动机、阅读策略等阅读相关变量产生显著而积极的影响的，以期为一线教师和研究者设计有效的阅读干预项目提供参考和借鉴。

本书的创新之处主要体现在以下几个方面：首先，系统地梳理了阅读理解模型的历史演变，揭示了阅读素养模型的核心概念及关键组成部分，以及不同学科阅读的本质差异，在此基础上提出了跨学科阅读素养的概念，并构建了理论模型。其次，梳理并介绍了较为实用的跨学科阅读素养的评估方法和工具，尽管这些工具和方法并不成熟，但它们为我们深入了解学生的跨学科阅读认知、行为、动机等方面提供了有效途径。最后，提出了提升跨学科阅读素养的实践路径、教学策略，并介绍了融合式阅读教学的实证研究结果。这些创新不仅丰富了阅读教育领域的理论体系，也为解决如何提升学生的跨学科阅读素养提供了新的思路与方案。同时，本书的研究成果对于教育工作者、研究者以及政策制定者具有较为重要的参考价值与实践意义。

学术之路，道阻且长，如临深渊，如履薄冰。本书虽已完成，但并不意味着对跨学科阅读素养的探索就此止步，恰恰相反，它只是一个起点，一个激发我们更多思考与研究的新的契机。笔者衷心希望，本书能够引起广大学者与实践者的关注与共鸣，共同为推动阅读教育领域的发展贡献智慧与力量。同时，在撰写此书的过程中，笔者也深刻体会到学术研究的艰辛与乐趣，感谢在背后默默提供支持的项目团队成员，尤其感谢笔者的博士导师——香港中文大学刘洁玲教授的指导和帮助，期待在未来的研究中，笔者能够继续深化对跨学科阅读素养的理解与认识，继续扩展对融合式阅读教学及其对跨学科阅读素养的影响的研究，为阅读教育研究的发展贡献一份绵薄之力。

2024 年 9 月 30 日于北京

目 录
CONTENTS

第一章

阅读理解经典理论模型

第一节　行为主义视角下的阅读理解理论模型

行为主义是在巴甫洛夫条件反射学说基础上建立起来的一种经典心理学理论，它在 20 世纪 20 到 80 年代的国际心理学界占据了主导地位。它强调，学习成果是一系列外在可观察的行为变化，这些变化基于著名的"刺激—反应"实验。在近半个世纪的时间里，行为主义理论视域下的阅读理解模型深刻地影响了人们对于"何谓阅读"的理解，以及阅读教学模式的发展和演变。基于这一视角，语言学习不是一个自然发生的过程，而是一个逐步通过学习进行积累的过程，包括依次掌握一系列小的、零碎的技能，[①] 并且可以通过一系列条件刺激获得。因此，培养学生的阅读能力，意味着训练学生掌握一套完整的阅读子技能，如识字、拼读、认识句法和句子等。当读者掌握了简单的子技能，他们就可以逐级向上进展到复杂的子技能，随着子技能的不断积累，他们的阅读能力也会提高。[②] 早期的行为主义理论提倡自下而上的模型（bottom-up model），认为读者理解文本必须从认识字母开始，逐步扩展到掌握单词，再到理解段落，最后理解整个文本，这个机械化的顺序不能被打乱。但后来，行为主义心理学家们发现了纯粹自下而上模型的局限性，并将其修改为包含自上而下反馈的互动模型。

---

① TRACEY D H, MORROW L M. Lenses on Reading: An Introduction to Theories and Models [M].2nd ed. New York: The Guilford Press, 2012.

② MATHES P G, DENTON C A, FLETCHER J M, et al. The Effects of Theoretically Different Instruction and Student Characteristics on the Skills of Struggling Readers[J]. Reading Research Quarterly, 2005, 40(2): 148–182.

一、早期"自下而上"的阅读模型

自下而上的阅读模型（bottom-up model）诞生于 20 世纪 70 年代，它假定读者按顺序从字母到单词、从单词到短语，再从短语到句子或从句来构建意义。早期自下而上模型强调快速识别字母和单词，意义是通过线性的自下而上的顺序建立的，信息是被动且迅速获得的，读者的阅读从逐个扫描单词中的字母开始的。[1] 在自下而上的阅读模型中，自上而下依赖上下文猜词是阅读能力较差的读者所偏爱的策略，因为他们不能立即将文本符号与意义联系起来。有鉴于此，阅读理解意味着熟练掌握一系列阅读技能和知识，包括语音意识、单词识别技能、词汇知识、阅读流畅性和理解技能。[2] 这一模型无疑给当时的阅读教学模型带来了较为科学的理论指导。但是，在自下而上模型中，高层次的阅读理解过程通常被视为语义层面的一部分，或者单词解码过程的一部分，因此学术界对于高层次的阅读理解仍处在一个较为模糊的状态。总之，早期的自下而上的阅读模型，虽然揭示了阅读理解在字词解码层面存在的规律，但忽视了先前知识、记忆和已有经验在阅读理解中的价值，并未真正解开高层次阅读理解过程的谜团。

二、"自上而下"的阅读模型

自上而下的阅读模型（top-down model）大约形成于 20 世纪 80 年代。自上而下的阅读模型认为，在读者开始阅读文本之前，他们已经拥有一些概念。在阅读过程中，读者会利用自己存储在图式中的对形式和内容的概念知识，灵活地提出假设和预测，以理解接下来的信息，从而理解文本。自上而下理论的早期支持者古德曼（Goodman）将阅读描述为思维和语言之间的心理语言游戏，包括预测、抽样、确认和纠正四个过程。[3] 通常，持自上而下理论观点的研究者认为，与自下而上理论所假设的相比，读者并不那么依赖文本的印刷和音素信息，因为读者对句法和语义有预先的认识。在阅读过程中，读者会通过猜测来构建文本的意义，并使用文本信息来证实或证伪这些猜测。在该模型中，阅读

---

[1] HUDSON T. Theoretical Perspectives on Reading[J]. Annual Review of Applied Linguistics, 1998,18:43-60.

[2] CHIA N K H,KEE N K N. Gender Differences in the Reading Process of Six-year-olds in Singapore[J]. Early Child Development and Care,2013,183(10):1432-1448.

[3] GOODMAN K S. Reading:A Psycholinguistic Guessing Game[J]. Journal of the Reading Specialist,1967,6:126-135.

不是一个被动的过程，就像自下而上理论所假设的那样，而是一个积极的过程，在这个过程中，读者最初会融入已有的知识、概念、过去的经历等；文本理解水平的高低，并不仅仅取决于读者所拥有的一般知识的水平，而是读者所具备的相关背景知识的深度和质量。① 研究表明，预测、联系上下文和背景知识、图式等要素在自上而下的意义构建过程中起着重要作用。然而，一些批评者指出，自上而下模型的理论起点是图式假设，即人类的认知类似于计算机信息处理的过程，但这一起点假设本身就值得怀疑，由此又引发了模型的进一步改良。②

三、改良的"互动模型"（interactive model）

行为主义视角的阅读理论问世以来，许多实证研究证据相继表明，无论是单独的自下而上模型还是自上而下模型，都不能清晰地解释阅读过程。因此，考虑到自下而上和自上而下模型都过于简单，20 世纪 80 年代末，行为主义心理学家又提出了"交互模型"。交互模型强调阅读是一个双向互动过程，既有自上而下又有自下而上的过程，同时涉及高水平认知处理，如应用背景知识，以及基本文本层面的处理。③ 因此，交互模型不仅包含基本组成部分，如词汇识别、单词识别、语音解码、句子切分、阐释技能等，而且还同时包括高水平组成部分，如上下文知识激活、主题识别、信息整合以及其他理解技能，较低层次的过程和高层次的过程是相互交互的。④ 一旦读者成功经历了语音解码和单词识别的过程，高水平技能（如建构图式或心理表征）就会被激活，这反过来又会促进低层次技能的提升。从这个角度来看，读者不仅会将文本内连续的句子之间的信息相互关联，而且还使用他所储备的文本外的话题和体裁的相关知识来解释、组织和整合文本中的信息。⑤ 词汇、理解过程训练和背景知识在这种类型的模型中是重要元素。改良版的交互模型还纳入了元认知要素。交互模型有别于单向模型的一个突出特点是主张读者在处理信息的过程中，不是只按照一定方

---

① BECK I L,CARPENTER P A. Cognitive Approaches to Understanding Reading:Implications for Instructional Practice[J]. American Psychologist,1986,41(10):1098-1105.

② SADOSKI M,PAIVIO A. Toward a Unified Theory of Reading[J]. Scientific Studies of Reading, 2007,11(4):337-356.

③ KINTSCH W. Comprehension:A Paradigm for Cognition[M]. Cambridge:Cambridge University Press,1998.

④ HABEDANDT K E,GRAESSER A C. Component Processes in Text Comprehension and Some of Their Interactions[J]. Journal of Experimental Psychology General,1985,114(3):357-374.

⑤ BECK I L,CARPENTER P A. Cognitive Approaches to Understanding Reading:Implications for Instructional Practice[J]. American Psychologist,1986,41(10):1098-1105.

向依次运用某个系列的知识和技能，而是会同时、灵活地综合运用来自不同层次的技能知识，如语音知识、正字法知识、词汇句法知识、语义知识、背景知识、认知和元认知策略知识等。

第二节　认知主义视角下的阅读理解理论模型

一、认知主义理论视域下的阅读理解

20 世纪 70 年代以来，随着认知心理学的发展，认知理论已经取代行为理论，成为指导阅读教学最受欢迎的理论。从认知理论的视角来看，阅读不是一个被动地积累孤立的语言知识和一系列子技能的过程，而是一个积极调用多种认知知识的过程，其目的是构建文本整体的意义。随着对阅读过程研究的发展，教育者和研究者都倾向于将认知阅读模型整合为一个统一的模型，该模型包含语言和建构意义的多个维度。[1] 从这个整合的理论视角来看，阅读认知过程从单词识别开始，也称为单词解码技能，包括正字法、音韵学、形态学等知识和技能；接下来是单词到文本整合的步骤，通过这一步，读者使用单词的意义、句子结构和语法规则来构建有关句子意义的假设。[2] 读者通常将单词与句法、短语和文本的语义表征联系起来，并在此基础上整合每个句子的意义，联系先前的知识和经验，进行推理，再利用文本结构，结合作者的写作目标和意图，以理解整篇文本。[3] 这一阅读理解过程部分是自动化的，部分是策略性的。这种理解过程不仅涉及对文本表面信息的解码，还包括对文本深层含义的主动构建。读者利用自己的背景知识和对世界的理解来填补文本中的空白，形成对文本的整体理解。这种理解不是被动接受，而是一个积极的构建过程，需要读者不断在文本信息和自己的知识之间建立联系。有效的理解还要求读者能够运用认知策略和元认知策略，如回顾寻找相关信息、搜索自己以往阅读过的文本的心理表征、搜索自己的背景知识以做出解释、自我监控和自我调节以优化自己的理解

① KENDEOU P, MCMASTER K, CHRIST T J. Reading Comprehension: Core Components and Processes[J]. Policy Insights from the Behavioral and Brain Sciences, 2016, 3(1): 62-69.
② PERFETTI C, STAFURA J. Word Knowledge in a Theory of Reading Comprehension[J]. Scientific Studies of Reading, 2014, 18(1): 22-37.
③ GRAESSER A C. Deeper Learning with Advances in Discourse Science and Technology[J]. Policy Insights from the Behavioral and Brain Sciences, 2015, 2: 42-50.

过程等。通过这一系列主动和策略性的阅读，读者能够更深入地理解文本，并能够将新信息与已有知识整合，形成更加丰富和完整的认知结构。不过策略性的阅读过程，不是读者天生就会的，而是需要后天的学习和反复实践才能获得。通过反复的实践，读者可以将策略性过程逐渐内化，在许多情况下变得高度自动化，仿佛是读者的自然反应。①

在整合的阅读认知模型中，阅读理解的最后一步，也是最难的一步，是建立一个反映读者对文本的整体理解的、关于文本的整体性心理表征（mental representation）。认知心理学家已经提出了几种著名的模型来描述这个过程，如情境模型（situational model）、建构—整合模型（construction-integration model）、风景模型（landscape model）、共振模型（resonance model）和双重编码模型（dual coding model）。尽管这些模型各不相同，但它们一致认为，在记忆中构建一个整体的、高度个性化的、连贯的文本表征，是成功理解文本的关键。一个整体的、有效的、连贯的心理表征，应该由文本提供的不同信息群组成，它与背景知识紧密相连，并且非常容易被大脑提取和检索。② 读者通常基于文本内容不同部分之间的因果、时间、逻辑关系来构建有关文本的连贯心理模型。接下来我们重点介绍其中影响较大的三个模型：情境模型、风景模型和双重编码模型。

二、情境模型（situational model）

情境模型的基本组成要素包括文本信息、文本内的推理、已有知识以及将文本与先前知识关联起来的推理；而文本理解的核心过程，是对文本描述的情境的心理模拟和表征，这受到文本承载的言语和视觉信息、读者个体智力及其与文本信息、阅读环境互动的影响。③ 读者的情感和动机因素，如读者对文本的兴趣和态度，也会影响连贯情境模型的构建，因此，不同的读者在阅读同一文本时，可能会发展出差异较大的模型；同一读者在不同目的下阅读同一文本时，

① VAN DEN BROEK P, ESPIN C A. Connecting Cognitive Theory and Assessment: Measuring Individual Differences in Reading Comprehension[J]. School Psychology Review, 2012, 41(3): 315-325.
② RAPP D N, VAN EEN BROEK P. Dynamic Text Comprehension: An Integrative View of Reading[J]. Current Directions in Psychological Science, 2005, 14(5): 276-279.
③ VERHOEVEN L, PERFETTI C. Advances in Text Comprehension: Model, Process and Development[J]. Applied Cognitive Psychology, 2008, 22(3): 293-301.

也可能构建出不同的情境模型。① 熟练的读者通过整合和更新一系列关键情境信息，如时间、空间、因果关系、逻辑顺序、文本结构、主角的特征以及动机和情感意图，来丰富和建构他们的情境模型。②

情境模型强调，读者在理解文本时，不仅仅是被动地接收信息，而是需要积极调动认知储备，构建一个心理表征，这个表征是对文本描述情境的模拟。这种模拟涉及对文本内容的深入分析和理解，包括对文本中隐含的因果关系、时间顺序、空间关系等的深入分析和理解。此外，读者的个人经验和知识也在这个过程中发挥着重要作用，他们利用这些经验和知识来填补文本中的空白，形成对文本情境的完整理解。构建情境模型的过程还受到读者情感和动机的影响。如果读者对文本感兴趣，或者对文本主题持有积极态度，他们更有可能投入更多的认知资源来构建情境模型。相反，如果读者对文本不感兴趣或者持有消极态度，他们可能会在构建情境模型时投入较少的精力。总的来说，情境模型提供了一个框架，帮助我们理解读者是如何通过与文本的互动以及与自己已有知识的结合，来构建对文本的深层理解的。这种理解不仅仅是对文本表面信息的解码，更是对文本背后情境的全面模拟和表征。

三、风景模型（landscape model）

为了将认知记忆理论和建构主义视角相调和，突破线性理解模型的局限，风景模型同时整合了阅读理解的多种认知过程和文本元素，描述了阅读理解过程中的认知活动以及心理表征的构建。根据风景模型，读者通过概念网络来理解文本，这些网络代表了文本的思想以及文本内部的联系，它们以循环的方式被激活并不断变化。循环过程由四个资源支持，即当前循环中的文本输入、上一循环中保留的信息、迄今为止已阅读文本的心理表征，以及读者的背景知识。③ 概念激活和理解的模式受到读者特征、文本特征以及情境的影响，包括读者的注意力和工作记忆能力，背景知识的内容、深度和数量，文本难度，读者的疲劳状态、阅读的目的和阅读策略，文本的结构和组织，等等。这些因素可

---

① WEIGLE S C, YANG W W, MONTEE M. Exploring Reading Processes in an Academic Reading Test Using Short-answer questions[J]. Language Assessment Quarterly, 2013, 10(1): 28-48.

② VAN DER SCHOOT M, REIJNTJES A, LIESHOUT E. How do Children Deal with Inconsistencies in Text? An Eye Fixation and Self-paced Reading Study in Good and Poor Reading Comprehenders[J]. Reading and Writing, 2012, 25(7): 1665-1690.

③ LINDERHOLM T, VIRTUE S, TZENG Y, et al. Fluctuations in the Availability of Information during Reading: Capturing Cognitive Processes Using the Landscape Model[J]. Discourse Processes, 2004, 37(2): 165-186.

能对读者有关模型连贯性的要求或标准产生不同程度的影响，而这些要求和标准展示了读者在阅读文本时所追求的理解水平。① 根据风景模型，不同的读者有不同的连贯性标准，如时间连贯性、空间连贯性、指代连贯性和因果连贯性，其中指代连贯性和因果连贯性对阅读理解至关重要。指代连贯性让读者能够跟踪文本中相关的物体、概念、人物和事件，因果连贯性能够使读者发现文本中的不同事件彼此依赖。② 读者的连贯性标准在理解过程中起着关键作用，能帮助读者感知和纠正文本内部的不一致性。

关于各个组成部分之间的动态关系，风景模型有两个机制，即群激活（cohort activation）和基于连贯性的检索（coherence-based retrieval）。群激活指的是在阅读过程中，当一个概念被激活时，其他相关的概念，也称为其群伙伴，无论是在先前知识中已经存在，还是在当前循环中构建的，也会被激活。群激活是基于记忆的、快速且被动的、类似于自下而上的过程。基于连贯性的检索指的是一个策略性、有目的、有意识的过程，通过这个过程检索相关信息，无论是来自先前的知识还是来自迄今为止构建的表征，以满足读者特定的连贯性标准。③ 基于连贯性的检索通常是积极的、缓慢的并需要付出较大的认知努力，类似于自上而下的过程。两种机制同时工作，一个机制中的激活或检索影响另一个机制的功能，因此，风景模型实际上包含了自下而上（群激活）和自上而下（基于连贯性的检索）的双重过程。值得注意的是，风景模型并不仅仅适用于文学类文本的阅读理解过程，该理论模型中提及的循环认知过程、支持资源、激活机制、激活因素等，对科学、历史、社会科学类文本的阅读同样适用。风景模型也强调，阅读理解过程受文本和读者个性特征影响较大，研究者和教师应当关注不同类型的文本在文体特征、组织结构、概念难度、背景知识的广度和深度方面的区别，这为跨学科阅读研究的发展奠定了基础。

---

① VAN DEN BROEK P, RISDEN K, FLETCHER C R, et al. A "landscape" View of Reading: Fluctuating Patterns of Activation and the Construction of a Stable Memory Representation [M]// BRITTON B K, GRAESSER A C. Models of Understanding Text. Hillsdale: Lawrence Erlbaum Associates, 1996:165-187.

② RAPP D N, VAN DEN BROEKP, MCMASTER, K L, et al. Higher-order Comprehension Processes in Struggling Readers: A Perspective for Research and Intervention [J]. Scientific Study of Reading, 2007, 11(4):289-312.

③ VAN DEN BROEK P, RISDEN K, FLETCHER C R, et al. A "landscape" View of Reading: Fluctuating Patterns of Activation and the Construction of a Stable Memory Representation [M]// BRITTON B K, GRAESSER A C. Models of Understanding Text. Hillsdale: Lawrence Erlbaum Associates, 1996:165-187.

四、双重编码模型（dual coding model）

在审视了上述几种综合模型的缺陷之后，有研究者提出了将各模型优势整合起来，构建一个统一阅读模型的必要性。研究者认为，良好整合模型，至少应包括阅读过程的三个基本方面：解码和重新编码、理解过程以及个体反应。解码和重新编码，指的是将印刷语言转换为口语语言的能力；理解过程指的是在字面、推理和批判层面上构建关于文本的有意义的解释；而阅读个体反应则涉及读者对文本的欣赏、将所阅读的内容应用到生活实践，个体在阅读过程中的情感反应，以及阅读行为对读者情感和态度的影响。① 整合模型中还应该整合言语和非言语的认知以及情感方面的元素。

因此，根据这一观点，双重编码理论比其他模型更接近于一个统一的阅读模型。因为这一理论可以用来解释阅读过程中的语言过程以及非言语的意象编码及情感过程。言语编码过程不仅包括听觉上的音素、单词发音、重音语调以及韵律的表征，还包括视觉上的字母、书写拼写和标点符号表征。而非言语意象编码，则包含关于物体的视觉、嗅觉、听觉、味觉和触觉等感受。言语编码在处理上更加序列化；而非言语编码则更加同步化。② 与其他理论不同，双重编码理论特别强调了非言语意象在阅读中的作用，指出读者在阅读时不仅处理言语信息，还可能在脑海中形成与文本内容相关的视觉、听觉或其他感官的意象。这些意象有助于加深对文本的理解，并可能影响读者的情感反应。此外，该理论还认识到阅读过程中情感和动机的重要性，这些因素可以影响读者如何解码文本、构建意义以及对文本做出反应。总之，双重编码理论超脱了单纯理性主义的束缚，不再将阅读视为一个纯粹的、理性的认知活动，而是提供了一个全面而综合的视角，将"阅读理解"视作一个复杂的认知和情感过程，它考虑了阅读过程中的各种言语和非言语、认知和非认知的情感因素。

---

① SADOSKI M, PAIVIO A. Toward a Unified Theory of Reading[J]. Scientific Studies of Reading, 2007, 11(4):337-356.

② SADOSKI M, PAIVIO A. Toward a Unified Theory of Reading[J]. Scientific Studies of Reading, 2007, 11(4):337-356.

第三节　全语文理论视角的阅读理解模型

一、全语文理论的主张

全语文理论（Whole Language Theory）起源于心理语言学理论（Psycholinguistic Theory）的基本假设。心理语言学理论强调阅读作为一种语言过程，应当使用自然语言写成的真实阅读材料。基于这一理论背景，20 世纪 70 年代，古德曼将阅读定义为一种心理语言猜测游戏，通过这一过程，儿童尝试利用他们以往的经验和知识来理解文本的含义。[①] 史密斯（Smith）则认为阅读是一种需要读者主动自我提问和回答的活动。[②] 古德曼和史密斯的观点为全语文理论奠定了基础，这是 20 世纪 80 年代以来一直流行的语言教育理论。与将阅读过程划分为一系列子技能的行为主义理论相反，全语文理论将语言学习视为一个整体的、自然的过程，通过这一过程，学生积极地与环境互动，并通过将整体与部分联系起来构建意义。相比于行为主义和认知主义阅读理论模型严密要素及其关系假设，全语文理论的概念体系较为松散，更像是一些反对行为主义和认知主义的浸润式语言教学观点的集合，并且不同的研究者和教育者对全语文理论的理解和解释也存在差异。不过，总体来说，关于阅读理解能力的发展，全语文理论有以下几个核心主张[③]：①阅读理解不是一个被动而机械地积累技能或者有意识地策略学习过程，而是一个自然习得过程，通过学生功能性地、有意义地、有目的地使用真实语言和积极地与语言环境互动而发展。②读者在阅读时的最大目标不是掌握技能或是阅读策略，而是理解文本的含义，建构意义。③读者在寻求文本意义的过程中会不断进行预测、选择信息、确认先前的预测和自我纠正。④学生应该置身于充满有意义和真实文学作品的高质量自然语言环境，这样才能促进其阅读能力的提升。因此，阅读教学应该给学生创造真实、自然

---

① GOODMAN K S. Reading:A Psycholinguistic Guessing Game[J]. Journal of the Reading Specialist,1967,6(4):126-135.

② SMITH F. Understanding Reading:A Psycholinguistic Analysis of Reading and Learning to Read [M]. New York:Holt Rinehart & Winston,1971.

③ GOODMAN K S. What's Whole in Whole Language[M].Portsmouth:Heinemann,1986:34-37; BERGERON B. What Does the Term Whole Language Mean? Constructing a Definition from the Literature[J].Journal of Literacy Research,1990,22(4):301-329.

的机会阅读、讨论高质量的、真实的整本书,而不是大量阅读为训练阅读技能而炮制的课文或短文。⑤学生的阅读和写作能力是高度相关的,实质上,学生的听、说、读、写能力都是高度相关的,其中每一部分的进步都促进其他三部分的发展。① 因此,阅读教学不应该与其他教学割裂开来,特别是,阅读与写作教学应当紧密结合、相辅相成。虽然全语文理论在概念体系的严密程度上无法与行为主义及认知主义理论视角的阅读理解模型相媲美,但它却因为在实践中的良好效果,受到了欧美一线教师高度重视和青睐,在20世纪90年代后,全语文理论在欧美成为与认知主义理论并驾齐驱的、指导阅读教学的主流理论。

二、读写结合理论模型

考虑到读者在阅读时所处的情境的复杂性,有研究者提出了"创作—阅读模型",该模型假设阅读理解过程是一个读者与作者持续通过文本互动的过程,并将阅读定义为一个事件,在这个事件中,读者同时也是创作者。从这一视角来看,作者在写作时的意图,是让读者在阅读时创造意义,而读者在阅读时会意识到作者会为意义的建构留下关键线索。了解为何某事在文本中被提及与了解文本所提及的内容一样重要,这对做出有关文本的合理解释至关重要。阅读是一个创作过程,而不是简单重复或背诵,因为成熟的读者扮演着四个积极的角色:计划者、创作者、编辑和监控者。② 作为计划者,读者要设定阅读目标,激活背景知识并与文本互动。作为创作者,读者通常需要根据文本内部的连贯性和内部联系,用推理填补文本的空白。作为编辑,读者要质疑文本并检视自己的解释,以发展自己的理解。此外,读者在扮演前三个角色的同时,也扮演着监控者的角色。读者需要采用元认知监控策略,随时关注前三个角色的分配,并决定在阅读过程的哪一部分应该承担哪个角色。③ 该模型强调了读者、作者、文本以及这几个角色之间的协作。与认知主义和行为主义理论的模型不同,这个模型突出了阅读过程中的互动性和创造性,它假定阅读不仅仅是被动接收作者信息的认知活动,而是一个主动构建意义甚至进行再创造的过程。在这个过

---

① BERGERON B S. What does the Term Whole Language Mean? Constructing a Definition from the Literature[J]. Journal of Reading Behavior,1990,22:301-329.

② PEARSON P D, TIERNEY R J. On Becoming a Thoughtful Reader: Learning to Read like a Writer[M]//PURVES A, NILES O. Becoming Reader in a Complex Society. Chicago: Chicago University Press,1984:144-173.

③ HUDSON T. Theoretical Perspectives on Reading[J]. Annual Review of Applied Linguistics, 1998,18:43-60.

程中，读者利用自己的背景知识和对文本的理解，不断地做出预测、推理和自我修正。读者所承担的四种角色不是孤立的，而是相互影响、相互协作的，共同促进了读者对于文本的深入理解。

第四节 社会批判及社会建构阅读理论模型

一、背景社会批判模型（contextual social critical model）

背景社会批判模型反对行为主义和认知主义将阅读视作一个孤立认知过程的立场，认为阅读理解过程虽然是发生在读者头脑内的过程，但同时也深深植根于社会、文化和政治背景之中。这种阅读理解模型直言不讳地批评了行为主义和认知主义将阅读理解过程类比为计算机的信息处理过程的做法，指出阅读理解过程与自动化的信息处理模型有本质化区别，因为后者将阅读从社会、文化和意识形态影响中孤立出来。[①] 背景社会批判模型视域下的阅读过程，是一个教师、学生、读者和作者之间的交际互动过程，因此，读者的阅读和写作技能与他所处的文化、社会和政治背景紧密相连。由于所有的阅读活动都有社会文化背景的参与，读者的社会政治期望、读者选择的话题和体裁、读者与作者之间的互动、参与阅读事件的人之间的社会关系，以及阅读和写作在社会中扮演的其他社会或文化角色，都可能会影响读者的阅读理解水平，因此应该在阅读模型中得到体现。[②] 该模型同时也批评了定量方法的局限性，认为这种方法将阅读过程从复杂的文化和社会情境中抽象出来，过于线性和简化，忽略了阅读理解过程的复杂性，相反，该模型更青睐通过质性研究方法进行调查。同时，该模型更倾向于支持全语文理论视域下的阅读教学法，因为它们将阅读过程置于一个真实、复杂和自然的背景中。

与传统行为主义和认知主义视域下的阅读理论不同，社会批判阅读理解模型强调了阅读和写作不仅是个体的认知活动，更是社会性的实践，与社会结构和文化背景紧密相连。在该理论视角下，阅读是一种社会构建，是读者与文本、作者以及其他社会成员之间互动的结果。因此，阅读教学不仅仅是教授解码文

---

① STREET B V. The New Literacy Studies[J]. Journal of Research in Reading, 1993, 16:81-97.

② HUDSON T. Theoretical Perspectives on Reading[J]. Annual Review of Applied Linguistics, 1998, 18:43-60.

字的技能，还包括培养学生的社会意识、批判性思维和文化敏感性。教师应该鼓励学生探索文本背后的社会文化意义，分析作者的观点和意识形态，以及评估阅读材料对他们自己和他们所在社区的相关性。这种观点挑战了传统的、以技能为中心的阅读教学方法，提倡一种更为全面和综合的方法，融入了阅读的社会文化维度。总之，背景社会批判模型提供了一个更为丰富和多元的视角，以理解阅读和写作作为社会实践的本质，以及它们在塑造个人和社会认同中的作用。

二、社会建构模型（social constructive model）

社会建构主义认为，阅读过程中文本的意义是通过读者和社会文化的互动构建的，这一观点基于维果茨基（Vygotsky）提出的经典前提假设，即儿童的成长本质上是他们与周围环境和人群的社会互动的结果。① 与背景社会批判模型类似，社会建构模型也强调社会文化对学生在构建意义和理解知识时的影响。从社会学习和社会建构主义理论家的观点来看，阅读是一个互动的社会过程，通过这一过程，读者通过社会文化互动积极地构建意义，因此，读者的理解过程深受社会文化信仰和规则的影响。基于这一视角，对话在阅读理解能力发展过程中被重视，因为文化、社会信仰、规范往往依托对话而传承。②

与背景社会批判模型相似，社会建构主义视角的阅读模型也强调，阅读不是一个孤立的、纯粹个体化的认知活动，而是一个深受社会文化背景影响的社会互动过程。在这个过程中，读者不仅仅是在解码文字，更是在与文本、作者以及其他读者进行对话和互动，通过这些社会文化活动来构建个人的理解。这种理解是一个动态的、不断发展的过程，它受到读者的社会文化背景、信仰、价值观以及与他人的互动等因素的影响。

社会建构主义理论认为，教育和社会环境为儿童提供了发展认知和社会技能的机会。通过与他人的互动，儿童能够学习语言、文化规范和社会角色，这些互动是他们认知发展的关键。因此，该理论视域下的阅读理解模型认为，在阅读教学中，教师应该创造一个支持性和互动性强的学习环境，鼓励学生参与讨论、分享观点和协作解决问题。然而，社会建构主义理论也面临着一些批评，

---

① VYGOTSKY L S, COLE M, JOHN-STEINER V, et al. Mind and Society: The Development of Higher Mental Processes[M]. Cambridge: Harvard University Press, 1978.

② BRUNER J S. Vygotsky: A Historical and Conceptual Perspective [M]// WERTSCH J V. Culture, Communication and Cognition: Vygotskian Perspectives. Cambridge: Cambridge University Press, 1985: 21-34.

特别是关于它可能过于强调言语对话和互动在意义构建中的作用,① 这反映了它对阅读过程中非言语方面要素的排斥。一些批评者认为,这种观点可能忽视了阅读过程中非言语方面的重要性,如情感、个人经验和直觉等,这些都是理解文本的重要方面。一个更全面的阅读理解模型,应该考虑到阅读过程中的多种因素,包括言语和非言语的互动、理性和情感的元素等。

第五节　趋向于"大统一"的阅读理解模型

一、融合式认知心理模型

历经近一个世纪发展,国际学术界关于阅读理解的研究逐渐达成了一个共识,那就是阅读理解是人类最复杂的认知活动之一,它依赖于许多认知过程的实施和整合,② 不同理论视角都有其合理之处,但又有各自的局限。因此,阅读研究领域需要一个"大统一"的模型,除了传统的行为主义和认知主义视角假定的内部认知过程,还有必要充分考虑个体理性认知之外的情感、动机、文本特点、学科特征、社会文化、个体所处情境等综合要素。不过,阅读理解过程的核心仍然是发生在读者头脑内部的认知过程。尽管在过去一个世纪,描述阅读过程的模型多种多样,各有主张,但它们中的绝大多数认同阅读理解在最终意义上意味着建构有关文本的心理表征,而这需要读者通过语义关系主动在文本信息及背景知识之间建立联系。③ 为了识别语义关系,读者还需要进行自动和策略性的推理,后者需要大脑提供的注意力和工作记忆的资源。

整合近一个世纪的多种阅读理解模型的共同观点,我们大致可以总结出,阅读理解的内部认知过程可以分为两个层次:其一,较低层次的理解过程,在这个过程中,读者将文本中的印刷符号解码成有意义的口头语言单元;其二,较高层次的理解过程,在这个过程中,读者将有意义的口语单元整合成一个更

---

① SADOSKI M, PAIVIO A. Toward a Unified Theory of Reading[J]. Scientific Studies of Reading, 2007, 11(4):337-356.

② VAN DEN BROEK P, ESPIN C A. Connecting Cognitive Theory and Assessment:Measuring Individual Differences in Reading Comprehension[J]. School Psychology Review, 2012, 41(3):315-325.

③ KENDEOU P, VAN DEN BROEK P, HELDER A, et al. A Cognitive View of Reading Comprehension:Implications for Reading Difficulties[J]. Learning Disabilities Research & Practice, 2014, 29(1):10-16.

大的、连贯的心理表征。其中，对文本的低层次理解主要依赖于解码技能、阅读流畅性和词汇知识；① 而高层次的理解则在很大程度上依赖于推理能力、大脑的执行功能和注意力分配。推理能力指的是使读者能够在文本的不同元素之间以及文本的某些部分与相关的背景知识之间建立联系的能力，这部分能力与阅读策略的使用紧密相关。② 执行功能指的是调节某些特定任务中行为的能力，如工作记忆和抑制功能。③ 工作记忆允许读者在处理后续信息时保留一些信息，并将两部分整合起来；抑制作用是抑制不相关信息，从而决定哪部分信息是重要的，值得保留在活跃记忆中，这也是策略性的过程。④ 注意力分配指的是根据当前阅读任务的需求，调整、分配注意力资源的过程，涉及选择性注意和理解监控，使读者能够集中注意力在段落的关键方面，需要读者熟练运用元认知策略。一旦较低层次的理解随着读者心理能力的发展变得自动化，更多的认知资源将可用于高层次的阅读理解过程。

二、融入阅读动机的阅读理解理论模型

随着对阅读理解过程研究的深入，越来越多的研究者注意到，阅读过程是一个具有多方面复杂性的进程。先前的阅读理解过程模型主要强调了认知成分及其内部要素之间动态关系的重要性，却忽视了阅读动机及情感因素在阅读理解过程中所扮演的关键角色。为了补充这一点，有研究者提出了构建纳入动机及情感元素的整合模型的必要性，它将词汇、背景知识、解码速度、阅读流畅性、概括策略和元认知策略等认知因素，以及阅读兴趣、自我效能、态度以及消极或积极情绪等动机情感因素纳入其中。⑤ 研究表明，认知和动机情感因素对

① FUCHS L S, FUCHS D, HOSP M K, et al. Oral Reading Fluency as an Indicator of Reading Competence: A Theoretical, Empirical, and Historical Analysis [J]. Scientific Studies of Reading, 2001, 5(3):239-256.

② OAKHILL J, CAIN K, BRYANT P E. The Dissociation of Word Reading and Text Comprehension: Evidence from Component Skills [J]. Language and Cognitive Processes, 2003, 18(4): 443-468.

③ KENDEOU P, VAN DEN BROEK P, HELDER A, et al. A Cognitive View of Reading Comprehension: Implications for Reading Difficulties [J]. Learning Disabilities Research & Practice, 2014, 29(1):10-16.

④ SWANSON H L, O'CONNOR R. The Role of Working Memory and Fluency Practice on the Reading Comprehension of Students Who are Dysfluent Readers [J]. Journal of Learning Disabilities, 2009, 42(6):548-575.

⑤ PEČJAK S, PODLESEK A, PIRC T. Model of Reading Comprehension for 5th Grade Students [J]. Studia Psychologica, 2011, 53(1), 53-67.

阅读理解有显著影响。阅读兴趣也被发现与更深层次的学习策略密切相关。阅读自我效能（reading self-efficacy），即个人对自己阅读能力的信念，也与读者所选择的阅读任务的难度、更高层次阅读策略的使用水平、阅读中愿意付出的努力以及阅读理解水平密切相关。①

早在 20 世纪 90 年代，尼普肯思（Kneepkens）和兹旺（Zwaan）指出，传统的阅读理解过程的认知模型应该纳入情感因素，因为情感因素首先可能在注意力分配过程中发挥重要的选择性作用，通过将读者的注意力引向文本中的某些信息片段，而忽略其他与读者原始目标更相关的信息类型，从而影响读者的认知理解过程。② 此外，当读者在构建文本和情境模型的心理表征遇到挫折或者失败时，动机情感因素会支持和调节认知过程，增强读者的心理韧性。情感因素可能会引导读者的注意力，并参与决定哪些与情境相关的信息应该被激活。情感还通过影响工作记忆来影响阅读理解。③ 例如，当消极情绪占据了工作记忆的一部分时，读者会更多地关注自己的负面情绪，而不是阅读任务的认知要求。而阅读态度对阅读成就同样至关重要，同时与情感和认知成分密切相关。

（一）阅读动机成为阅读理解模型中的重要组成部分

随着学术界对阅读理解过程研究的日益深入，研究者逐渐达成共识：阅读理解是一个涉及读者的动机、兴趣、态度等情感方面的复杂过程，而不仅仅是一个纯粹认知过程。研究阅读认知过程的研究者更多关注读者如何阅读，而研究阅读动机成分的研究者则好奇读者为何而读。阅读动机指的是推动读者阅读的价值观、信念或目标。阅读动机是多维度的，主要涉及内在动机（intrinsic motivation）、自我效能感（self-efficacy）、外在动机（extrinsic motivation）和社会动机（social motivation）。内在动机顾名思义，是读者出于对阅读本身的兴趣而产生的内在愿望，不受外部需求或奖励的影响。自我效能感是指读者对自己阅读技能或完成阅读任务能力的信念。④ 外在动机通常是指一个外在奖励或预期

① CONLON E G, ZIMMER-GEMBECK M J, CREED P A, et al. Family History, Self-perceptions, Attitudes and Cognitive Abilities are Associated with Early Adolescent Reading Skills [J]. Journal of Research in Reading, 2006, 29(1): 11-32.

② KNEEPKENS E W E M, ZWAAN R A. Emotions and Literary Text Comprehension [J]. Poetics, 1995, 23(1-2): 125-138.

③ ELLIS H C, MOORE B A. Mode and Memory [M]// DAGLESISH T, POWER M. The Handbook of Cognition and Emotion. Chichester: John Wiley and Sons, Ltd, 2000: 34-46.

④ GUTHRIE J T, KLAUDA S L, HO A N. Modeling the Relationships among Reading Instruction, Motivation, Engagement, and Achievement for Adolescents [J]. Reading Research Quarterly, 2013, 48(1): 9-26.

后果等驱使读者去阅读的外在原因。① 而社会动机是指读者出于与他人交往的社会原因而阅读。② 在过去几十年里，阅读动机在读者阅读成就中所扮演的关键角色已经越来越受到关注。大量的实证研究揭示了阅读动机是影响学生阅读表现的关键组成部分。一系列研究表明，内在阅读动机能很好地预测阅读理解和阅读量；而外在动机则较少有效甚至消极地预测学生的阅读能力和阅读量；阅读技能和阅读动机之间存在双向关系。③ Baker 和 Wigfield 发现，几乎所有的阅读动机维度，如自我效能、挑战、目标取向和成就价值，都与学生的阅读活动，如阅读量和阅读频率显著相关。④

（二）古德瑞（Guthrie）的阅读参与模型

基于不同的动机理论以及阅读动机、认知和行为参与度与阅读理解能力之间的紧密联系，古德瑞等人提出了阅读参与模型（reading engagement model）。阅读参与度（reading engagement）指在实现特定阅读目标过程中的读者的行为和认知投入，以及个体所付出的努力和坚持。⑤ 阅读参与模型表明，阅读动机的不同维度（如自我效能、内在动机、社会动机）可以促进阅读参与度，而阅读参与度的提高也可以促进阅读理解能力的发展，因为长期且持续的努力可以提高阅读理解技能。⑥

在阅读参与模型中，阅读认知策略、已有知识和社交互动作为其关键组成

① WIGFIELD A, GUTHRIE J T. Relations of Children's Motivation for Reading to the Amount and Breadth of Their Reading[J]. Journal of Educational Psychology, 1997, 89(3): 420-432.
② WENTZEL K R. Social Goals and Social Relationships as Motivators of School Adjustment [M]// JUVONEN J, WENTZEL K R. Social Motivation: Understanding Children's School Adjustment. New York: Cambridge University Press, 1996: 226-247.
③ GU Y X, LAU K L. Examining the Effects of Integrated Instruction on Chinese Sixth-graders' Reading Comprehension, Motivation, and Strategy use in Reading Fiction Books[J]. Reading and Writing, 2021, 34(10): 2581-2602.
④ BAKER L, WIGFIELD A. Dimensions of Children's Motivation for Reading and Their Relations to Reading Activity and Reading Achievement[J]. Reading Research Quarterly, 1999, 34(4): 452-477.
⑤ GUTHRIE J T, WIGFIELD A, YOU W. Instructional Contexts for Engagement and Achievement in Reading [M]// CHRISTENSEN S L, et al. Handbook of Research on Student Engagement. New York: Springer, 2012: 601-634.
⑥ GUTHRIE J T, KLAUDA S L, HO A N. Modeling the Relationships among Reading Instruction, Motivation, Engagement, and Achievement for Adolescents[J]. Reading Research Quarterly, 2013, 48(1): 9-26.

部分，是动态相关的。① 阅读参与的不同组成部分也与阅读动机的不同要素
（如自我效能、内在动机、社会动机、阅读价值等）相关联。这些动机要素综合
了几个重要的动机理论的成果，例如，班杜拉（Bandura）的社会认知理论、莱
安（Ryan）和德西（Deci）的自我决定理论和温泽尔（Wentzel）的社会动机
理论。

大量的实证研究支持了阅读参与模型中阅读动机、阅读参与度和阅读理解
能力之间的相关性假设，并且这些相关性假设也在不同学校、不同年龄段的学
生中得到了验证。② 在阅读过程中，认知和情感参与程度高的小学生和中学生往
往有更高水平的阅读理解水平和阅读成就表现，③ 因为高度参与的学生会投入更
多的努力、坚持，采用更为有效的阅读策略，并且在阅读活动中有更高水平的
归属感。阅读动机、阅读参与度和阅读理解能力之间的相关性假设也适用于不
同文化和能力背景的学生。一些中国学者基于 PISA2009 年的数据，揭示了学生
的阅读参与度，包括阅读策略、阅读乐趣、阅读时间都可以显著预测他们的阅
读表现。④ 类似地，有研究者依托 PISA2018 的数据，也揭示了中国内地（大
陆）、香港特别行政区和台湾地区的学生的阅读参与度，如认知投入、元认知策
略使用水平及情感动机，都与学生的阅读理解水平呈显著正相关。⑤

（三）自我决定理论视域下的阅读动机

另一种广受欢迎的动机理论是莱安和德西的自我决定理论。自我决定理论
将动机分为内在动机和外在动机。内在阅读动机指驱动读者阅读的内在力量，
如对阅读的兴趣和享受；而外在动机则是指驱动读者阅读的外在动力，如外部
奖励、成绩或相关的外部影响。⑥ 内在动机和外在动机的概念已被其他著名的动

---

① NAUMANN J A. Model of Online Reading Engagement：Linking Engagement，Navigation，and Performance in Digital Reading[J]. Computers in Human Behavior，2015，53：263-277.

② RETELSDORF J，KOLLER O，MOLLER J. On the Effects of Motivation on Reading Performance Growth in Secondary School[J]. Learning and Instruction，2011，21：550-559.

③ MARCHAND G C，FURRER C J. Formative，Informative，and Summative Assessment：The Relationship among Curriculum-based Measurement of Reading，Classroom Engagement，and Reading Performance[J]. Psychology in the Schools，2014，51（7）：659-676.

④ 张文静，辛涛. 阅读投入对阅读素养影响的跨文化比较研究——以 PISA 2009 为例 [J]. 心理发展与教育，2012，28（2）：175-183.

⑤ GU Y，LAU K. Reading Instruction and Reading Engagement and Their Relationship with Chinese Students' PISA Reading Performance：Evidence from BSJZ，Hong Kong，and Chinese Taipei[J]. International Journal of Educational Research，2023，120：102202.

⑥ RYAN R M，DECI E L. Intrinsic and Extrinsic Motivations：Classic Definitions and New Directions[J]. Contemporary Educational Psychology，2000，25（1）：54-67.

机理论模型广泛接受，例如，古德瑞、威格菲尔德、沙夫纳（Schaffner）等。与其他理论不同，自我决定理论并不把外在动机视为与内在动机对立的要素，或者假定外在动机对学生阅读参与会产生负面影响，相反，自我决定理论指出，当个体强烈认同外部规则或影响时，外在动机也可以是高度自主的和自我决定的。例如，学生可能会因为认同阅读对于提升他们未来生活的工具性价值而阅读，虽然这个动因属于工具性价值而非出自对阅读本身的喜爱，严格意义上说属于外部动机，但相比于为了获得好成绩或者他人的赞许，这种动机具有更强的自主性和认可感。① 值得一提的是，在自我决定理论模型中，内部动机和外部动机不是完全对立、互不相容的，而是可以随着自主性和认可度的变化而相互转化的。

在自我决定理论视角下，阅读动机与认知策略是动态相关的。阅读动机是激发读者认知参与的刺激因素，而具有高动机的学生可能会在阅读中投入更多的认知努力。这一理论观点也得到了古德瑞等人阅读参与模型的支持。同时，一些研究者认为，在自我决定的视角下，阅读参与质量的提高也能促进阅读动机的提升。根据自我决定理论，人类深层次的心理需求是促进动机发展的主要心理因素。通过高质量的阅读参与，读者能够产生积极的阅读体验，从而满足心理需求，并进一步提高阅读动机。② 阅读参与阅读动机之间的准因果关系也得到了一些纵向研究的支持。这一发现具有重要意义，因为它表明不但阅读动机能够促进高质量的阅读参与，反过来，通过提高学生阅读参与的质量，学生的阅读动机可能会得到改善，在此基础上，学生的阅读能力可能会得到长足的发展。

三、学科语言视角及资源在阅读理论模型中的重要性

（一）跨学科核心学术语言技能的重要性

从 20 世纪 50 年代到目前为止，层出不穷的阅读理论模型虽然在行为、认知、动机等方面较好地解释和预测了学生的阅读理解行为，但也存在一定的缺陷。有不少研究者指出，现有的阅读理论模型无法很好地解释，为什么很多学生到了小学中年级以后，即使掌握了较为出色的解码、基础阅读技能和阅读策

① RYAN R M,DECI E L. Self-determination Theory and the Facilitation of Intrinsic Motivation,Social Development,and Well-being[J]. American Psychologist,2000,55(1):68-78.
② REEVE J. A Self-determination Theory Perspective on Student Engagement [M]// CHRISTENSEN S L,RESCHLY A L,WYLIE C. Handbook of Research on Student Engagement. New York:Springer Science,2012:149-173.

略，也依然会觉得阅读不同学科的文本有难度，甚至出现明显的阅读障碍。研究者们普遍认为，现有的阅读理解模型依然不够全面，缺乏一些关键的元素。尽管趋于融合式阅读理论包含了解码、基础阅读技能、阅读策略、阅读动机等多个方面的元素，但以往的阅读心理模型，甚至包括融合式阅读理论模型，均将阅读理解视为一个独立的认知过程，而没有充分考虑到阅读理解本质上是嵌入在特定的社会文化环境中的认知过程。菲利普斯（Phillips）等人指出，经典的阅读理解模型存在一些缺陷，例如，高夫（Gough）和汤默（Tunmer）的简单阅读理论模型（simple view of reading），强调了解码能力和听力理解在阅读理解中的关键作用，但是这个模型在界定解码和听力理解能力时过于简单，缺乏具体性，没有考虑到学术文本复杂的语言特征与日常口语的差异，以及这些差异会带给中高年级读者的阅读理解过程的影响，因此，经典的阅读理解模型无法帮助学生应对阅读多学科文本遇到的挑战。① 也就是说，虽然简单阅读理论在解释和提升低年级学生的阅读理解能力上是有效的，但是，随着年级的升高，学术语言在文本中变得越来越重要。比起口头语言，学术语言更加复杂，包含更多的专业词汇、复杂的语法结构和背景知识，这些都不是仅仅通过提升口头语言的理解能力就能完全掌握的。

　　类似地，认知模型、情境模型、风景模型，乃至融合式阅读理解模型，也都忽视了学科语言的视角。例如，金池（Kintsch）提出的"构建—整合模型"（construction-integration model）指出了信息类文本的阅读与文学类文本阅读的区别，但是，这个模型更重视背景知识对文本整体意义建构的重要性，而不是掌握学科语言技能的重要性。换句话说，金池的理论认为，如果学生对某个主题有一定的了解，那么在读相关文本时，就会更容易理解和整合信息，但是这个理论并没有考虑哪些因素对学生整合不同学科信息起着至关重要的作用。经典的阅读理论模型通常将学术语言视为静态的、客观的话语体系，然而，近期的研究表明，学术语言是动态的，是不同的学术群体根据文化需求和沟通目的而建构出来的，读者要想高效地阅读理解不同学科的文本，就需要了解学术语言建构的路径和方法。总之，截至目前，暂时没有研究者在阅读理解模型中融入跨学科的学术语言技能（Core Academic Language Skills，CALS）这一要素，尽管在阅读理解过程中，特别是中高年级学生（9~14岁）的跨学科信息类文本阅

---

① GALLOUAY E P,MCCLAIN J B,UCCELLI P. Broadening the Lens on the Science of Reading：A Multifaceted Perspective on the Role of Academic Language in Text Understanding[J]. Reading Research Quarterly,2020,55：S331-S345.

读理解过程中，CALS 扮演着十分关键的作用。因此，我们尚不了解读者如何使用跨学科的学术语言技能，在复杂的社会文化情境中，与不同学科文本进行对话和互动，从而建构意义。

有鉴于此，一种更为全面的阅读理论正逐渐受到重视。这一理论视角主张将不同学科的语言技能，特别是将核心学术语言技能（Core Academic Language Skills，CALS）框架纳入阅读理论模型中。核心学术语言技能指一组在不同学科学术话语共同体中用于精确理解、逻辑推理、连贯衔接和深入反思交流的语言技能。① 菲利普斯等人强调，将 CALS 框架融入现有阅读理论模型十分有必要，这样才能够更精确地界定阅读多学科学术文本时所需的语言技能，如词汇和句法知识、文本结构、阅读策略等，并且促进读者对学术语言与日常口语差异的深入理解。在这样整合的理论视域下，研究者才有可能设计出更具针对性的教学干预措施，帮助中小学生适应不同学科的学术语言，掌握不同学科文本类型的阅读策略，从而有效提升其跨学科阅读理解能力。

Barr 等人通过对 7000 多名 4~8 年级的英语母语学生的研究发现，排除学生的主题知识、学术词汇量、家庭社会经济背景、社会人口统计学背景变量等因素影响，学生的核心学术语言技能等要素可以显著预测其阅读理解能力，而这种影响不仅对以英语为母语的学生有效，对双语和多语言背景、跨语言的学生同样有显著效果。② 而关于学生阅读能力与核心学术语言技能之间的关系的追踪纵向研究也表明，对中年级段和高年级段的学生（4~8 年级）来说，核心学术语言技能水平越高，阅读理解能力和技能发展得越好。③ 研究者认为，这很可能是因为，核心的学术语言技能能够帮助学生理解更为复杂的文本，从而促进学生的阅读能力长远稳固发展。更重要的是，研究者指出，核心学术语言技能的掌握高度依赖环境、文化和与相关学术群体的互动和交流，并且学生也需要来自教师详尽的、个性化指导。总之，截至目前，学术界普遍认为，贯穿学生整个青春期发展的跨学科学术语言技能，对于中高年级学生的阅读理解能力发展

① GALLOUAY E P, MCCLAIN J B, UCCELLI P. Broadening the Lens on the Science of Reading: A Multifaceted Perspective on the Role of Academic Language in Text Understanding[J]. Reading Research Quarterly, 2020, 55: S331-S345.

② BARR C D, UCCELLI P, GALLOWAY E. Specifying the Academic Language Skills that Support Text Understanding in the Middle Grades: The Design and Validation of the Core Academic Language Skills Construct and Instrument[J]. Language Learning, 2019, 69(4): 978-1021.

③ GALLOWAY E, UCCELLI P. Examining Developmental Relations between Core Academic Language Skills and Reading Comprehension for English Learners and Their Peers[J]. Journal of Educational Psychology, 2019, 111(1): 15-31.

有重要的作用，因此理想的阅读理解模型，不能仅仅考虑解码能力、基础阅读技能、口头语言的理解和阅读策略的掌握，还应该充分考虑怎样将跨学科学术语言技能这一关键要素纳入其中，并且未来的研究也应该充分关注跨学科的核心学术语言技能与其他阅读理解基本要素有怎样的相互关系。与之相应的，学校的阅读教学，也应当充分关注更具体、更精确的学科学术语言技能和练习，提升学生的跨学科阅读能力，这样才能帮助学生更好地应对升入中高年级之后学科文本的复杂性带来的挑战。

（二）多维度学科语言资源的重要性

在研究阅读理解能力的本质的过程中，研究者逐渐达成了一个重要的共识，阅读理解超越于单纯的词汇意义的掌握，而是需要读者灵活掌握、综合运用多维度、多学科的语言资源，这一共识也得到了很多实证研究的支持。① 而在语言资源中最为关键的要素就是，不同学科的文本及语言差异，这一差异会对 4~8 年级的学生的阅读理解造成较大的干扰。学科语言的差异应当在阅读理论模型中得到体现。因为，虽然有大量的研究都揭示了读者的词汇量、基础阅读技能、阅读策略与其阅读理解能力之间存在显著而强劲的相关性，也有不少研究明确地指出，单一聚焦于词汇能力、语素意识或者是阅读策略提升的干预课程，无法达到显著提升多学科文本阅读理解水平的成效，特别是对中、高年级的学生来说。② 因此，研究者有必要深入地审视阅读理解理论模型，考虑在模型中加入句子结构、不同类型文本的结构特征、不同文本所特有的语言特征等要素。

具体而言，阅读理解能力的全面发展，不仅依赖于基础的解码和阅读技能、阅读认知策略发展，以及积极的阅读动机，还十分依赖于读者对多个学科语言的深刻掌握和应用。首先，基本的句法意识（syntactic awareness）是读者理解复杂句子结构的关键，这对于解析文本中句子之间的逻辑关系至关重要。③ 其次，当学生扫除了基本的词汇和句法障碍后，就需要掌握不同学科的专业化词汇、背景知识和一般词汇，因为它们共同构成了读者阅读和理解各学科文本内

① WRIGHT T S, CERVETTI G N. A Systematic Review of the Research on Vocabulary Instruction that Impacts Text Comprehension[J]. Reading Research Quarterly, 2017, 52(2):203-226.

② DESHLER D D, PALINCSAR A S, BIANCAROSA G, et al. Informed Choices for Struggling Adolescent Readers: A Research-based Guide to Instructional Programs and Practices[M]. Newark: International Reading Association, 2007.

③ CROSSON A C, LESAUS N K. Does Knowledge of Connectives Play a Unique Role in the Reading Comprehension of English Learners and English-only Students? [J]. Journal of Research in Reading, 2013, 36(3):241-260.

容的重要基础，这一方面的欠缺往往导致小学生升入中高年级后的阅读困难。①
再次，词素意识（awareness of meaningful word parts）有助于读者通过分析单词
结构来推测词义，进而在短时间内提升学生的词汇量、阅读流畅度和理解水
平。② 除此之外，文本结构对于读者深入理解文本也至关重要，读者对文本结构
的熟悉程度，如篇章整体布局、段落间的逻辑关系与连接，是读者把握文本最
关键的信息、有效重组信息的关键要素。③ 最后，读者结合文本内容进行逻辑推
断和分析的能力，即逻辑推理能力，是高层次的阅读理解的标志，它使读者能
够超越字面意义，深入理解作者的意图和论述。④

总之，研究者基本达成共识，阅读理解能力的提升是一个全面而复杂的过
程，它要求读者不仅具备扎实的词汇量（一般词汇和学科专业词汇），还要掌握
句法结构知识、词素分析能力、文本结构知识、逻辑推理技能，以及多维度学
科语言资源。有鉴于此，在阅读教学中，研究者应该实施全面而深入的干预策
略，从词汇、句法、文本结构、阅读策略、元认知技能、学科知识及语言差异
等角度全面地进行教学设计，这样才能够促进学生在阅读不同学科复杂文本时
的深入理解和分析能力，提升学生的跨学科阅读素养。⑤

基于近些年涌现的更多的实证证据，有研究者进一步指出，跨学科阅读理
论模型之中，最为核心的要素是读者灵活、全面地运用多维度、多学科的语言
资源以深入理解和精准评估文本的能力。⑥ 研究发现，在深入理解和评价文本的

① CROSSON A C,MCKEOWN M G,ROBBINS K P,et al. Key Elements of Robust Vocabulary In-struction for Emergent Bilingual Adolescents[J]. Language,Speech,and Hearing Services in Schools,2019,50(4):493-505.
② NAGY W E, CARLISLE J F, GODDWIN A P. Morphological Knowledge and Literacy Acquisition[J]. Journal of Learning Disabilities,2014,47(1):3-12.
③ MEYER B J,RAY M N. Structure Strategy Interventions:Increasing Reading Comprehension of Expository Text[J]. International Electronic Journal of Elementary Education,2017,4(1):127-152.
④ KENDEOU P,VAN DEN BROEK P,WHITE M J,et al. Predicting Reading Comprehension in Early Elementary School:The Independent Contributions of Oral Language and Decoding Skills [J]. Journal of Educational Psychology,2009,101(4):765-778.
⑤ LONIGAN C J,BURGESS S R,SCHATSCHNEIDER C. Examining the Simple View of Reading with Elementary School Children:Still Simple after All These Years[J]. Remedial and Special Education,2018,39(5):260-273.
⑥ PHILLIPS GALLOWAY E,MCCLAIN J B,UCCELLI P. Broadening the Lens on the Science of Reading:A Multifaceted Perspective on the Role of Academic Language in Text Understanding [J]. Reading Research Quarterly,2020,55:S331-S345.

过程中，读者所掌握的语言资源的丰富性与灵活性扮演着关键的角色。① 菲利普斯等人基于社会文化理论、语篇理解和对话理论，将跨学科阅读理解过程描述为一个对话过程，在这个对话过程中，读者通过阅读不同学科、不同类型的文本，在不同的知识社群及话语体系之间穿梭，与不同的学术话语写作群体（专家群体或作者群体）交流。② 读者要熟练地阅读不同学科的文本，具备较高水平的跨学科阅读素养，不仅需要对特定社群语言习惯（如不同学科学术团体的语言习惯）的深入理解，还需要较强的批判性思维、修辞技能及较强的灵活性。要达到较高程度的灵活性，读者不仅需要精确地掌握一般词汇、语法与学科专业词汇和句法，更需要具备在不同语境下恰当地选择和应用相关的语言资源的能力，以实现对文本深层意义的建构。最新的研究表明，灵活且多维度地运用多样化的语言资源是成为高效的跨学科读者与沟通者的关键所在。这一过程不仅依赖于对语言和阅读技能本身的深入掌握，更需要通过广泛的、跨学科的阅读实践，跨越不同的学科社群与话语体系，以实现对跨学科语言资源的全面理解与灵活运用。这一理论观点不仅丰富了现有的阅读理论模型，也为阅读教学实践提供了重要的启示。有效的阅读理论模型应当包含学科语言规则、多学科语言资源等要素，而教师应当重视培养学生在多元化、多学科的语言环境中，灵活运用学术语言资源有效沟通及阅读的能力。

---

① UCCELLI P, PHILLIPS GALLOWAY E, AGUILAR G, et al. Amplifying and Affirming Students' Voices through CALS-Informed Instruction[J]. Theory into Practice, 2020, 59(1):75-88.

② PHILLIPS GALLOWAY E, MCCLAIN J B, UCCELLI P. Broadening the Lens on the Science of Reading: A Multifaceted Perspective on the Role of Academic Language in Text Understanding [J]. Reading Research Quarterly, 2020, 55: S331-S345.

第二章

不同理论视域下的阅读教学

第一节　行为主义视域下的阅读教学

一、行为主义视域下的阅读教学特征

上一章我们提到，在行为主义理论视域下，语言学习并非一个自然而然的过程，而是一个循序渐进、一步一步积累掌握细小、分级的子技能的过程，并且需要一系列的外在条件刺激，通过反复练习才能掌握。[①] 因此，发展阅读能力意味着读者需要掌握一系列的阅读子技能。当读者掌握一系列初级的、简单的子阅读技能后，他们便能够一点一点、循序渐进地掌握更为复杂的阅读技能，而随着他们阅读技能的逐渐积累，其阅读能力也会不断得到发展和提高。行为主义视角下的阅读教学方法通常是以技能为基础的直接教学，也称基础阅读教学（basal reading instruction），这种方法由教师主导，强调教师系统而明确的指导，以及对基础阅读子技能进行大量的练习。[②] 由于基于行为主义的阅读模型包含五个关键组成部分，即语音学、音素意识、阅读流畅性、词汇和阅读理解，以技能为基础的教学方法也强调对诸如语音解码、字母辨识、单词识别、文本理解等子技能的反复训练。[③] 在这种教学类型中，教师的任务是讲授阅读技能的要点和内容、为学生示范、提供足够的阅读技能应用训练、根据学生的学习情

[①] COX C. Literature-based Teaching：A Student Response-centered Classroom［M］// NICHOLAS J K. Reader Response in Elementary Classrooms. Mahwah：L. Erlbaum Associates，1997：29-49.

[②] CARNINE D W，SILBERT J，KAME'ENUI E J，et al. Direct Instruction Reading［M］.4th ed. Upper Saddle River：Merrill-Prentice Hall，2004.

[③] PRUISNER P. Moving beyond No Child Left Behind with the Merged Model for Reading Instruction［J］. TechTrends，2009，53（2）：41-47.

况给予学生正面强化，比如表扬或奖励，并确保学生通过反复的练习和教师的指导反馈掌握了这些技能。① 研究表明，行为主义视角下的直接阅读教学能够帮助学生掌握关于阅读的基础技能；然而，直接教学也存在一定局限。在直接教学中，教师讲授和技能训练占主导地位，学生则处于被动接受知识的地位，他们的阅读兴趣和动机、积极的阅读参与和高层次的元认知投入都被忽视了。

二、行为主义阅读教学项目示例

基于行为理论的积极阅读项目（proactive reading program）是一种自 20 世纪 80 年代就开始流行的典型阅读教学模式，它将教师的交流和学生的回应纳入基础阅读技能的直接教学中。该阅读教学的目的是帮助学生逐步积累基础的阅读知识和技能，减少学生阅读过程中的困惑，发展其阅读更为复杂的文本的能力。主动阅读教学需要教师制定计划，设计每日进阶的阅读课程或游戏。学生需要先分别学习字词语音、字词解码和阅读理解的知识和技能。接着学生需要完成训练任务，将这些技能策略性地应用于识别单词、阅读连贯文本和复杂文本等实践训练中。随着时间的推移，单词和文本将变得越来越复杂。为了使课程更有趣，升级版的主动阅读教学中，还会加入有趣的游戏、活动等来丰富基础阅读训练。每节课大约持续 50 分钟，学生被分成小组。升级版的主动阅读教学与初级的主动阅读教学重点相同，也重点训练学生的音素意识、字母知识、单词识别、连贯文本流畅性和阅读理解。需要注意的是，教师的教学语言在主动阅读教学中有较为严格的规定。教师在每日阅读教学中需要使用预先设定好的、学生熟悉的措辞，尽量不使用陌生词汇，以免增加学生的认知负担，但可以提出重要的新问题和新任务，并提供诸如口头表扬、打对钩、奖励贴纸、重复教学，以及多种情境下的额外练习等强化手段，提升学生的阅读能力。② 然而，主动阅读教学的效果存在一定争议。有研究表明，主动阅读教学干预对学生的阅读相关成就指标都没有显著影响，但也有研究人员发现，它对学生的单词识别能力和文本理解能力有显著且积极的影响。③

---

① MATJES P G，DENTON C A，FLETCHER J M，et al. The Effects of Theoretically Different Instruction and Student Characteristics on the Skills of Struggling Readers［J］. Reading Research Quarterly，2005，40（2）：148-182.

② What Works Clearinghouse（2006）. Enhanced Proactive Reading. ［EB/OL］.（2006-09-23）［2018-07-08］. https：//ies. ed. gov. ncee/wwwc. EvidenceSnapshot/162.

③ VAUGHN S，MATHES P，LINAN-THOMPSON S，et al. Effectiveness of an English Intervention for First-grade English Language Learners at Risk for Reading Problems［J］. Elementary School Journal，2006，107（2）：153-180.

三、行为主义阅读教学的优势与局限

研究表明，基于行为理论的基础阅读教学，对初学阅读者有显著正面效果，因为音素意识、单词解码、文本连贯流畅性、篇章理解技能均被证明是阅读初学者的必备技能。① 因此，采用直接教学模式的基础阅读教学在美国的阅读教学中发挥了主导作用。然而，基于行为理论的基础阅读教学也有一些局限性。首先，行为理论关于阅读能力是一系列分散的子技能组成的假设是有问题的，因为越来越多的研究表明，读者的阅读能力不是一系列从简单到复杂的阅读子技能的被动、机械式叠加，而是需要读者全程调配各项认知资源，灵活操纵整合阅读过程中的多个认知环节，并且积极地构建意义的一个认知过程。早期的一些研究者甚至直言不讳地指出，基础阅读教学有可能误导学生将重点放在低层次的解码技能上（如识字、组词、造句），而不是高层次的篇章理解和意义构建上。② 此外，基于行为理论的直接阅读教学模式也将阅读从真实和复杂的社会文化背景中割裂出来，假定阅读仅仅是读者和文本之间的事件，忽视了影响意义构建过程的复杂社会文化因素。最后，采用直接教学法的基础阅读教学通常过分强调重复练习、刻板训练和教师中心的角色，这在很大程度上抑制了学生的内在动机、兴趣和主体性。

第二节　认知主义视域下的阅读教学

早期的基于认知理论的教学方法与基于行为主义的技能教学方法相似，都强调教师传递策略性的阅读知识，并以教师为中心进行教学。然而，20 世纪 90 年代以来，受到社会建构主义理论和整体语言理论的影响，阅读教学方法开始以教师灌输为主，转向强调教师应当提供充分的支架和丰富的互动机会，并且以意义和知识的建构为重点。③ 在这一观点的影响下，理想的策略教学应该支持

---

① MATHES P G, DENTON C A, FLETCHER J M, et al. The Effects of Theoretically Different Instruction and Student Characteristics on the Skills of Struggling Readers[J]. Reading Research Quarterly, 2005, 40(2): 148-182.

② RASINSKI T V, DEFORD D E. First Graders' Conceptions of Literacy: A Matter of Schooling [J]. Theory into Practice, 1988, 27(1): 53-61.

③ PRUISNER P. Moving beyond No Child Left Behind with the Merged Model for Reading Instruction[J]. TechTrends, 2009, 53(2): 41-47.

学生成为积极的读者，帮助学生掌握并灵活运用一系列阅读认知策略，并在阅读过程中积极调控自己的认知过程。20世纪末以来，学术界和教育界已经达成共识，不再将学生视为学习的被动接受者，而是主动、积极的意义建构者，相应地，教师角色也从知识的传递、灌输者转变为认知支架的设计提供者和学习的引导者。

在认知理论视域下的多元阅读策略教学中，教师通常扮演双重角色。一方面，作为知识的传递者，他们需要向学生提供关于阅读基础技能的直接、明确的指导，例如，语音意识、词汇识别技能、认知和元认知策略，帮助学生成为熟练的读者，知道如何运用他们的认知过程。另一方面，他们还需要作为教练，为学生提供足够的积极参与文本理解互动的机会，并在学生参与这些实际理解活动时指导学生学会应用有效的阅读策略。[①] 为了激发学生积极参与阅读认知活动的热情，增加其主动思考和策略使用的机会，一些基于策略的教学项目还采用了合作阅读和小组讨论的形式，这样能够促使学生在社会动机的驱动下，更好地应用所学的阅读认知策略，更深入地理解文本并通过和同伴的交流建构有关文本的意义。

在认知理论和社会建构理论的支持下，阅读策略教学有几种子类型。第一种类型主要强调教授多种有效的阅读认识策略，其中著名的项目包括详尽提问、互惠互学、自我解释阅读训练等。第二种类型的教学是交流式阅读策略教学，它不仅强调对阅读认知策略和元认知策略的练习，还强调通过交流讨论建构有关文本的整体意义的重要性。第三种阅读策略教学融合了认知和动机的要素，近些年还兴起了计算机和线上辅助的阅读策略教学。

一、早期阅读认知策略教学及示例项目

以认知策略为导向的阅读教学目的是支持学生掌握不同的阅读策略，如激活先前知识（activating prior knowledge）、建立联系（making connections）、澄清作者意图（clarifying authors' intention）、总结（summarizing）、预测（predicting）等。它强调为学生提供充分的机会来练习这些策略。这种教学的早期形式是单一策略教学，后来发展成多元阅读策略教学，还融入了元认知策略和自我调节监控的策略。其中，"质疑作者""详尽提问""互惠式教学""自我解释阅读训

---

① MATHES P G,DENTON C A,FLETCHER J M,et al. The Effects of Theoretically Different Instruction and Student Characteristics on the Skills of Struggling Readers[J]. Reading Research Quarterly,2005,40(2):148-182.

练"和"自我调节策略发展"是较有影响力的项目，也得到了广泛的实证研究支持。

（一）质疑作者（questioning authors）

贝克（Beck）、麦克基翁（McKeown）、桑多拉（Sandora）、库坎（Kucan）和沃西（Worthy）1996 年设计了"质疑作者"（questioning authors）的方法，该方法结合了多种策略来强化历史、语言、艺术领域的阅读，以便使学生能够理解并反思作者的意图。该项目设计了三种类型问题的提示，帮助学生解读文本和构建意义。具体问题包括"作者试图说什么？""你认为作者那样说是什么意思？"等。① 这些问题旨在提高学生对说明性和叙述性文本的理解、解释和意义构建能力。在这个项目中，学生首先会组成小组，在对文本有了初步感知时便提出问题，并且立即开始讨论他们对问题的解释，而不是在阅读完整个文本后才开始讨论他们的解释。② 教师需要向学生展示熟练读者如何在阅读时对作者逐步深入地提问并与他人讨论来加深对文本的理解，同时还需要积极管理全班的讨论，提升学生的讨论质量。通过分析录像课程和课堂观察的数据，研究人员发现，当教师从过分强调问题的答案转向强调有价值的讨论时，学生的意义构建过程得到了改善。通过适当的教师培训，教师也能够将指导重心放在围绕文本意义构建高质量的关键问题上，而不是给出标准答案上，并且帮助学生通过合作讨论提出更复杂、更高质量的问题，在意义构建上取得进步。③

（二）详尽提问策略教学（elaborative interrogation strategy）

详尽提问策略源于斯坦因（Stein）和布兰斯福德（Bransford）的发现，他们发现解释文本中的主角与其行为之间关系的阐释练习可以提高读者回忆文本信息的能力。④ 普雷斯利（Pressley）、麦克丹尼尔（McDaniel）、特纳（Turnure）、伍德（Wood）和艾哈迈德（Ahmad）指出，读者在阅读文本时自主生成的阐释比他人给出的阐释更有效。详尽提问策略是一种简单的方法，引导学习者提出

---

① VANDEWEGHE R. What Kinds of Classroom Discussion Promote Reading Comprehension? [J]. English Journal,2007,96(3):86-91.

② LIANG L A. Scaffolding Middle School Students' Comprehension and Response to Short Stories [J]. Research in Middle Level Education,2011,34(8):1-16.

③ BECK I L,MCKEOWN M G,SANDORG C,et al. Questioning the Author:A Yearlong Classroom Implementation to Engage Students with Text[J]. Elementary School Journal,1996,96:385-414.

④ O'REILLY T,SYMONS S,MACLATCHY-GAUDET H. A Comparison of Self-Explanation and E-laborative Interrogation[J]. Contemporary Educational Psychology,1998,23(4):434-445.

问题并构建推理和阐释，主要目的是激活学生头脑中储存的与将要学习的材料中的某些内容或概念相关的先前知识。它鼓励学习者将自己的生活经验和先前知识与阅读材料和学习内容联系起来，并通过自主提出"为什么"之类的问题和澄清、联系等策略来加深对文本内容的理解。① 普雷斯利（Pressley）等人发现，相比于没有提问策略的阐释类教学和传统教学方法，学习者可以通过详尽提问策略教学更为精确地理解文章中出现的疑难句子，达到更好的理解水平。研究表明详尽提问策略教学在促进读者对文本中事实信息的记忆方面有显著的正面效果。然而，一些研究者批评详尽提问策略仅教导学生使用"为什么"之类的问题，难以诱导学生进行深入思考和阐释，并且单一的提问策略也并不适合多种类型的阅读材料，此外，详尽提问策略中的提问水平本质上还是取决于学生对目标学习内容的知识基础，因此在提问质量上，不同基础的学生差异很大。

（三）自我解释阅读训练（self-explanation reading training）

自我解释策略源于科学教学领域的对问题解决策略的研究。尽管它和详尽提问策略一样，也是一种鼓励解释和阐述的策略，但在允许学习者使用各种策略（如总结、提问和激活先验知识）方面，它比详尽提问策略更灵活。自我解释策略训练中所包含的阅读策略与学生的阅读理解能力密切相关。在此背景下，自我解释阅读教学包含五种策略，即释义、用自己的话表达、阐述和预测、搭桥联系以及理解监控。释义是指理解文本的基本含义、用自己的话表达是指用自己的话重述文本的含义、阐述和预测涉及整合文本内容和先前知识进行推断、搭桥联系是指理解文本中不同观点是如何连接的并达成更具连贯性的理解和阐释；理解监控是指在阅读过程中反思自己理解了什么和没有理解什么，以及使用补充策略来提高理解水平。② 自我解释阅读训练主要是采用直接和明确的教学指导，向学生展示不同阅读策略的详细使用过程和阅读策略的功能。大量研究证明，自我解释阅读训练在提高学生的阅读理解能力方面是有显著正面效果的，尤其是对科学类文本的阅读。

（四）互惠式教学（reciprocal teaching）

帕林斯卡（Palinscar）和布朗（Brown）设计研发的互惠式教学法是最早且

---

① VANDEWEGHE R. What Kinds of Classroom Discussion Promote Reading Comprehension? [J]. English Journal,2007,96(3):86-91.

② GOLDMAN S R. Adolescent Literacy:Learning and Understanding Content[J]. The Future of Children,2012,22(2):89-116.

学者最广为接受的多元策略教学方法之一，包括提问、澄清、总结和预测四种策略。在互惠式教学中，学生通常被分成四到五人的小组，小组中的成员开始一起阅读文本的某一部分。阅读完计划好的内容后，由小组长（学生或教师）就刚刚阅读的内容的关键点提出一些问题，以激发讨论，同时鼓励其他学生提问、澄清要点并反复阅读这部分内容以找出问题的解决方案。经过讨论和澄清，小组成员用短句总结所读段落的主旨。组长会提出一个初步的总结供其他学生讨论、提问、澄清和修改，接着他们将预测下一段的内容，然后再开始一个新的循环。① 教师首先会从认知和元认知方面为学生示范阅读时的认知和思维过程，将使用阅读策略的过程逐步分解，而不是仅仅告诉学生如何去做，然后为学生搭建策略实施过程的支架并提供反馈，最后逐步移除支架，与此同时，教师也会教学生如何对自己的阅读理解过程进行监控，以便在不同的情境中灵活使用多种策略；当然，教师也会对个别能力较弱的学生进行特别辅导。20 世纪90 年代以来的一系列研究表明，互惠式阅读教学法在不同年龄、能力和性别群体学生中都有正面而显著的影响，互惠式教学法对学生的阅读理解能力和阅读策略使用能力有积极的影响。②

（五）自主学习策略发展

随着自主学习理论（self-regulated learning theory）的发展，一些研究者开始将自主学习策略融入阅读策略的教学中。自主学习策略发展项目不仅教授学生一系列认知策略和元认知策略，而且还教授学生自主学习策略，帮助学生监控和调节自己的学习过程。自主学习策略包含目标设定、自我对话、自我记录和过程监控以及自我评价。在导师或同伴的帮助下，学生可以调节、监控和反思自己的阅读过程。像互惠式阅读教学一样，教师承担教练的角色，例如，明确指导、示范、提供阅读练习支架，并逐步移除支架来促进学生阅读策略的学习。尽管自主学习策略发展项目最初是作为写作干预而设计的，但研究表明它在促进学生对文本的回忆、掌握有效策略和阅读动机方面是显著有效的。③ 然而，与传统的多元策略教学相比，自主学习策略发展的效果有限，因为大多数多元策

---

① ALLEN S. An Analytic Comparison of Three Models of Reading Strategy Instruction[J]. International Review of Applied Linguistics in Language Teaching,2003,41(4):319-338.

② VAN DEN BOS K P,BRAND-GRUWEL S,AAMOUTSE C A. Text Comprehension Strategy Instruction with Poor Readers[J]. Reading and Writing:An Interdisciplinary Journal,1998,10:471-498.

③ LAU K L. The Effectiveness of Self-regulated Learning Instruction on Students' Classical Chinese Reading Comprehension and Motivation[J]. Reading and Writing,2020,33:2001-2027.

略教学计划已经隐含了自主学习的训练实践。

二、交流式策略教学方式（transactional strategy instruction）

（一）交流式策略教学提出的背景

随着阅读策略教学日益兴盛，一些研究者指出，阅读策略教学也存在一些局限性。阅读策略教学人为地将整体阅读学习过程割裂，在阅读的同时要求学生分阶段使用阅读认知策略，有可能会使学生感到困惑并增加他们的认知负担。此外，阅读策略教学仍然在很大程度上依赖于教师的直接教学和明确指导，并且过于强调多种策略的练习，而不是在实际阅读中的意义构建和问题解决，因此许多学生只能学到一些关于阅读策略的术语和碎片化的策略，未能将这些阅读策略应用到他们的实际阅读中，有鉴于此，普雷斯利提出了交易式策略教学来解决这个问题。

基于对优秀读者阅读过程的研究，发现优秀读者具有强烈的阅读动机，在阅读理解过程中能够积极构建意义，并擅长使用元认知策略来监控自己的阅读过程。优秀读者不仅拥有关于有效阅读策略的良好知识基础，而且知道何时、在什么条件下可以使用这些策略。[1] 此外，优秀读者通常在与文本对话交流的过程中使用这些策略，他们会全面运用有效的阅读策略来更好地理解并解释文本，并更好地向他人表达他们对文本的观点。这就是为什么基于阅读策略的教学更应该创造真实的交流情境，这些交流情境会激发学生使用阅读认知策略和元认知策略的真实动力。

（二）交流式策略教学的核心内容

在这种背景下，普雷斯利提出了交流式阅读策略教学，它结合了认知策略、元认知策略和交流情境，旨在培养擅长处理信息的优秀读者。交流式阅读策略教学是一种受认知理论、社会建构理论和整体语言理论影响的整体策略教学，它将构建整体意义作为教学目标，并使用真实的阅读材料（如整本书或者整篇文章）进行阅读教学。[2] 除了关注教师对阅读策略的传授，交流式阅读策略教学更加强调教师提供支架的作用，以及学生与文本之间、教师与学生之间、小

---

① PRESSLEY M,AFFLERBACH P. Verbal Protocols of Reading:The Nature of Constructively Responsive Reading[M]. Hillsdale:Lawrence Erlbaum Associates,1995.

② PRESSLEY M,EL-DINARY P B,WHARTON-MCDONALD R,et al. Transactional Instruction of Comprehension Strategies in the Elementary Grades[M]// SCHUNK D M,ZIMMERMAN R J. Self-regulated Learning:From Teaching to Self-reflective Practice. New York:The Guilford Press,1998:42-55.

组成员之间有关文本的互动交流。交流式策略教学包括二十四种策略，其中十五种是理解策略，即出声思维、自我监控、设定目标、浏览、跳读、猜测、重读、预测、检验、视觉想象、激活先验知识、总结、回顾、澄清和提问，① 教师在教学时可以选择适合学生和文本的有效阅读策略灵活组合。交流式阅读策略教学中，最经典的阅读策略包括提问、澄清、预测、视觉化想象、联系、总结。

　　与通常持续数周的互惠式阅读教学不同，交流式阅读策略教学需要更长的时间，通常贯穿整个学年甚至数个学年，因为它给予教师和学生更多的自主权来选择适当的阅读策略，并控制自己的学习和练习节奏。在教学期间，教师一次只教授少数几种新阅读策略，这些策略的教学将持续很长时间。在教学过程中，学生被分成小组，教师首先通过出声思维示范使用阅读认知策略的过程，接着明确向学生解释在什么情境下、为什么使用这些策略。当学生开始练习这些阅读策略时，教师为学生提供及时反馈，并针对有特殊需求学生提供个性化学习支架。小组成员会定期讨论每种阅读策略在不同条件下、阅读不同类型文本时的有效性。教师还提供提示和反馈，鼓励学生将阅读策略转移到其他情境中，并反思整个阅读过程。②

　　（三）交流式策略教学的实证效果

　　柯林斯（Collins）指出，通过在文本分析论证的过程中寻找文章结构模式、训练推理和决策过程、提出并解决问题等的交流式阅读策略教学对五年级和六年级学生的阅读理解有显著的正面影响。③ 通过一整个学年的交流式阅读策略教学的干预，布朗（Brown）等人发现接受交流式阅读策略教学的学生在阅读理解和词汇识别技能上显著优于对照组。此外，接受交流式阅读策略教学的学生还表现出对文本更多样化的解释，并且对每日教学内容的理解和记忆也更为深刻。④ 不同年龄存在一定阅读障碍的学生也能从交流式阅读教学中受益；特别是

---

① BROWN R,PRESSLEY M,VAN METER P,et al. A Quasi-experimental Validation of Transactional Strategies Instruction with Low-achieving Second-grade Readers [J]. Journal of Educational Psychology,1996,88(1):18-37.

② PRESSLEY M,ALMASI J,SCHUDER T,et al. Transactional Instruction of Comprehension Strategies:The Montgomery Country,Maryland,SAIL Program[J]. Reading and Writing Quarterly:Overcoming Learning Difficulties,1994,10(1):5-19.

③ COLLINS C. Reading Instruction that Increases Thinking Abilities[J]. Journal of Reading,1991,34:510-516.

④ BROWN R,PRESSLEY M,VAN METER P,SCHUDER T. A Quasi-experimental Validation of Transactional Strategies Instruction with Low-achieving Second-grade Readers[J]. Journal of Educational Psychology,1996,88(1):18-37.

交流式阅读策略教学中的同伴互动，可以显著提高能力薄弱学生理解更复杂的阅读材料的意愿和能力。① 总之，正如 Pressley 及其同事所评论的，交流式策略教学比互惠式阅读教学更进一步，因为它允许教师和学生在阅读策略的选择上拥有更多的自由，并且包含了更多有效的策略②。

"实现独立学习的学生"（students achieving independent learning）是一个典型的交流式阅读策略教学干预项目，旨在培养成功的读者。它强调对多种阅读认知策略的掌握学习（获取主旨、预测、决策制定、心理想象、总结、出声思维、解决问题等），培养学生元认知意识和激发阅读动机③。教师在该项目中使用明确的指导、直接教学、示范、提供支架、小组讨论和合作学习等方式来促进学生在阅读中的认知、元认知以及动机发展。Pressley 在不同类型的学校开展了大量的准实验研究，发现该项目可以成功在公立学校和私立学校中得到实施，并对阅读能力较为薄弱的小学生的阅读表现产生了显著的正面影响④。

第三节　全语文视域下的阅读教学

一、全语文理论视角下文学导向阅读教学的总体特征

以文学为导向的阅读教学（literature-based reading instruction）是全语文理论视域下最为典型的教学方法，它与基础阅读教学相对立。根据全语文理论，语言教学应该保持语言的完整性，重视语言的功能性和目的性，引导学生主动在使用语言的过程中学习语言。因此，阅读教学也应该摒弃机械化、序列化、细碎的基础技能教学，鼓励学生多阅读真实的文学作品，并与丰富的语言环境

---

① ANDERSON V,ROIT M. Planning and Implementing Collaborative Strategy Instruction for Delayed Readers in Grades 6-10[J]. Elementary School Journal,1993,94:121-137.

② PRESSLEY M,EL-DINARY P B,GASKINS I,et al. Beyond Direct Explanation:Transactional Instruction of Reading Comprehension Strategies[J].The Elementary School Journal,1992,92(5):513-555.

③ BERGMAN J L. SAIL:A Way to Success and Independence for Low-Achieving Readers[J].The Reading Teacher,1992,45(8):598-602.

④ PRESSLEY M,ALMASI J,SCHUDER T,et al. Transactional Instruction of Comprehension Strategies:The Montgomery Country,Maryland,SAIL Program[J].Reading and Writing Quarterly,1994,10(1):5-19.

互动。①

　　以文学为导向的阅读教学和基础阅读教学，以及阅读策略教学存在以下几个主要方面的不同。首先，基础阅读教学和阅读策略教学将阅读技能或策略的掌握作为其教学目标，而文学导向的阅读教学将对文本意义的建构和掌握作为其目标。其次，基础阅读教学对初级阅读材料有严格的词汇和句法限制，强调阅读材料应该与读者的年龄和能力水平相匹配，而文学导向的阅读教学强调从小接触各种真实文学作品，而不是经过教材编纂者删改剪裁过的所谓"适合阅读"的作品，因为真实的文学作品在意义和结构上都是完整的。最后，基础阅读教学和阅读策略教学往往将教师视为阅读教学的中心，因为学生不能天然地掌握阅读技能和复杂阅读策略，需要教师耐心地教导和训练，而文学导向的阅读教学则主张学生是主要的文本意义构建者，将学生置于整个阅读活动的中心。

　　由于本身全语文理论的主张较为松散，不同文学导向阅读教学项目的教学模式不尽相同，但它们都注重在书籍的选择和互动交流上给予学生一定程度的自主权。早期文学导向的阅读课堂中有三类教学模式：教师主导的教学，教师选择文学材料；教师和学生共同主导的教学，由教师和学生选择文学材料并进行互动式阅读；学生主导的教学，由学生独立选择文学材料，共同阅读、交流讨论。② 文学导向的阅读教学可以在教师和学生之间较好地平衡自主权，以便把学生培养成有思想的熟练阅读者。由全语文理论支持的文学导向阅读教学拥有这样几个显著特点：使用完整真实的儿童文学著作而不是为了阅读教学加工过的短文；使用多个学科（如历史、科学、社会学等）中内容真实、作者真实的完整作品；在教室中设置丰富的阅读环境，如开办读书角、配备丰富的各科藏书等；课堂上给予学生充足的自主阅读和写作的时间，整合阅读和写作的任务；在阅读的同时设计许多以学生为中心的活动，以促进积极的社会互动和学生的内在阅读动机发展等。③

　　在上述提到的实践中，文学导向的阅读教学特别强调各种有趣、富有挑战性的活动，因为这些活动可以为学生提供充分的机会，让学生进行真实、有目的和功能性的阅读，并能确保学生拥有真正的阅读时间。这些活动包括讲故事、

① GIDDINGS L R. Literature-based Reading Instruction：An Analysis[J]. Reading Research and Instruction,1991,31(2):18-30.

② HIEBERT E H, COLT J. Patterns of Literature-based Reading Instruction[J]. The Reading Teacher,1989,43:14-20.

③ TRACEY D H, MORROW L M. Lenses on Reading：An Introduction to Theories and Models [M].2 nd ed. New York：Guilford Press,2012.

写故事、戏剧表演、小组讨论、用艺术媒介再现文学情境、阅读反思日志、读—说—写结合活动等。① 在过去的半个世纪中，涌现出许多具有代表性的文学导向的阅读教学项目，其中影响最广泛、最受欢迎的项目包括持续默读、文学圈和读写结合项目。

二、文学导向的阅读教学项目示例

（一）持续默读

持续默读（sustained silent reading）是一种让学生在课堂上自由阅读自己选择的材料，不受打扰地持续默读的阅读教学项目。在默读期间，教师不强行规定阅读计划，学生不需要面对完成所选读物的任务，他们只需享受阅读过程，没有任何练习和指导。这种教学方法吸引了许多教师，他们相信这种方法可以帮助学生培养长期的阅读热情并掌握良好的阅读技巧。一些研究者指出，学生每天在阅读课上应该有至少15~30分钟的时间来阅读自己选择的书籍，因此，持续默读应该被教师纳入日常阅读教学，作为日常教学的关键组成部分。②

研究表明，在持续默读项目中，提供充足的时间允许学生自选感兴趣的书籍和独立阅读，对学生的阅读理解水平提升有显著的正面影响。持续阅读项目对阅读能力薄弱的学生尤其有效，能帮助他们显著提升词汇量、阅读理解、阅读动机以及设定合适的阅读目标，因此受到不同能力水平学生的青睐。不过，学生从持续默读项目中获益与学生对阅读的重视程度有关，学生越是重视阅读，越能够从持续默读项目中有更多收益。③ 尽管总体而言，关于持续默读效果的实证研究数量较少，因为持续默读需要较长时间才能见效，但大多数教师仍然基于他们数十年的实践和观察，相信持续默读是促进学生阅读成就和动机的有效方式。

（二）文学圈（literature circles）

在课堂上使用文学圈教学法也是文学导向阅读教学的实践之一，文学圈在欧美受到一线教师的广泛青睐。文学圈是由学生主导的阅读小组，在文学圈中，

---

① COX C. Literature-based Teaching: A Student Response-centered Classroom [M]// NICHOLAS J K. Reader Response in Elementary Classrooms. Mahwah: Lawrence Erlbaum Associates, 1997: 29-49.

② STAHL S A, MCKENNA M C, PAGNUCCO J R. The Effects of Whole-language Instruction: An Update and a Reappraisal[J]. Educational Psychologist, 1994, 29(4): 175-185.

③ SIAH P C, KWOK W L. The Value of Reading Effectiveness of Sustained Silent Reading[J]. The Clearing House, 2010, 83: 168-174.

学生会阅读并讨论同一本感兴趣的书，尽管文学圈的形式会根据学生的特点和需求而有所不同，但它们有三个共同要素：多样性、自主选择和学生的主体性。① 文学圈教学的特征包含学生提供充足的机会、让学生选择他们喜欢的书籍、小组合作、混合能力分组（将不同能力水平的学生编为一组）、学生领导的小组，以及充足、独立的阅读时间。② 文学圈的实施通常包括几个程序：阅读材料的选择、建立文学圈，并为每个圈子分配学生、准备讨论、实施讨论和班级分享。③ 首先，文学圈中学生需要围绕教师给定的中心主题选择自己感兴趣的书籍，为小组内的交流和讨论奠定基础。文学圈最常用的阅读材料是小说，也可以使用其他类型的阅读材料，如纪实类文学、图画书和报纸期刊文章。所选阅读材料应真实、自然、能提供丰富语言学习环境。学生在选择书籍后，会根据他们的阅读兴趣或所选的共同书目组成小组，每个小组通常包含四到八名具有不同阅读能力的学生。④ 在组建文学圈的过程中，为了帮助那些缺乏小组合作经验的学生，教师需要提供组建文学圈的指导方针，促进学生在小组活动的讨论和合作，如果学生能力有限，教师需要为学生提供高质量的讨论主题，当学生熟悉了文学圈的大体流程后，教师可以对书籍内容进行简要介绍。

接下来，学生需要为讨论做准备。小组成员需要在小组讨论中轮流承担不同的角色，以推动文本阅读和讨论，确保互动讨论的质量。这些角色可以由教师根据学生的能力分配，或者由学生自己选择。典型的小组角色包括提问者（提出关于文本的开放式问题）、插图家（绘制/分享文本中有趣或重要的部分）、联系者（将文本与文本、文本与生活或文本与世界联系起来）、生词战士（识别难词并寻找其含义）。⑤ 每个学生都会得到一个角色任务单，学生在与其他小组成员分享之前，需要先独立完成自己的角色任务单。此外，他们还可以记录下自己在阅读文本时的反馈、问题、反思和最喜欢的部分。⑥ 文学圈的最后

①　DANIELS H. Literature Circles：Voice and Choice in Book Clubs & Reading Groups［M］. Portland：Stenhouse Publishers，2002.

②　KLAGE C，PATE S，CONFORTI P A. Virtual Literature Circles：A Study of Learning，Collaboration，and Synthesis Using Collaborative Classrooms in Cyberspace［J］. Curriculum and Teaching Dialogue，2007，9（1&2）：293-309.

③　LIN C H. Literature Circles［J］. Teacher Librarian，2004，31（3）：23-25.

④　BURNS B. Changing the Classroom Climate with Literature Circles［J］. Journal of Adolescent & Adult Literacy，1998，42（2）：124-129.

⑤　WHITTINGHAM J. Literature Circles：A Perfect Match for Online Instruction［J］. Tech Trends，2013，57（4）：53-58.

⑥　BRABHAM E，VILLAUME S. Questions and Answers：Continuing Conversations about Literature Circles［J］. The Reading Teacher，2000，54（3）：278-280.

一个步骤是分享和讨论，这意味着，当所有学生完成阅读和角色任务单后，他们将集合并带上他们的角色任务单和阅读反馈作为讨论的基础，但讨论并不局限于此。在讨论开始时，教师需要示范讨论过程，包括如何倾听、如何提问以及如何给出高质量的反馈。最后，每个小组将向其他小组的学生展示他们的阅读反馈和角色任务单。

文学圈的优势在于有趣丰富的书籍、选择书籍的自主权、社交互动、小组角色以及责任感。在文学圈中，学生能够选择自己的书籍、小组角色、阅读计划和讨论主题，并主导讨论，这对学生的阅读理解水平、阅读态度和阅读动机有着显著的提升作用。总的来说，文学圈由于强调尊重学生在书籍选择、小组划分和讨论管理中的自主权，在欧美中小学受到了一线教师的广泛欢迎，成为与阅读策略教学并驾齐驱的主流教学模式之一。文学圈教学法对有困难的读者也有显著的帮助，在文学导向阅读教学项目中，理解能力较差的学生也表现出了较为明显的进步。[1]

（三）读写结合项目

全语文理论强调阅读和写作的发展高度相关，因此在该理论指导下，也衍生出了读写结合的教学模式。在读写结合的教学项目中，教师可能会要求学生自由地以日记、笔记、博客或任何他们喜欢的形式写下他们的阅读回应。通常，读写结合教学项目的阅读前、中、后通常会包含写作任务。写作任务可以激发学生的阅读参与、阅读兴趣和讨论互动，反之，阅读任务也能够激发学生的写作兴趣和写作参与度。[2] 实证研究表明，多种形式的写作任务，如简短回应、正式写作、学术读书报告、自由非正式写作等，对学生的阅读理解能力有显著的正面影响。[3]

读写结合项目最近的发展趋势是，培养学生在阅读时的作者视角，例如，带着"成为小说家"的目的阅读小说。有研究者发现，这一类读写结合项目通常赋予学生"小作家"的角色，要求学生除了每周定期阅读小说之外，还需自由选择主题起草虚构作品（短篇小说、小说章节、混合叙事与诗歌的体裁等），并在学期中参加至少5次小组讨论。研究者收集了每个学生作为"小作家"的

① SÜLEYMAN A, NURDAN B, MEHTAP G, et al. The Effect of Literature Circles on Reading Comprehension Skills[J]. Journal of Theoretical Educational Science, 2013, 6(4): 535-550.

② VANDEWEGHE R. What Kinds of Classroom Discussion Promote Reading Comprehension? [J]. English Journal, 2007, 96(3): 86-91.

③ GRAHAM S, HERBERT M. Writing to Read: A Meta-analysis of the Impact of Writing and Writing Instruction on Reading[J]. Harvard Educational Review, 2011, 81(4): 710-744.

反思报告，并使用定性比较法进行分析。结果显示，当学生以作者视角扮演"小作家"进行阅读时，他们在阅读前、阅读中和阅读后都有独特、丰富和积极的回应。[①] 这些"小作家"在阅读前有更清晰的焦点和目的，能够使用更有效的阅读策略，在阅读中更多地分析和聚焦写作技巧，并在阅读后能够形成更深入的理解和质量更高的批判性见解。由于这种读写结合教学方法能够引导学生出于写作的内在渴望而阅读，因此在提高学生的阅读动机和阅读参与度方面有显著而持续的正面影响。总之，将写作作为阅读任务是以文学为导向的阅读教学中的一种流行的方式。许多教师喜欢在他们的文学导向阅读教学中融合有趣的写作活动，并坚信这种方法可以促进学生对复杂文本的深入解读。

第四节　读者反应理论视域下的阅读教学

一、讨论式阅读教学

读者反应理论和交流理论均认为，意义是读者在与文本互动的过程之中建构的。读者反应理论和交流理论主张的教学实践，虽然形式各异，但都以讨论为基础，通过高质量的对话和讨论来帮助学生发展阅读理解力和批判性思维。[②] 以讨论为基础的阅读教学注重学生阅读讨论过程中的话语的数量和质量，旨在促进学生对文本的字面意义和深层次理解。[③] 与主张提供丰富语言环境、整合读写任务以及自然阅读沉浸的全语文理论教学方法相比，以讨论为基础的阅读教学更强调读者与文本之间、读者与读者之间的交流和对话过程。它主张通过高质量的对话使学生更积极、更专注地在阅读中构建文本的意义，提高学生对文本理解的丰富程度、多角度解释能力和高层次推理能力。尽管一些基于全语文理论的教学也包含讨论，但其中的讨论只是激发学生阅读热情的各种挑战性活动中的一项，因此对讨论的质量和深度以及理解的效果相对不那么看重，而在

①　GLENN W J. Real Writers as Aware Readers：Writing Creatively as a Means to Develop Reading Skills[J]. Journal of Adolescent & Adult Literacy，2007，51(1)：10-20.

②　NYSTRAND M. Opening Dialogue：Understanding the Dynamics of Language and Learning in the English Classroom[M]. New York：Teachers College Press，1997.

③　MURPHY P K，WILKINSON I A G，SOTER A O，et al. Examining the Effects of Classroom Discussion on Students' Comprehension of Text：A Meta-analysis[J]. Journal of Educational Psychology，2009，101(3)：740-764.

以讨论为基础的教学中，培养读者生成有关文本的高质量、深入的对话，讨论和理解，以及提出、接受多角度合理解释的能力，颇为重要。①

对话式课堂是讨论式阅读教学的一个关键特征。教师通常会在课堂上为学生设立讨论规则，让他们探讨自己关于文本的想法，专心、仔细地聆听他人的意见，并从不同的视角发展出对于文学文本的多种解释。教师还会设计讨论的提示语，这些提示语可以促使学生从初步理解（如整体感知）发展到形成深入、独立的观点和多种理解，然后掌握文本的主旨，在此基础上形成对文本的批判性视角，最终超越整个文本进行再创造。② 当然，对话式课堂重视对话和讨论，并不代表排斥教师的讲解，相反，必要的知识讲解在对话式阅读教学中也十分关键。例如，某些诗歌和散文中采用的大量象征手法会在一定程度上妨碍学生的理解，这时，教师需要先解释什么是象征手法，并为学生提供一些他们已经熟悉的作品中的象征示例，比如学生常见的广告、歌曲、公共标志中的象征。在进行了清晰的解释后，教师才会鼓励学生进一步讨论什么是象征、文本中的象征的含义，并逐渐将讨论的主导权完全交给学生。③

二、讨论式阅读教学范例

20 世纪 70 年代以来，以讨论为基础的阅读教学方法就受到欧美中小学的广泛欢迎，读书俱乐部（Book Club）、合作推理（Collaborative Reasoning）、教学对话（Instructional Conversation）、大讨论（Grand Conversation）、青少年经典计划（Junior Great Books）都是具有代表性的讨论式阅读教学项目。其中，合作推理、教学对话是最为经典、有效的，影响力最为广泛的。

（一）合作推理

合作推理是一种旨在激发学生批判性思维的讨论式教学方法，它能使个体学生参与到一个围绕共读文本进行共同论证、推理的合作过程中。教师通常会给学生一个事先定好的核心问题，这个问题是开放性的，通常具有多种立场和答案，接着鼓励学生使用文本证据作为理由来支持他们在问题上的立场或主张，

---

① GOLDMAN S R. Adolescent Literacy：Learning and Understanding Content［J］. The Future of Children，2012，22（2）：89-116.

② APPLEBEE A，LANGER J，NYSTRAND M，et al. Discussion-Based Approaches to Developing Understanding：Classroom Instruction and Student Performance in Middle and High School English［J］. American Educational Research Journal，2003，40（3）：685-730.

③ LEE C D. Education and the Study of Literature［J］. Scientific Study of Literature，2011，1：49-58.

并且使用更有说服力的文本证据挑战其他学生的推理和解释。① 推理不是为了决定哪个立场更正确或者哪个小组是赢家，而是帮助学生在协作过程中，寻找应对分歧和困难的良好解决方案，并生成多种有关文本的合理解释。学生将仔细考虑不同的理由和证据，并决定是维持还是改变他们最初的立场和观点。② 此外，开放、平等参与是合作推理教学项目的另一个特点，这意味着学生可以随时发言，而不是等待教师点名。但同时，教师会要求学生学会倾听，不可以在他人发言的时候随意打断，也会鼓励那些在讨论过程中较少发言的学生多说话，引导那些经常发言的活跃的学生不要每次都主导讨论。

合作推理包括五个主要步骤：第一步，学生在课内或课外单独阅读书籍；第二步，在课堂上，教师提出一个与书中的重要主题、冲突等有关的主要问题；第三步，学生在课堂花一定时间思考这个问题，然后表达自己对问题的初步立场，包括对问题的困惑和感到不确定的地方；第四步，接着，学生聚集在一起，收集和建构一个由令人信服的理由和文本证据构成的复杂网络，以备在论证中使用，支持或反对提出的观点及立场；第五步，随着讨论的进展，学生会比较和评估所提出的理由和证据，并决定是否保持或改变他们最初的观点与立场。③ 教师提出的主要问题的答案通常包含两个或更多合理的立场，学生可以使用文本证据、个人经验或来自其他文本的信息来为他们的观点提供合适的理由。这样的过程能够帮助学生养成在诸多竞争性观点中做出明智抉择的思维习惯。

在合作推理中，教师的责任不是评判哪个立场正确哪个立场错误，或者给学生一个最终版的、正确而权威的解释，相反，教师应该尽量少说话，允许学生独立讨论，除了在适当的时候提供支架和帮助学生进行合理推理，例如鼓励学生澄清他们的想法，提供关乎文本证据或理由的提示，以及向学生示范怎样进行清晰的论证，等等。总之，教师需要放弃他们在解释和判断上的权威地位，努力促进学生推理和分析能力的发展，激发学生的批判性思维，并促进学生之间的合作。④ 在一个理想的合作推理课堂中，学生可以控制讨论的主题、节奏、

---

① CLARK A M, ANDERSON R C, KUO L -J , et al. Collaborative Reasoning: Expanding Ways for Children to Talk and Think in School[J]. Educational Psychology Review, 2003, 15(2): 181-198.

② DONG T, ANDERSON R C, KIM I H, et al. Collaborative Reasoning in China and Korea[J]. Reading Research Quarterly, 2008, 43(4): 400-424.

③ CHINN C A, ANDERSON R C, WAGGONER M A. Patterns of Discourse in Two Kinds of Literature Discussion[J]. Reading Research Quarterly, 2001, 36(4): 378-411.

④ VANDEWEGHE R. What Kinds of Classroom Discussion Promote Reading Comprehension? [J]. English Journal, 2007, 96(3): 86-91.

时间和内容，他们还掌握解释文本的话语权，能够评估和比较他人提出的论点。①

研究表明，合作推理对中小学生的发展有显著的积极影响。首先，合作推理能显著提升小学生的阅读参与度和阅读认知策略的使用水平，如详细阐述、预测、使用文本证据进行解释，以及批判性分析多种解释的水平；其次，合作推理能帮助学生掌握多种论证策略、推理策略和讨论策略；最后，合作推理还能提升学生撰写论述性文本和反思能力，经过合作推理训练的学生的论述性写作任务中包含更多的论点、立论和反驳观点，并且使用了更多的文本证据以及成熟的论证技巧，相比之下，没有参与任何合作推理项目的学生则做不到这一点。②

（二）教学对话

有研究者认为，教师引导的讨论同样可以有效激发学生的批判性思维，帮助学生在讨论中积极发言，因此，讨论式阅读教学增加了教师讲话的机会，其中教学对话是一种广泛使用的方法。教学对话代表了从传统的偏向记忆和灌输的阅读课程向建构主义课堂的转变，鼓励学生作为一个学习社群，建构自己对文本的理解。在教学对话课堂中，教师和学生共同阅读文学文本，撰写文学日志，例如，写下与个人经历相关的思考，对故事中的某些情节进行阐述，解释故事的主题等，并共同讨论文本。在教学对话课堂中，写作和阅读任务往往紧密结合，相互促进和启发。通过讨论，教师和学生能共同发展出对文本更复杂的理解，丰富写作内容；而通过写作，教师和学生能进一步澄清他们有关文本的观点和解释，这为随后的讨论提供了更多高质量的信息。③

教学对话课堂通常包含几个基本的教学和对话元素。就教学元素而言，它包括有助于深化读者对文本主题理解的主题焦点，激活背景知识或相关图式，阅读技能或概念的直接教学，对复杂表达和精细推理能力的提升，以及为论点或立场提供文本证据的能力训练，等等。关于对话元素，它包括少量封闭式的问题，对学生反馈的回应，多个互动且相互联系的对话，一个具有挑战性但不

---

① DONG T ,ANDERSON R C,KIM I H,et al. Collaborative Reasoning in China and Korea[J]. Reading Research Quarterly,2008,43(4):400-424.

② REZNITSKAYZ A,ANDERSON R C,KUO L-J. Teaching and Learning Argumentation[J]. The Elementary School Journal,2007,107(5):449-472.

③ SAUNDERS W M,GOLDENBERG C. Effects of Instructional Conversations and Literature Logs on Limited-and Fluent-English-proficient Students' Story Comprehension and Thematic Understanding[J]. The Elementary School Journal,1999,99(4):277-301.

具威胁性的氛围，以及广泛的参与。① 在教学对话课堂中，教师的角色是通过讨论和写作等活动帮助学生将阅读内容与个人经历、背景知识联系起来。教师将确保根据每个学生的个性特征和经历，将所有学生纳入对话中，认真倾听学生的讨论，推测学生发言背后的意图和意义，将正式文本中的知识与学生个人生活中的知识联系起来，评估学生的理解水平，并给出及时适当的反馈。必要时，教师还会总结不同学生的观点、论据和评价，结合文本证据来引导学生对话，或通过提问、复述和给予表扬肯定来促进学生通过对话进行阅读。② 这种方法可以有效促进学生对文本的阅读理解，并提升学生的阅读参与度，但关于教学对话效果的实证研究还相对较少。

第五节　国内的阅读教学

一、国内阅读教学的主要特征

长期以来，我国的阅读教学一直有读写结合的传统。在古代，官学和私塾教师的主要目标是帮助学生理解儒家经典的主要思想，并模仿儒家经典的写作风格创作文章；因此，古典阅读教学最流行的模式是以教师为中心的教学，以朗读练习和背诵为主。然而，20 世纪以来，受到西方理论和教育改革经验的影响，中国的阅读教学总体上也经历了从强调基本阅读技能训练的直接教学向强调以学生为中心的意义建构的对话式教学的转变，这与西方社会的阅读教学模式的发展大体相似，只是更偏向于实践，与心理学、脑科学、哲学等方面的科学理论发展关系并不密切。

然而，由于欧美的认知心理学在 20 世纪六七十年代并未系统传入国内，该理论对中国阅读教学的影响明显弱于 20 世纪 20 年代兴起的行为主义理论、90年代兴起的全语文理论和读者反应理论，因此，国内一线教师对有效阅读策略教学的了解不足，直到近年来，统编语文教材中系统地提升了阅读认知策略的重要性，才逐渐扭转了这一局面。此外，中国的阅读教学有着悠久的历史传统，

① GOLDENBERG C. Instructional Conversations: Promoting Comprehension through Discussion [J]. The Reading Teacher, 1992, 46(4): 316-326.
② NADER A A, SHAFAGH T. The Effect of Using Instructional Conversation Method on Reading Comprehension of Iranian EFL Learners [J]. International Journal of Modern Education and Computer Science, 2012, 4(9): 45-51.

它整合了语言和文学教学，强调文学教育、经典阅读以及文言文阅读的教学。因此，与欧美中小学大多采用以阅读策略为主的教学以及文学导向的阅读教学模式不同，中国的阅读教学模式的发展，表现出一种由行为主义理论所支持的基础技能阅读教学，直接跳跃到由全语文理论和读者反应理论支持的文学导向的阅读教学的倾向。

进入 21 世纪，随着 2011 版和 2022 版义务教育语文课程标准的颁布，文学导向的阅读教学受到一线教师的广泛关注。两版语文课程标准均高度重视学生在阅读中意义建构的中心角色，强调学生、文本和教师之间的互动，要求教师应当尊重学生的阅读主体地位，珍视学生独特的阅读感受，关注阅读教学与学生真实生活经验之间的联系，并突出各种能够促进学生阅读主动性的教学方法，如合作阅读、独立阅读、探究式阅读等。总体上，教师的阅读教学主要呈现出两种倾向：坚持传统双基教学和以文学为导向的阅读教学倾向。近几年，随着统编版语文教材的全面推行使用，阅读策略教学也逐渐受到了一线教师的重视，但与前两种倾向相比，国内阅读策略教学的发展还不够成熟。

二、"双基"阅读教学和单元模块阅读教学

20 世纪 20 年代，受到科学主义和行为主义理论的影响，我国语文教育学者开始采用模块化、单元化的方式组织语文教学，例如，叶圣陶先生主编的《开明国语课本》就采用了单元模块的结构体例。到了 20 世纪 60 年代，我国语文教育学者提出了"双基教学"的理念，注重对学生语文基础知识和基本技能的训练。在双基理论下，阅读教学高度重视基础阅读技能和基础语言知识的练习。

单元模块阅读教学和双基阅读教学，与欧美行为主义理论视域下的基础阅读教学有一些相似之处。首先，它们都强调系统地掌握阅读基础知识和基本技能的重要性，并将阅读理解能力视为掌握一系列技能和知识的结果。其次，它们都将教师置于阅读教学的中心，认为学生不能天然地掌握阅读知识和技能，而是需要教师的明确指导、详细示范和系统设计的训练。因此，单元模块和双基阅读课堂基本由教师主导。我国教师所强调的基本阅读技能和基础阅读知识，与欧美教师所教授的内容也相似，主要包括检索文本人物角色和背景信息的技能、词汇和语法知识、段落划分技能、表达技巧知识、识别主要观点及理解文本主题的技能等。① 到 20 世纪 70 年代和 80 年代，单元模块阅读教学和双基阅读教学发展到了高峰时期，在全国范围内成为阅读教学的主流。

---

① 魏欣宇. 中美阅读教学活动比较与借鉴［D］. 天津：天津师范大学，2014：17.

由于单元教学和双基教学重视学生对基本阅读技能和基础知识的掌握，主张教师对教学过程实施较为严格的控制，教师应当占据权威和主导的地位，它们在很大程度上忽略了学生在阅读中的主动性、阅读兴趣和个性化的情感体验。① 因此，到了20世纪末，语文教育界出现了不少批评双基教学和单元阅读教学的声音，人们开始质疑"双基阅读教学"及"单元阅读教学"过于注重教师讲授和反复练习，甚至会陷入"题海战术"，影响学生的阅读体验、阅读兴趣和阅读能力的发展，其背后的行为主义理论也受到了挑战。同时，随着20世纪80年代末读者反应理论、全语文理论等欧美理论思潮的传入，我国的阅读教学开始转向文学导向的阅读教学，这种阅读教学更加重视学生的积极参与、兴趣和个性化的阅读体验。

三、国内文学导向的阅读教学

20世纪80年代以来，许多欧美文学和教育理论进入了我国教师的视野，其中社会建构主义理论和读者反应理论颇受欢迎。它们强调学生在阅读中的中心角色，注重在阅读教学中建构意义，主张运用真实而有趣的阅读材料，重视对学生文学鉴赏能力的培养，并强调通过学生、教师和文本之间的高质量讨论和对话来建构高水平的阅读理解，支持讨论式阅读教学。这些主张也逐渐开始影响一些国内教师的阅读课堂。

总体说来，国内的文学鉴赏导向的阅读教学主要有如下几个观点和主张：第一，阅读理解能力并不等于掌握一系列分级的基础语言知识和阅读技能，而是指通过阅读从文本中建构意义的能力；第二，学生的积极阅读参与在阅读理解中至关重要，因为意义并不只蕴含在文本中，而是由读者建构出来的；第三，正是因为意义是通过读者与文本之间的互动构建出来的，读者与文本、读者之间的交流和对话是非常有价值的，教师在教学中不该忽略高质量对话的价值；第四，教师应该在文学导向的阅读教学课堂中创造足够的高质量对话机会，尽量鼓励所有学生都能参与到有关文本的高质量对话和讨论中；② 第五，学生的阅读动机和兴趣在阅读教学中尤其重要，教师应努力在阅读课堂上激发学生的阅读动机，为了掌握技能强迫学生反复"刷题"、机械式训练导致学生的阅读兴趣降低的教学行为是十分危险的。所有这些观点都与欧美国家文学导向的阅读教

---

① 申岩林. 从单篇到单元：20世纪阅读教学研究初探 [D]. 北京：北京师范大学，2010：26.

② 李丹丹."对话"理论在语文教学中的本土化发展 [D]. 哈尔滨：哈尔滨师范大学，2015：18.

学的主要观点相似。但是，受"天道酬勤""勤能补拙"等传统文化价值观念的影响，再加上"双基教学"在我国的深厚根基以及高考"指挥棒"的考核要求，国内许多教师，虽然能够理解也支持文学导向阅读教学的大部分主张，但在实际教学操作层面上，仍然会坚持基础技能的反复训练和背诵是阅读教学中必不可少的一部分。国内的教师也在文学鉴赏导向的阅读教学理念和中国传统语文教育理念的影响下，开发设计出我国特有的文学导向阅读教学模式，其中在一线阅读教学中影响较大的有语感教学、对话式阅读教学、体验式阅读教学、读写结合等。

（一）语感教学

20 世纪 90 年代以来，语感教学开始流行。语感教学强调通过朗读和背诵大量经典篇章来积累语言知识。① 语感教学鼓励学生充满感情地朗读文本，特别是朗读诗歌，是国内常用的文学导向的阅读教学方法。不过，语感教学模式所倡导的朗读教学在我国古已有之，是一种历史非常悠久的阅读教学方法，在我国有深厚的历史土壤和文化根基。2011 年版和 2022 年版义务教育语文课程标准小学阶段均强调，语文教师应当指导学生有感情地朗读课文，特别是在低年级阶段。我国自古就有"书读百遍，其义自见"的谚语，这里的读，不仅仅指默读，也包括出声诵读、朗读和吟诵等形式。我国的语感教学主张在早年主要受到传统文化实践的支持，但近年来，随着阅读科学研究的发展，语感教学的观点与欧美基于实证研究的语言及文学理论的主张不谋而合。支持文学导向的阅读教学的全语文理论指出，学习者可以自然地习得语言，语感可以通过反复朗读实践自然培养，意义也可以在这个过程中得到自然而然的构建。② 除了大声朗读，许多教师还会在语感教学中引导学生欣赏和比较文本中的关键用词，进行"咀嚼推敲"式辨析，因为他们认为这种方法有助于提高学生对汉语词汇的敏感性。③ 在通过引导学生情感朗读来培养语感的过程中，一些教师还重视学生的想象能力和直观思维，力求引导学生通过充满感情的朗读，对文本中所描绘的人物、情节和情境展开丰富的想象和联想。④ 在实际教学场景中，语感教学与双基教学常常是并行使用的。为了培养学生良好的语感，除了训练朗读，教师同时重视对学生良好的语言文字基础技能的培养，如要求学生通过规律训练掌握汉字、

---

① 官璐．美读与中学语文阅读教学中语感的培养［D］．济南：山东师范大学，2006：6.
② 魏欣宇．中美阅读教学活动比较与借鉴［D］．天津：天津师范大学，2014：23.
③ 段艳敏．论中学语文阅读课的语感教学方法［D］．武汉：华中师范大学，2006：15.
④ 顾贤芳．初中语文阅读教学中语感能力培养的策略研究［D］．南京：南京师范大学，2008：4.

词汇、语法的基本规则，以及如何使用这些知识解决问题的元认知意识的培养。

（二）对话式教学

对话式教学是一种在课堂上通过师生对话、生生对话建构文本意义的阅读教学方法。近年来，对话式阅读教学方法在国内较为流行，这得益于读者反应理论在学术界的流行，以及课程标准对于对话式阅读教学的重视。在对话式阅读教学课上，教师会给予学生更多自由选择阅读内容的权利，尊重他们对文本的个性化解读，并在课堂上开展更多关于文本内容、主题、技巧等方面的高质量对话。教师和学生会借助识别自己对于文本的误解或偏见、缩小理解差距和互动对话、互助理解等有效策略，学习如何在阅读中与文本、文化、生活、自己以及同伴对话。① 个性化的生活体验、学生在阅读中提出的问题和高质量的对话是对话式教学的关键要素。一些教师认为，在阅读中使用对话式教学，可以有效促进对文本意义的建构，同时提升学生对文本进行深入的、个性化解读的能力。②

然而，也有学者指出，目前国内语文课堂中的对话教学往往流于形式，内容相对肤浅，受班级规模和课堂形式的限制，教师无法有效激发学生参与有关文本的更深层次的讨论，很多学生的对话意识十分薄弱，在对话式阅读课堂上的小组讨论中表现欠佳。此外，虽然越来越多的中国教师关注并认同对话式阅读教学的理念，甚至也尝试将其应用于他们的语文阅读课堂中，但由于深受传统的教师中心教学习惯和标准化考试的压力影响，很多教师仍然执着于唯一、正确的阅读答案，他们在对话式教学中急于为学生提供统一、标准、权威的解答，而不是给学生足够的时间来思考，或者像真正意义上的欧美对话式阅读教学一样，鼓励学生从多个角度提出不同却合理的解释。③ 而对话式阅读教学的另一个极端则是，一些教师完全放弃了他们作为引导者的责任，在课堂上完全不参与，完全放手让学生自主讨论，但没有教给学生怎样负责任地进行沟通和高质量地解读文本、提出好问题，导致学生提出的问题和小组讨论的质量都处于较差的水平。总体而言，对话式阅读教学方法在实践教学中仍需要大幅度改进，教师需要系统关于真正有效的对话式教学的培训，以避免在课堂上开展无效的对话式阅读教学，防止学生因为小组对话质量的低下而对文本产生肤浅甚至错误的理解。

---

① 江玲玲. 多重对话下的语文阅读教学的文本解读策略研究［D］. 芜湖：安徽师范大学，2015：10.

② 汪媛. 对话理论指导下的语文阅读教学［D］. 沈阳：沈阳师范大学，2006：26.

③ 马建军. "对话式"教学在语文阅读教学中的运用［D］. 呼和浩特：内蒙古师范大学，2011：5.

（三）体验式阅读教学

文学导向的阅读教学另一个流行阅读教学模式是体验式阅读教学，这种体验主要是基于文本的情境和情感的体验，主张教师可以通过丰富的情感和情境体验来提升学生对文本的阅读理解水平。体验式阅读教学受到强调情感体验的中国古典文学理论、杜威的"做中学"理论以及接受美学理论的影响，主张教师应当在阅读教学中注重学生对文本的情感和情境体验。体验式阅读的倡导者认为，文本是作者体验、经历的呈现，阅读则是读者尝试理解、想象甚至经历作者在文本所创造的那个世界中的体验的过程。因此，阅读教学应该将学生置于阅读理解和意义建构的中心，营造能够激发学生对文本世界的体验的丰富情境，高度重视学生在阅读过程中的情感体验和个性化感受。① 有趣的是，这些观点实际上与罗森布莱特（Rosenblatt）强调学生在阅读中会经历体验和审美立场的交流理论有许多相似之处，虽然国内鲜少有一线语文教师听说过她的名字和她的观点。

近年来，许多教师在语文教学中不断探索和完善体验式阅读教学，也积累了不少能够提高体验式阅读教学效率和质量的经验和建议。比如，有研究者指出，教师应该在体验式阅读教学中，充分尊重学生在阅读过程中的独特感受和解释，根据文本营造有趣而鲜活的情境，帮助学生通过想象特定情境下文本中角色的感受来与角色深度共情，教师还应该营造一种对文本所表达的情绪主题保持敏感的氛围，引导学生识别文本中的情感线索等。② 此外，教师可以结合其他教学方法，比如，朗读教学、鼓励学生查找背景资料、在文本之间建立联系和比较，以及开展高质量对话讨论方式，来提升学生的体验式阅读。尽管一些教师认为，在实施体验式阅读教学后，他们观察到了学生在阅读动机、阅读习惯、创造力、审美品位和个性化解读方面的提高，但国内依然缺乏调查体验式阅读教学对学生阅读理解能力和阅读动机的影响的实证研究，因此对于效果仍需要严谨的实证研究进一步检验。

（四）读写结合式阅读教学

在我国，读写结合教学实践并非受全语文理论或者文学导向阅读教学实践理论的影响而产生，相反，将阅读与写作紧密结合是我国阅读教学古已有之的

---

① 洪瑛瑛. 小学语文阅读教学中体验学习探究［J］. 现代基础教育研究，2020，40（4）：191-194.

② 杨雨. 小学语文"体验式"阅读教学模式探讨［J］. 教育理论与实践，2017，37（26）：55-56.

教学传统，影响广泛而深远。在我国古典教育体系中，阅读教学与写作教学是密不可分的两个环节，它们共同构成了古代士人学习能力培养体系的根基。《论语》中就有"学而不思则罔，思而不学则殆"的论述，强调了学习与思考的结合，而"学习"常常是通过阅读实现，"思考"则常常是通过写作来实现。因此，把阅读和写作结合起来是中国古典教育一以贯之的实践传统，这一实践传统又在古代的科举制度的强化下不断得到强化和巩固，延续至今。尽管这方面的实证研究并不充足，但许多中小学语文教师都相信，学生的阅读参与程度高，将能促进学生写作能力的提升，所谓"读书破万卷，下笔如有神""不动笔墨不读书"，反之亦然，多写作也能促进阅读能力的提升。[①]

在具体的教学实践中，读写结合主要包含读后感写作、文本评论分析、创意续编续写、阅读讨论和写作结合等方式。读后感写作指在读完文章或者书籍之后，教师会引导学生概括文章的大意，写出自己对某些内容的独特见解和感受。相比于适用于各个年级段的读后感写作，文本分析与评论的读写结合任务则更适合于高年级学生使用。因为文本分析与评论要求学生对所读文本进行深入分析，需要学生具备一定的关于主题、情节、人物、表达技巧的基本知识，并能提出自己独立的见解和观点。文本分析与评论对学生的阅读理解能力和批判性思维有较高的要求，能够充分锻炼学生的独立思考能力。根据一些研究者的观察，阅读后的个性化文本分析性写作，如读后感、读书报告、摘抄、书评、低年级的手抄报等，是目前许多中小学语文教师常用的读写结合任务形式。[②] 因为语文教师普遍认为这种难度适中的写作活动能有效促进学生的阅读兴趣和动机，加深学生对文本的理解能力，锻炼他们的表达能力，同时也因为难度并不高，学生容易完成，这种活动还能提升学生的阅读成就感和自我效能感。

除了个性化文本分析性写作，创意写作、阅读讨论与写作结合、写作与某些实践活动结合，也是常见的读写结合教学形式。2022年版新课标和统编版语文教材都强调阅读和创意写作结合的重要性，比如，在阅读了某个童话或者寓言故事后，教师可以引导学生进行故事续写、改写或进行故事新编。这种形式的读写结合深受中小学生喜爱，不仅能够提升学生的阅读理解能力，还能够充分激发学生的想象力和创造力，并且锻炼其写作技巧。阅读讨论与写作结合的读写结合教学形式指在阅读完文本之后，教师会鼓励学生进行小组讨论，然后

---

① 李笋. 小学语文读写结合教学模式的构建 [J]. 中国教育学刊, 2020 (S1): 50-51.

② 潘娟. 品味经典传承美德: 以读后感为载体, 用经典文学的光辉照亮孩子的灵魂深处 [J]. 教育教学论坛, 2014 (34): 213-215.

在此基础上围绕文本中的相关主题进行写作和评论，学生可以通过讨论加深对文本的理解，产生初步的写作想法，听取同伴的意见，接着在实际写作的过程中进一步深化自己的观点和理解，从而获得对文本丰富、全面而深入的洞见。这种方法不仅能够帮助学生梳理清楚自己对于文本的见解，还能够提升学生综合不同立场和观点得出结论的能力，有点像笔头版的"合作推理"（collaborative reasoning）。最后，在2022年版语文新课标的推动之下，强调听说读写结合的语文学习任务群也得到了重视，在文学阅读与创意表达等学习任务群中，阅读、写作还可以和某些实践活动结合起来，例如，阅读了抗日战争主题的文学传记后，教师可以组织学生参加参观历史博物馆、参观烈士陵园等活动，然后写出自己的观察和感受。这种形式的读写结合不仅能够提升学生的阅读理解能力和表达技巧，还能够提升学生运用所学知识解决实际问题的能力。总之，读写结合的教学模式在中国古典教育和现代语文教学中都占据着重要地位，可以说是我国最为重要也最有生命力的教学模式之一。

第六节　趋向于融合的阅读教学

一、阅读教学的融合趋势

在这一部分中，我们回顾了在欧美国家和国内不同理论视角下的几种主流教学模式。早期的行为主义理论将阅读视为一系列独立的阅读子技能的积累，并提出了基础阅读教学法，重视阅读基本技能和基础知识的教学。认知理论将阅读视为一个复杂的认识过程，包含认知策略、元认知和动机等多方面的心理因素，因此，提倡阅读策略教学能为学生提供支架，帮助他们积极使用各种有效的策略来解决阅读中遇到的问题。一系列实证研究表明，基础阅读教学和阅读策略教学对于阅读初学者和能力薄弱的读者的阅读理解能力有显著的正面影响，但它们更以教师为中心，较少关注学生的积极参与和意义建构、自主选择权和决策权，容易忽略学生的阅读兴趣和阅读热情。在这种背景下，全语文理论崛起。它将阅读理解能力视为在丰富的语言环境中进行互动的自然习得的结果，因此，全语文理论支持文学导向的阅读教学，这种教学主张将学生置于一个充满真实、有趣的书籍和具有挑战性读写活动的丰富语言环境中，并为学生创造丰富多彩的阅读和写作活动。同样，读者反应理论和交流理论则强调读者与文本之间的交流过程，因此，这一视角下的阅读教学方法是以讨论为基础的，主张学生应当担任对话和意义建构的中心角色。然而，研究表明，尽管文学导向的阅读教学和讨论式阅读教学在促进学生的阅读动机和积极的阅读参与方面有一定效果，但也有学者指出，它们对学生掌握批判性阅读技能或阅读策略没有显著的正面影响，这导致其对大多数阅读能力薄弱的读者效果不佳。

　　由于不同理论视角下的教学方法各有优势和局限，自 20 世纪末以来，越来越多的欧美研究者和教师主张采用融合式的阅读教学模式，这样可以平衡不同阅读教学方法的优缺点。① 在国内，尽管由认知理论支持的阅读策略的教学发展和影响有限，一些教师也注意到了有效的认知阅读策略的价值，如自我提问、激活先验知识、建立联系、做笔记、进行比较和总结等策略。2022 年版义务教育语文课程标准及统编版阅读教材对阅读方法的重视，也进一步推动了阅读策略在国内的流行。不过，大部分教师认为，阅读策略教学不能够完全代替传统双基教学和文学导向的阅读教学，而是应该和传统的教学方式以及以读者为中心的阅读教学方式融合起来，才能达到良好的效果。还有一些教师呼吁，将阅读策略教学与对话式或讨论式阅读教学相结合。②

　　总体而言，阅读教学方法的融合包含多种模式和方向，例如，基础阅读教学与阅读策略教学的融合，文学导向的阅读教学与讨论式教学的融合，基础阅读教学、阅读策略教学和文学导向的阅读教学的融合，基础阅读教学与文学导向的阅读教学的融合，以及计算机技术辅助的融合式教学，等等。

二、不同类型的融合式教学

（一）基础阅读教学和阅读策略教学的融合

　　阅读理解模型融合趋势的理论基础是交互式信息处理模型，该模型将自下而上的理解过程和自上而下的理解过程融合起来，试图全面地揭示阅读理解认知过程。在融合模型中，阅读不仅包括基本的阅读技能如解码（decoding）、词汇认知（word recognition）和语法规则解释等自下而上的积累，还包括使用自上而下的阅读认知策略，如激活先验知识（prior knowledge activation）、利用文本结构识别要点（identify main idea with text structure）、总结（summarization）、提问（question generation）等。因此，在融合模型视域下的第一种常见融合型阅读

---

① BARRETTE C M，PAESANI K，VINALL K. Toward an Integrated Curriculum：Maximizing the Use of Target Language literature[J]. Foreign Language Annuals,2010,43(2):216-230.

② 裴翠敏. 问题教学法在高中语文阅读教学中的应用研究 [D]. 沈阳：沈阳师范大学，2019.

教学的类型，就是指基础阅读教学与阅读策略教学的融合，在这种教学模式中，教师首先会对学生的基本解码技能采用直接教学进行指导，提供充足的训练，在学生掌握基本的解码技能后，则会为学生提供有关有效阅读理解策略的认知支架、示范，设计练习任务，像教练一样循序渐进地带领学生掌握多种阅读认知策略，从而帮助不同能力水平的学生顺利地阅读和理解各种类型的文本。① 研究表明，这种融合基础阅读技能和阅读策略教学的教学模式，可以有效地帮助那些缺乏基本阅读技能和阅读认知策略的薄弱阅读者。

（二）文学导向的阅读教学和讨论式阅读教学的融合

在融合阅读理论视域下，第二种常见的教学融合方式是文学导向的阅读教学和讨论式阅读教学的融合。在全语文理论视角下的文学导向的阅读教学，虽然也关注阅读过程中的意义建构，但通常只将文本讨论作为促进学生参与意义建构的有趣活动之一，很少关注学生讨论和意义建构的质量。与此同时，读者反应理论视角下的讨论式阅读教学，虽然重视在真实阅读情境中的读者与文本之间的交流互动，但如果每次都只使用讨论这一种方式，对学生们来说稍显单调，对薄弱读者来说参与讨论、提出高质量问题的难度则较高。因此，有学者将全语文理论、社会建构理论和读者反应理论融合，设计出一种融合文学导向的阅读教学和讨论式阅读教学的教学模式。在这种融合式阅读教学模式中，教师会通过布置阅读前的任务激活学生已有知识和个人经验；在课堂上，教师会给学生充分的时间阅读真实的文学作品；在学生阅读的过程中，教师会为学生提供讨论支架，确保学生能够生成高质量的讨论，提升意义建构的质量；阅读结束后，教师会要求学生总结文本，并且通过阅读后的写作回应或文本分析任务进一步完善意义建构。②

（三）基础阅读、阅读策略教学和以文学为导向的阅读教学

在所有的融合式教学模式中，基础阅读教学、阅读策略教学和文学导向的阅读教学的融合是最为流行的趋势，其背后的理论框架吸收了行为主义理论、认知理论和全语文理论的优势，取长补短，反映出学术界建构"大一统"模型的趋势。

---

① SWAFFAR J K，ARENS K M，BYRNES H. Reading for Meaning：An Integrated Approach to Language Learning[M]. Upper Saddle River，NJ：Prentice Hall，1991.

② PAESANI K. Using Literature to Develop Foreign Language Proficiency：Toward an Interactive Classroom[M]// STIVALE C J. Modern French Literary Studies：Strategic Pedagogies. New York：Modern Language Association of America，2004：13-25.

　　20世纪90年代见证了全语文理论和文学导向的阅读教学模式的异军突起，在这之前，在欧美中小学阅读教育领域，占据主导地位的一直是基础阅读教学和阅读策略教学。尽管许多实证研究已经表明，文学导向的阅读教学在促进学生的阅读能力和阅读动机方面，比基础阅读教学和阅读策略教学方法更有效，但也有研究者质疑，文学导向的阅读教学效果可能并不如人们想象的那般理想，甚至对中小学学生来说，比基础阅读和阅读策略教学的效果更差。例如，早在20世纪90年代，斯塔（Stahl）等人就做了一项系统比较全语文视域下的阅读教学和基础阅读教学效果的元分析（meta-analysis）研究。通过追踪相关实验效果，他们发现，大多数研究者使用阅读态度量表而非阅读成就测验来检验全语文理论视域下阅读教学的效果。① 因此，尽管许多一线教师非常支持全语文视域下的阅读教学，如文学导向的阅读教学、文学圈等教学方法。从科学的角度来说，目前依然缺乏支持全语文阅读教学对学生阅读成绩效果有显著正面影响的证据。前人研究成果从总体上揭示，全语文理论视域下的文学导向的阅读教学法似乎对学生阅读理解水平的影响有限，此外，全语文视域下的阅读教学与传统阅读教学方法相比，对学生阅读态度的影响几乎没有显著性差异。

　　因此，一些研究者指出，阅读教学不应局限于一种特定的狭隘的理论或者方法，而应当融合文学导向的阅读教学和阅读策略教学的多种目标、理论、方法和材料，以支持不同类型学生的阅读能力持续、平衡发展。② 尽管阅读策略教学常被批评为将阅读与社会文化背景分离，并充斥着重复性练习，但它并不排斥阅读中的意义建构和指导过程，因为学生可以通过阅读真实的文学作品和与其他熟练读者互动讨论，学习熟练使用一系列认知和元认知策略来构建意义。③ 从这个角度看，基础阅读教学和阅读策略教学并不一定与文学导向的阅读教学相冲突。一方面，阅读策略教学可以弥补文学导向的阅读教学缺乏基本阅读策略指导的不足，促进学生系统掌握基本阅读技能和阅读策略；另一方面，文学导向的阅读教学也可以通过融入以学生为中心的意义建构活动、小组讨论、合作任务、读写结合实践活动、高度自主的选择、具有挑战性的活动和多样化有

①　STAHL S A,MCKENNA M C,PAGNUCCO J R. The Effects of Whole-language Instruction:An Update and a Reappraisal[J]. Educational Psychologist,1994,29(4):175-185.

②　RANKIN-ERICKSON J L,PRESSLEY M A. A Survey of Instructional Practices of Special Education Teachers Nominated as Effective Teachers of Literacy[J]. Learning Disabilities Research and Practice,2000,19(15):206-225.

③　PRESSLEY M,ALMASI J,SCHUDER T,et al. Transactional Instruction of Comprehension Strategies:The Montgomery Country,Maryland,SAIL Program[J]. Reading and Writing Quarterly:Overcoming Learning Difficulties,1994,10(1):5-19.

趣的书籍等，来完善阅读教学方法，提高学生在阅读策略教学中表现出来的阅读参与度及阅读兴趣。①

　　将文学导向的阅读教学与基本阅读或阅读策略（如解码、词汇识别、理解技能）教学相结合的阅读教学模式，对学生来说，可能比只强调意义建构而没有任何基本阅读技能教学的文学导向阅读教学模式帮助更大，并且可能也比只强调技能而不重视学生主动意义建构的基础阅读教学更有益处，特别是对那些缺乏熟练阅读技能的、不成熟的读者。自 20 世纪 90 年代末，大量实证研究揭示了融合这两种教学模式不仅是可行的，并且这种融合后的教学模式在促进学生的解码技能、阅读理解水平、阅读动机和整体阅读成就方面效果更加显著。②然而，这些教学干预项目大多采用策略教学作为主要元素，而将文学导向的阅读教学作为背景设置，文学导向阅读教学的元素在这些融合式阅读教学模式中，仅仅体现为多样化的文学类阅读材料。

　　例如，布洛克（Block）进行了一项融合了文学导向的阅读教学和阅读策略教学的实验研究，检验了这个干预项目的效果。实验组的教学包括阅读认知策略和文学导向的阅读教学两大部分。在实验组中，除了文学导向阅读教学的基本元素，教师还会教授学生 16 种阅读认知策略，在对照组中，则没有阅读策略教学的指导。实验组教授的阅读策略包括决策策略、解决问题策略、元认知策略、创造性思维策略、小组合作策略等。文学导向的阅读教学元素主要由丰富的文学类书籍来体现。具体来说，实验组的课程主要包括两部分。在第一部分课程中，教师直接讲解、指导和示范阅读策略；在第二部分课程中，学生会选择他们喜欢的儿童文学书籍，运用他们在第一部分中学到的阅读策略来解读文本。结果表明，在标准化阅读理解测试、阅读认知策略迁移能力、阅读动机、批判性思维和创造性思维等方面的评估上，实验组学生显著优于对照组学生。③斯嘉斯利（Scarcelli）和摩根（Morgan）采用了 Cunningham 模型融合了认知理论和全语文理论视域下的阅读教学，该模型包含四个模块，即写作、词句运用、教师指导的文学类文本选择以及学生自选阅读材料。研究者检验了这一融合教

①　SCARCELLI S M,MORGAN R F. The Efficacy of Using a Direct Reading Instruction Approach in Literature Based Classrooms[J]. Reading Improvement,1999,36(4):172-179.

②　MORROW L M,GAMBRELL L B. Literature-based Reading Instruction[M]// KAMIL M L, MOBENTHAL P B,PEARSON P D,BARR R. Handbook of Reading Research Vol. 3. New York:Longman,2000:563-581.

③　BLOCK C C. Strategy Instruction in a Literature-based Reading Program[J]. The Elementary School Journal,1993,94(2):139-151.

学模式对一年级学生阅读技能和阅读理解水平的效果。实验组学生接受了包括基本阅读技能、写作技能、阅读认知策略指导和教师指导下的自主选书及默读，而对照组仅接受了全语文理论视域下的教学。结果显示，实验组和对照组学生之间存在显著差异。实验组学生在解码、词汇技能和阅读理解方面的表现显著优于对照组学生。①

　　还有一些研究也尝试将更多的文学导向阅读教学元素整合到融合式阅读教学中。例如，鲍曼（Baumann）和艾薇（Ivey）进行了一项案例研究，调查了融合阅读策略教学和文学导向阅读教学的项目对二年级学生的影响。阅读策略教学的部分内容包括解码、词汇识别、阅读理解策略、详细阐释策略和写作策略。文学导向的阅读教学由不同的元素来体现，例如，图书馆、教室中的图书角、丰富的阅读讨论和创作的机会、持续的独立默读、自选感兴趣的书籍、独立及合作的读写任务等。② 融合式课程主要由三部分组成：阅读策略指导、独立阅读实践和有趣的语言艺术活动。研究者收集了个人日志、个别学生访谈、课堂阅读活动录像、学生的写作和阅读任务作品，以及对学生的课程评估等数据。通过内容分析方法研究者发现，学生在阅读策略、词汇技能、阅读理解和写作能力以及与书籍的积极互动方面都有显著的进步。研究者认为，之所以能有这样积极的结果，主要是因为融合式阅读教学将不同理论视域下的阅读学的优势结合了起来。然而，由于研究方法的限制，无法从结果中推断出因果关系。

（四）学科视角的融合及跨学科阅读教学

　　近年来，阅读理解及教学中的学科视角逐渐得到重视。研究者指出，当学生升入中高年级后（4~8年级），将会面对更为复杂的不同学科的阅读场景、目的和文本，这会对学生的阅读理解带来一定的挑战。研究者指出，读写能力在不同学科的学习中都非常关键，当然，这读写能力不仅指通用的识字写字的能力，也包括在各学科领域内阅读、理解、解释、撰写该学科文本或完成相关任务的具体的读写能力。为此，学术界出现了两个术语，"内容领域读写能力"（content area literacy）和"学科读写能力"（disciplinary literacy），这是两个涵盖性的术语，它们都指不同学科内部的具体读写能力，只不过"内容领域读写能力"通常指小学高年级段的具体学科读写能力，教授通用阅读策略和技能；而

① SCARCELLI S M,MORGAN R F. The Efficacy of Using a Direct Reading Instruction Approach in Literature-based Classrooms[J]. Reading Improvement,1999,36(4):172-179.
② BAUMANN J F,IVEY G. Delicate Balances:Striving for Curricula and Instructional Equilibrium in a Second Grade Literature/ Strategy-based Classroom[J]. Reading Research Quarterly,1997, 32(3):244-275.

"学科读写能力"则多指学生升入中学后，面对分学科学习，所需要的更为专业的、学术化的学科读写技能。举例来说，在小学科学课上，学生需要动手实验，并动笔观察、记录和解释实验和测试的结果，以此学习科学主题的知识。在中学历史课上，中学生需要阅读大量历史文献和原始史料文件，通过比较不同的历史论述和原本的史料，来探讨分析历史上为何会发生某些事件，史学家的记载、事件的描述和原本的史料有何区别。在数学课上，各组学生需要阅读理解一道道题目的文字叙述要求，得出多样化的解法，接着学生需要在小组内向同学口头解释并演示自己是如何得出这些解法的。① 尽管学生升入中高年级后的阅读情境各有不同，但不同的读写情境都显示了跨学科的读写能力教学，即教会学生阅读理解、深入阐释、表达创作不同学科文本，这对于学生深入学习、掌握不同学科的学术知识是至关重要的。这意味着，不论学生学习的是哪个学科，都需要熟练具备该学科的读写能力。更为重要的是，因为学生从小学高年级到中学不能只深入学习某个学科，学生需要掌握多个学科的读写能力，熟练而自如地阅读、解释不同学科的文本并进行符合学科规范的表达，这就使跨学科阅读的能力教学得到了进一步重视。

在"内容领域读写能力"的理论视域下，学生需要学习在不同学科的阅读中都需要普遍用到的读写技能和策略。教师在内容领域阅读教学的过程中，需要采用直接教学法来示范使用阅读策略进行阅读理解的过程，并为学生提供充足的练习机会和小组讨论交流的机会。教师们认为，学生应当学会使用认知策略来应对阅读和写作的挑战性任务，这样才能深入学会阅读和创作不同学科的文本。内容领域读写能力的教学方法主张，学生应当练习两类通用策略。研究者指出，第一类策略是跨学科解读文本，在跨学科阅读理解的过程中，当学生不理解文本的某一部分时，他们可以通过自主提问，阅读大小标题，或者结合其他的文本特征推测文本主旨，概括文章，并使用其他有效的阅读理解策略或词汇分析策略。例如，一个高中生，在最初的数学小测验中，可能不记得某些数学专用词汇的意思，或者不理解黑板上的某些数学专用词汇的含义。在这两种情况下，他都可以采用词汇分析策略将词汇分解成更小的单位，将这些部分与其他自己熟悉的词汇进行比较，推断出这些部分的含义，并使用这些推断来预测更大的词组的含义。

第二类策略是创作和修改文本。在不同的学科领域中，学生都可以用视觉、

---

① SHANAHAN T,SHANAHAN C. Teaching Disciplinary Literacy to Adolescents:Rethinking Content-area Literacy[J]. Harvard Educational Review,2008,78(1):40-59.

图像或书面形式组织表达自己的想法，撰写学科领域内的文本；学生还可以在小组讨论中大声地朗读自己的作品，了解同伴是否能理解自己作品中的含义，作品是否流畅；他们还可以在收到同伴和老师的具体反馈后，不断地修改和编辑，来完善草稿。例如，如果一名中学生需要在英语课上写一篇记叙文，在科学课上写一篇实验报告。她在创作这两个学科的文本时，都可以采用大声朗读文本、用更准确的词语替换文本中不当的词语的策略，这些策略是通用的。跨学科内容领域读写教学可以帮助学生更好地掌握学科内容知识，提升学科读写能力。但是，如果只专注于跨学科通用的读写策略，而不注重特定学科的知识内容特征、文本特征和具体的学科阅读策略上的差异，学生的学科知识学习和阅读能力的提升幅度十分有限，在此背景下，"学科读写能力"的阅读教学日益受到重视。

在"学科读写能力"（disciplinary literacy）的理论视域下，学生需要运用读写能力完成每个学科特有的学习目标和阅读实践。学科读写能力比内容领域读写能力的要求更高，学科涉及范围更广、内容更深、专业化程度更高，因为学科读写能力的提出者假定一般的读写能力并不能完全满足不同学科阅读和写作的特殊要求。例如，在工程学科中，学生可以把满足人类的需求，如提供清洁饮用水作为学习目标，阅读相关的文本，制定工程计划，撰写文章。即使是在体育这样的学科中，学生也可以把维持健康的生活方式当作目标，阅读相关的文本，制定健康的生活、饮食、锻炼和活动计划。总之，在学科读写能力教学中，学生需要学习如何在实践活动中，深度利用学科文本（如运动指导手册或水源净化器的图纸）达到学科学习目标。①

学科读写能力理论视域的教学主张是，教师应当指导学生像学科专家一样练习阅读、解释、创作学科文本。他们会通过阅读学科文本来熟悉本学科特有的词汇句法、语言体系、语言资源和文本结构等特征，接着根据学科特有的标准和要求来创作学科中的文本，并且在此基础上来评估、修改自己的创作，使之更符合学科的特有标准和要求。由于学科读写能力的要求比内容领域读写能力的要求高，因此在教学时，和内容领域教学一样注重对学生理解文本和创作文本的能力的指导，不过，学科读写能力的教学难度和深度水平更高，更注重帮助学生学习如何像学科专家一样阅读、思考和写作。比如，在数学课上，教师会引导学生像数学家一样评估和批评数学问题的解决方案。在历史课上，教

---

① WILSON - LOPEZ A, BEAN T. Content Area and Disciplinary Literacy：Strategies and Frameworks[R/OL]. (2017-07-18)[2024-09-12]. https：//eric. ed. gov/? id=ED596222.

师会引导学生像历史学家一样探究历史证据和史料的真实性。而在科学课上，教师会引导学生像科学家一样审视信息类文本中提到的科学概念、原理、方法及数据的可靠性。① 由于教师的教学目的是帮助学生像学科专家一样阅读、解释、评估和撰写文章，他们自然就需要学会以批判性的思维来阅读和分析该学科领域的文本。

在学科文本阅读及创作上，不同学科的老师会先教给学生本学科中"好的文本"的标准，因为适合某一学科的文本可能并不适用于另一学科，而大多数学生在小学阶段升入中、高年级，进行分学科阅读和写作时，并不明白这些标准。例如，语文老师可能期望学生创作的现代诗歌符合诗歌使用隐喻、象征等方式表达情感的标准，而生物老师则可能希望学生根据生物学实验报告的标准来撰写关于细胞的研究报告。因此，学科读写教学的重点是教给学生各学科中常见文本体裁的特征、标准，并根据学科的标准来撰写和修改自己的作品。② 研究表明，学科读写教学不仅能够提升学生的学科知识水平，也能够显著提升学生的读写能力。然而，也有研究者明确指出，对于阅读能力较为薄弱的学生来说，仅采用这种方法是不够的，因为这样的教学对于他们来说难度过高。更多的研究者认为，在实践教学中，为了帮助学生建立良好的跨学科读写能力，应该将内容领域读写能力教学和学科读写能力的教学结合起来。在基础阶段，教师应该通过内容领域读写能力教学为学生提供不同学科通用的基础阅读和写作过程指导，教授给学生通用的阅读和写作策略；而在学生较好地掌握了初级的技能策略之后，研究者应该教给学生属于不同学科的文本特征、结构、要求，提供具体到学科的读写指导和实践，引导学生像学科专家一样思考、阅读和写作。因此，从学科融合的视角来看，为了培养学生良好的跨学科读写能力，内容领域读写能力和学科读写能力教学方法不是互相排斥的，而应该是相互融合的。

威尔森洛佩兹（Wilson-Lopez）和毕恩（Bean）在此融合理论视域基础上，提出了将内容领域读写教学和学科读写教学融合的教学模式，认为不同学科的读写教学都应该注重对阅读写作过程的指导、学科实践活动、学生的兴趣和经验。在不同的学科领域，教师可以通过内容领域读写教学帮助学生掌握通用的阅读策略，如总结、预测、联系等，并进一步通过学科读写教学帮助学生掌握

① SHANAHAN T, SHANAHAN C. What is Disciplinary Literacy and Why does it Matter? ［J］. Topics in Language Disorders, 2012, 32（1）: 7-18.

② WILSON - LOPEZ A, BEAN T. Content Area and Disciplinary Literacy: Strategies and Frameworks［R/OL］.（2017-07-18）［2024-09-12］. https://eric. ed. gov/? id=ED596222.

该学科特定的读写规则，为他们深入进行各学科的学习做好准备。具体事例见表 2-1。

表 2-1 不同学科内容领域读写能力及学科读写能力阅读教学示例表格①

学科	学科活动示例	支持该活动的文本内容示例	内容领域读写能力教学示例	学科读写能力教学示例
农业	高中学生进行研究，比较和对比不同施肥计划对邻里或社区中的植物或农作物的影响	关于特定植物及其施肥需求的信息文本；每种施肥计划效果的系统记录；学生的结果和结论总结	学生使用理解策略，如提出澄清问题，以解决在阅读有关植物的信息文本时仍不清楚的信息	学生评估示例文本，如之前学生的研究报告，以确定研究设计能否使作者得出有效的结论
工程	中学生重新设计学校的停车场，目的是减少汽车撞击学生行人的可能性	停车场的航拍照片；学校董事会成员、学生和家长（包括学生的家庭语言）；关于他们希望在新停车场看到什么的书面声明；停车场规定	学生做注释：学生通过画线标注声明中的重要信息，并在比较和对比不同利益相关者的需求后总结这些信息	学生做注释：学生通过识别声明和规定中隐含的和明确的标准和规定，并在文本标注中写下这些标准和规定，以确定他们的新停车场设计必须满足的条件
英语语言艺术	高中学生使用修辞手法创建公共服务公告（PSA），目的是鼓励人们就某一问题采取行动	与 PSA 主题相关的照片、视频或其他视觉/听觉作品；例子中的公共服务公告	学生使用基本的图形组织表格，如故事板（story board），来记录和组织他们最初的创意	在观看 PSA 示例时，学生识别并评估创作者如何使用特定形式的语言、图像或声音来吸引目标受众
历史	高中学生使用一手和二手资料来解释某总统主政期间民族主义为何以及怎样在美国国内获得显著地位	一手资料：包括演讲记录和来自不同观点的政治漫画等一手资料文件。二手资料：包括政治分析等二手资料文件	学生创建图形组织工具，如气泡图，作为写作前活动，帮助他们将证据与特定主张相对应	每次阅读，学生都会讨论引导问题，这些问题关注文本创作或发表的背景、作者的观点、作者的主张与证据之间的关系

---

① 本表格引自 WILSON-LOPEZ A, BEAN T. Content Area and Disciplinary Literacy: Strategies and Frameworks [R/OL]. (2017-07-18) [2024-09-12]. https://eric.ed.gov/? id = ED596222, P5-P6.

续表

学科	学科活动示例	支持该活动的文本内容示例	内容领域读写能力教学示例	学科读写能力教学示例
数学	中学生帮助当地农民解决如何使用旋转喷头（圆形）更有效地灌溉方形地块	对问题或情境的文字描述；农场的航拍照片；与圆形和正方形面积相关的定义和公式；学生提交给农场的报告	学生根据教师有关术语清晰度和准确性（如半径）的反馈修订他们要给农民提交的报告草稿	在教师指导和同伴支持下，学生使用带有标记的圆圈、正方形和建议方程式对农场照片做注释
体育与健康	小学生为个人体育活动设定目标；使用计步器或计步器应用程序来评估他们完成目标的进度，并反思他们的进展情况	学生制定的书面目标；学生记录每日步数的日志；学生对目标完成情况的书面反思，以及对这些目标的修改	学生通过拆分单词的各个部分的含义来解析"计步器"这个词（如"meter"与测量有关，"ped"与脚有关）。他们利用这些信息推断计步器的功能	学生根据学到的体育或健康课程中的原则，如需要尊重自己的身体优势和极限，以现实地评估他们的目标和进展情况
科学	当面对不同的图表时，小学生撰写论说文，说明哪个图表最准确地表示了冰加热成蒸汽时温度的变化	关于热能和物质状态的信息类文本；对比不同的记录冰变成水、水蒸发成水蒸气的温度的表格；学生的论证	学生使用同源词，或者与第二语言中其他词具有相同语言派生的词，从他们的母语中推断不熟悉的词（例如，西班牙语中的"materia"和英语中的"matter"）	教师提供引导问题，鼓励学生观察、比较、分析和解释图表。学生组成小组，在讨论图表时，使用这些引导问题，并加上他们自己的问题

第三章

不同学科文本的阅读理解过程

第一节　文学类文本的阅读理解

一、读者反应理论视域下的文学类文本阅读

（一）读者反应理论视域下的文学类文本阅读理解过程

自从文学批评理论从以文本为中心的方法（如新批评主义），转向以读者为中心的方法（如读者反应理论），人们对文学作品阅读理解过程的看法也发生了变化。传统的新批评主义所持的观点遭到了读者反应理论的否定，前者认为，意义只能在文本中找到，并且存在一套永久的、客观的经典系统，以及客观的文本的解释标准，读者需要适应文本的标准和结构。而读者反应理论则指出，并没有这样绝对的客观解释规则存在于文本之中，文本中的基本元素，如结构、技巧、风格等，不能独立创造意义。相反，所有的意义都是通过读者的感觉、情感和经验来创造的。读者才是文本意义的中心创造者，没有读者的积极参与，就无法构建意义。① 从读者反应理论的角度来看，阅读理解主要取决于读者的特征而非文本的特征，因为读者是积极的意义构建者。读者在构建文本意义时，严重依赖于自己的日常经验，特别是那些难忘的或创伤性的经验，以及相关的反思。② 由于读者具有不同的经验和社会文化背景，读者以不同的方式接触同一文本并产生不同的理解是相当自然的。③ 作为美国最有影响力的读者反应理论代

---

① 龙协涛. 读者反应理论 ［M］. 新北：扬智文化事业股份有限公司，1997.

② BLAU S. Literary Competence and the Experience of Literature[J]. Style,2014,48(1):42-47.

③ SIPE L R. The Construction of Literary Understanding by First and Second Graders in Oral Response to Picture Storybook Read-alouds[J]. Reading Research Quarterly,2000,35(2):252-275.

表之一，费什将读者的活动置于阅读理解过程的中心，主张意义只能由读者自己构建和决定；读者不是从文本中提取已有的意义，而是通过自己的经验创造意义。①

（二）读者角色与"视域"的融合

读者反应理论受到了阐释学理论的支持，与新批评理论家所持有的立场相反，读者反应理论强调读者在解释过程中扮演决定性的角色。阐释学理论起源于 19 世纪，当时人们意识到把握文本的意义并不像他们想象的那样容易。阐释学的循环意味着，要理解文本，读者需要从特定部分开始，同时推测整体，并利用整体促进对部分的理解，然后从修正后的部分回到整体，再回到部分。这一阐释循环表明，意义不仅仅嵌入文本中，而且与读者和作者的社会、文化、历史和文学背景密切相关。伽达默尔从胡塞尔的现象学中借用了"视域"（horizon）这一术语，用以描述理解的起点，即作者和读者所站的位置，并在他的著名现代阐释学著作中进行了解释。从伽达默尔的角度来看，每个人都嵌入在特定的历史和文化背景中，并受到历史意识的影响，这就是他所说的"视域"。对文本的解释或理解不能脱离这些涉及各种历史和传统因素、先入之见等的视域的影响。只有当读者的视域与文本的视域相互融合时，才能产生真正的理解；通过这种方式，产生了一种与读者的先入之见和文本内容完全不同的新理解。伽达默尔建议，我们能做的，不仅仅是被动地意识到我们不能没有先入之见地进行理解和解释，而且还要积极地将我们原有的视域与他人的视域连接起来，以创造一个新的共同理解的基础。② 这就是为什么伽达默尔将阅读理解视为一种对话形式，新的理解总是与他人对话的产物。

（三）文本中的不确定性与意义空白

与认为文本是一个完美、自足的系统，具有确定意义且内部嵌入永久结构的新批评主义相反，读者反应理论认为文本根本不完美。作为奠定读者反应理论基础的现象学理论哲学家英加登（Ingarden）认为，文本有许多空白、不确定的区域和潜在的可能性。为了获得文本明确和清晰的意义，读者需要填补空白，补充作者省略的内在逻辑联系，并在文本的引导下通过想象细节来将一般性的

① FISH S. Is There a Text in this Class? The Power of Interpretive Communities[M]. Cambridge：Harvard University Press,1980.
② GADAMER H G. Truth and Method[M]. London：Sheed and Ward,1975.

框架具体化。① 英加登的空白理论由伊瑟进一步发展，他假设文学作品所使用的形象和语言有许多意义上的不确定性和空白，这给读者留下了巨大的想象空间。这些不确定性和空白邀请读者将文本与自己的经验联系起来，寻找意义，产生文本的连贯的心理，创造意义。阅读是一个不断通过推断和完善推断来识别、填补文本中的空白、缺口或不确定性的过程。②

填补空白最初意味着连接文本的不同部分，尤其是在情节层面。在许多叙事故事中，故事线可能会突然暂停，并以意想不到的方向或从另一个角度继续，导致情节中出现空白。因此，读者必须填补空白以连接未连接的部分。③ 每个读者都以自己的方式填补空白，填补文本中的空白在某种程度上是一种想象力的练习。④ 伊瑟的观点与戈尔登（Golden）和鲁梅尔哈特（Rumelhart）一致，他们从认知心理学的角度研究了文学叙事类文本的理解模型，他们都承认，意义构建的关键过程之一是识别文本中未明确包含的内容。⑤ 有研究者指出，熟练读者和不太熟练的读者都关注情节或角色描述中的空白的信号。也就是说，当文本为他们提供了足够的线索，使他们能够弄清楚缺失的内容时，无论是熟练还是不太熟练的读者，都能成功找到适当的细节来填补空白；然而，当文本提供的线索相对较少，解释的认知负担增加时，不太熟练的读者不像熟练的读者那样，热衷于找到一个令人满意的解决方案。⑥ 如果不能填补文本的空白，经验较少的读者更有可能处于困惑状态，因此他们更可能会对作品和阅读感到不满，转而放弃阅读，甚至对自己理解文学类文本的能力产生自我怀疑。

（四）阅读理解过程中的"观点游移"

伊瑟还提出，理解过程还包括观点的交替，称为"观点游移"（wander viewpoints），这意味着在阅读过程中，读者不是带着固定的观点或完善的而有意义的理解来阅读书籍，而是会轮流采取几个不同角色和叙述者的视角。读者在

① INGARDEN R,CROWLEY R A,OLSON K R. The Cognition of the Literary Work of Art[M]. Evanston:Northwestern University Press,1973.

② ISER W. The Act of Reading:A Theory of Aesthetic Response[M]. Baltimore:The Johns Hopkins University Press,1978.

③ SHI Y L. Review of Wolfgang Iser and his Reception Theory[J]. Theory and Practice in Language Studies,2013,3(6),982-986.

④ DOLEŽEL L. Fictional worlds:Density,Gaps,and Inference[J]. Style,1995,29(2):201-214.

⑤ GOLDEN R,RUMELHART D. A Paraleel Distributed Processing Model of Story Comprehension and Recall[J]. Discourse Processes,1993,16:203-237.

⑥ EARTHMAN E A. Creating the Virtual Work:Readers' Processes in Understanding Literary Texts[J]. Research in the Teaching of English,1992,26:351-384.

阅读理解过程中的体验和观点是在不断调整的。读者可能有自己的期望和想象，但在阅读过程中，这些想象会被不断修改。① 观点游移的观念被伊瑟发展为阅读过程的"现象学"，它假定读者是阅读现象的中心。

在 20 世纪 80 年代之后，由于读者反应理论逐渐走向极端，强调读者的极度重要性，完全否认文本在解释活动中的重要性，由此读者反应理论受到来自学术界的许多批评。因此，读者反应理论的代表思想家反思了自己的观点，并将读者反应理论从纯粹的以读者为中心的理论，发展为强调读者与文本互动交流的理论，进而认为读者不能与文本分离，文本的意义是通过两者之间的互动创造的。从伊瑟的角度来看，阅读是读者与文本交流的过程。但与日常口头交流不同，读者与文本之间的交流缺乏适当的、丰富的语境，文本不能像说话者那样主动给读者提供线索或暗示，这使得识别和填补文本空白基本成为读者的责任。在某种程度上，对于读者反应理论家来说，阅读理解和解释文本就像一个问答游戏。② 在完善读者反应理论基础上，美国知名学者、文学教育家罗森布莱特（Rosenblatt）提出了交流理论（Transactional Reading Theory），我们在下一部分会详细介绍。

二、阅读交流理论视域下的文学类文本阅读理解过程

（一）交流过程与读者角色

与新批评主义认为意义是内嵌于文本中的观点相左，美国文学教育家罗森布莱特提出了交流理论。罗森布莱特的交流理论本质上是一种持中而温和的读者反应理论，它同时承认文本和读者在阅读的意义构建过程中的重要性。罗森布莱特认为，意义既不单独存在于文本中，也不单独存在于读者中，而是存在于读者和文本之间的交流之中，意义是通过读者和文本之间来回互动的过程构建的。③ 在罗森布莱特的交流理论中，读者在意义构建中扮演着非常重要的角色。阅读被视为一个独特的事件，因为每个读者都是独特的。罗森布莱特认为，文本意义的建构离不开读者与文本的交流，而这一过程受到读者过去的经验、当前的状态，以及当下所感兴趣的事物或者关注点的密切影响。读者是创造性的意义构建者，他们过去或现在的生活经历会强烈地影响其对于文本的理解和

① SHI Y L. Review of Wolfgang Iser and his Reception Theory[J]. Theory and Practice in Language Studies,2013,3(6),982-986.
② 龙协涛. 读者反应理论［M］. 新北：扬智文化事业股份有限公司，1997.
③ ROSENBLATT L M. The Reader,the Text,the Poem:The Transactional Theory of the Literary Work[M]. Carbondale:Southern Illinois University Press,1994.

意义的建构。①

（二）"唤起"与教师的角色

罗森布莱特使用"唤起"（evocation）一词来指代读者在阅读过程中全身心投入文本符号所引发的情感、感觉、思想和图像中时所经历的过程。在大多数情况下，对这种唤起过程进行的认真反思就是对文本的"解释"②。"唤起"读者全身心的阅读投入在阅读过程中至关重要，因此，罗森布莱特指出，文学教师应该认真考虑如何使学生通过高质量的阅读体验获得这种关键的能力，并对文本做出负责任的解释。罗森布莱特在她的名著《文学作为探索》中为文学教师提供了一些有效的原则和建议，这些可以被分为两个主要层次：第一层次是使学生能够对文本做出个性化和自由的反应，第二层次是引导学生对自己的解释进行自我反思和自我批评，以获得对文本更全面的理解。③

（三）初级层次的个性化反应与创造

在初级理解阶段，教师应引导学生建立对文本的个性化感受和反应。首先，文学教师应保持对文学的热情。其次，教师不应对学生强加任何有关阅读文本的感受和反应的规则和限制。这并不是说教师应放弃帮助学生建立良好阅读习惯的努力，而是意味着教师应帮助学生培养对文本负责任的理解，同时尊重和珍视学生基于自身情感、个体经验的个性化解释。再次，教师应在文学课堂中营造一种安全感和信任感，让学生充分感到安全并自由地表达他们的真实感受和反应。通过这种方式，学生将更愿意自发分享他们的真实感受，因为他们知道，尽管他们自己的解释与某些批评权威观点不同，但这些解释是真实的、有价值的，值得表达。最后，文学教师应更多地了解学生的文学兴趣、好奇心和心理特征，以选择最适合他们的书籍。④

（四）融入自我反思的高层次理解

随着阅读和讨论的深入，教师需要引导学生更全面、更深入地理解和解释文本，这意味着教师需要帮助学生识别并反思他们自己的假设和先入之见。首

---

① ROSENBLATT L M. Literature as Exploration [M]. London：Heinemann Educational Books Ltd. ,1970.

② ROSENBLATT L M. The Reader, the Text, the Poem：The Transactional Theory of the Literary Work[M]. Carbondale：Southern Illinois University Press,1994.

③ KAROLIDES N J, ROSENBLATT L M. Theory and Practice：An Interview with Louise M. Rosenblatt[J]. Language Arts,1999,77(2)：158-170.

④ ROSENBLATT L M. Literature as Exploration [M]. London：Heinemann Educational Books Ltd. ,1970.

先，教师应为学生创造机会，让学生互相讨论其对书籍的解释、想法和感受。在交流过程中，学生将遇到友好的挑战，反思自己的理解，质疑自己的反应，比较自己与他人的解释，学习多种解释的可能性。其次，教师需要帮助学生意识到他们的社区背景、生活经历和哲学立场乃至宗教信仰如何影响他们对文本的理解和解释。一些学生由于背景因素和关注点的限制，以非常狭窄、刻板和肤浅的方式接触文本；因此，教师应帮助这些学生意识到这一问题，并借助学生从文本中新获得的经验拓宽他们狭隘的先入之见。最后，教师可以通过一些背景材料拓宽学生的认知框架，这些材料包括文学历史知识、社会文化、语言特征、作者传记等，并通过帮助学生系统地组织他们在独立阅读时所忽视的文本中的重要元素，帮助学生充分、全面理解。①

（五）实用型与审美型阅读

罗森布莱特还指出了阅读文学作品的两种不同立场，即实用型阅读（efferent reading）和审美型阅读（aesthetic reading）。这两种立场将影响读者的阅读动机、阅读体验、反应、感受和判断。实用型阅读和审美型阅读在阅读过程中的主要区别在于读者选择进行的交流类型。"实用型"（efferent）一词源于拉丁语词汇，本意为"带走"②。在实用型阅读中，读者主要关注可以提取的信息，而在审美型阅读中，读者主要关注情感体验，例如，由文本信息唤起的图像、感觉和变化的情感。在文学作品的审美型阅读中，读者将集中于文本信息所唤起的个人联想、想象、思考、情感等。③ 通常，在审美型阅读中，更多的注意力集中在个人想象和情感体验上；而在实用型阅读中，读者更多的注意力集中在文本所分享的实用信息上。

罗森布莱特强调，教师在为学生设计文学类文本的教学活动和问题之前，应该审视自己所持有的立场，并在阅读某种文体的文本之前，先帮助学生选择合适的立场。如果读者所持有的立场和文本的特征不匹配，比如，用实用型立场阅读诗歌，或用审美型立场阅读信息类文本，显然是不合适的。实际上，在真实的阅读过程中，实用型阅读和审美型阅读都会发生，有时读者很难将它们

① KAROLIDES N J, ROSENBLATT L M. Theory and Practice：An Interview with Louise M. Rosenblatt[J]. Language Arts,1999,77(2)：158-170.

② ROSENBLATT L M. Literature as Exploration [M]. London：Heinemann Educational Books Ltd. ,1970.

③ MANY J E. When the Literary Experience is a Difficult Experience：Implications of Reader Response Theory for Less Proficient Readers[J]. Reading & Writing Quarterly,1996,12：2,123-135.

区分开来。这就是为什么罗森布莱特在交流理论中设计了一个实用型阅读和审美型阅读的连续模型。该连续模型将实用型阅读和审美型阅读置于两端,呈现了注意力和立场变化的序列,大多时候,读者处于模型两端立场中间的位置,在阅读的过程中会根据阅读目的和需要灵活切换阅读立场。①

三、认知理论视域下的文学类文本阅读理解过程

认知心理学理论对于文学作品的阅读理解过程也有独到的见解。一些实证研究揭示了在阅读文学作品或故事时,读者通常会经历构建想象、构建叙事结构、发现并填补叙述中的空白、构建因果网络、构建主要人物的表征、跟踪人物、探索主题的过程。对熟练读者阅读理解的研究显示,他们通过整合各种认知和情感过程来构建文学文本的意义。还有研究者检验了熟练读者和不熟练的读者在与文本互动时所面临的障碍,以了解阅读交流过程中的困难。② 研究者发现,成熟的读者和不成熟的读者在怎样联系和整合个人联想、怎样对故事情节进行推断、怎样欣赏文学手法、怎样识别多重视角,以及怎样构建文学作品整体理解等方面存在着显著差异。③ 那些认同应当通过高质量交流建构文本意义的理念,并且在实际阅读中有明确的意义建构目标和强烈的交流动机的读者,对文学作品的解读水平更高,能够产出更复杂的整体性解释,以及从更多角度对文本进行合理解释④。

(一) 文学作品阅读理解四阶段

早期有研究者指出,读者在阅读文学作品时通常会采取四种循环立场:置身事外并进入想象,置身其中在想象中穿梭,退后一步重新思考已知事物,以及走出想象将体验客观化。在步入想象的初步阶段,学生倾向于提出有关人物、情节和背景的问题,并在它们之间建立联系,以进入文本的世界。在置身其中穿梭于想象的阶段,学生将完全沉浸在文本中,并随着故事的进展,对人物有更深入的理解,并将过去的想象与现在的想象相整合。在退后一步并重新思考

① SCHER D M. Relations between Stance and Critical Thinking in Seventh Graders' Responses to Narrative and Expository Texts[M].Batimore:University of Maryland,Baltimore County,1999.
② MANY J E. When the Literary Experience is a Difficult Experience:Implications of Reader Response Theory for Less Proficient Readers[J]. Reading & Writing Quarterly,1996,12(2):123-135.
③ SMITH F. Understanding Reading[M].4th ed. Hillsdale:Erlbaum,1994.
④ SCHRAW G. Reader Beliefs and Meaning Construction in Narrative Text[J]. Journal of Educational Psychology,2000,92(1):96-106.

已知事物阶段，读者利用对文本的想象来反思阅读文本之前的感受。在走出想象并将体验客观化阶段，读者与阅读体验保持距离，反思整个阅读过程并做出判断。这四个阶段明确解释了在阅读文学作品时的理解过程，除第二个阶段——置身其中穿梭于想象，学生完全沉浸在文本的世界中之外，其他三个阶段都包含了有意识和无意识的提问过程。这意味着对文学作品的理解可能自然与提问策略有关。①

此外，研究者还发现，当读者阅读文学作品时，他们会通过作品中的人物经历探索人类的可能性。也就是说，读者会忍不住想，主人公可能会成为怎样的人？可能会怎样选择？怎样做？随着阅读的进展，读者对文本中人物、人物所处的情境，以及两者的关系的想象都会发生变化，读者对人类可能性的感知以及整个文本的理解也随之变化。在阅读文学作品时，读者被对整体意义的好奇心和人类的可能性所引导。他们在阅读过程中不断澄清他们对于文本的想法和判断，并将这些想法、判断与文本中所描述的变化可能性联系起来。通过这个过程，他们不断尝试丰富可能性，看到事物的不同方面，并超越他们对故事的当前感觉和感知。此外，通过检查他们在想象中所展现出的态度、假设和意图，他们也会发现故事中没有直接表达的思想、情感和反应。

（二）建立叙事结构或模型

根据图式理论，早期的研究者认为，故事图和故事语法为读者提供了阅读理解文学类叙事文本时所需的特定知识结构。② 戈尔登和鲁梅尔哈特将叙事类文本的阅读过程描述为跟随故事的轨迹，并通过识别和推断故事模型中最可能缺失的部分来填补故事中的空白。他们强调读者识别故事中的空缺部分并积极填补空白的重要性。斯派洛（Spiro）等人提出，根据认知灵活性理论，读者在阅读过或听过许多故事后，能够跨故事构建知识，特别是结构性知识。叙事文本的结构较为固定，如包含时间、地点、人物、起因、经过、结果等，或者包括目标、问题、反应、行为、解决等要素；当读者读过很多故事之后，心里就会

---

① LANGER J. The Process of Understanding：Reading for Literary and Informative Purposes［J］. Research in the Teaching of English，1990，24（3）：229-260.
② GRAESSER A，GOLDING J M，LONG D L. Narrative Representation and Comprehension［M］// BARR R，KAMIL M，MOSENTHAL P，et al. Handbook of Reading Research. New York：Longman，1991：171-205.

建构出关于故事的结构图式，这些叙事图式能帮助读者理解新的文本。① 例如，儿童会运用一系列童话的基本元素来构建一个认知图式来理解新的童话。总之，读者在阅读短篇小说的过程中，十分依赖他们的背景知识和过去的个人经历来构建想象。②

（三）建构文本中的因果网络

建构因果网络/因果链（causal network）是关于文学类文本的阅读理解过程的另一个经典解释。早在 20 世纪 80 年代，就有学者指出，叙事模型理论有一个局限性，即它们建立在对短篇小说的研究之上，因此无法充分解释长篇小说或虚构作品的阅读过程。关于对较长篇幅小说或虚构作品的理解，研究者指出，在阅读叙事文本时，读者基于心理和物理因果关系构建故事中事件的连贯解释，也被称为因果网络或因果链。③ 因果网络通常以引入主要人物、背景以及故事或行动的开始事件为起点，并以描述人物行动结果的事件结束。当读者识别了事件的开始和结束描述时，他可能会通过因果链中的联系追溯整个事件。④

某个事件是否在因果网络中，以及该事件与其他事件的关系数量，会显著影响读者对文本中事件的记忆。也就是说，建构信息丰富且详细的、强关联的因果网络，对于读者理解和记忆叙事文本中的事件至关重要。在因果上显著相关的叙事事件更容易被读者回忆起来，并且被评估为更重要。当读者可以清晰地阐述文本中的主要因果网络时，他们将更好地理解文本，因为追踪故事主要因果序列、复述和回忆故事对他们来说会变得更容易。⑤ 肯迪欧（Kendeou）等人通过七个实验检验了因果解释在阅读文学类叙事文本过程中消除过时信息的效果。由于在阅读过程中将新信息成功整合到当前的文本心理表征中，对于成

① SPIRO R J, COULSON R L, FELTOVICH P J, et al. Cognitive Flexibility Theory: Advanced Knowledge Acquisition in Ill-structured Domains[M]// RUDDELL R B, RUDDELL M R, SINGER H. Theoretical Models and Processes of Reading. 4th ed. Netwark: International Reading Association, 1994:602-615.
② ABDULLAH T, ZAINAL Z. Exploring Meaning of a Short Story through Envisionment Building [J]. Procedia-Social and Behavioral Sciences, 2012, 66:312-320.
③ TRABASSO T, SPERRY L L. Causal Relatedness and Importance of Story Events[J]. Journal of Memory and Language, 1985, 24(5):595-611.
④ LINDERHOLM T, GERNSBACHER M A, VAN DEN BROEK P, et al. Suppression of Story Character Goals during Reading[J]. Discourse Processes, 2004, 37(1):67-78.
⑤ LINDERHOLM T, EVERSON M, VAN DEN BROEK P, et al. Effects of Causal Text Revisions on More and Less-skilled Readers'Comprehension of Easy and Difficult Texts[J]. Cognition and Instruction, 2000, 18:525-556.

功的理解至关重要，因此，更新心理表征中存储的信息，以及识别那些不再重要或相关的过时信息的能力，对读者而言是重要的。这项研究揭示，建立因果网络能够为读者更新或修订信息提供有效的帮助，这可以减少重新激活过时信息所带来的干扰。①

（四）追踪故事角色的目标

建立故事因果网络的一种方式是追踪角色的多个目标。② 因为文学类叙事故事通常包含一个具有特定目标或欲望的主角，因果连贯性往往始于对那个目标或欲望的明确描述或暗示。角色的行动、结果以及相关的情感动因都是由角色实现目标的动机触发的。因此，对事件因果关系的理解，在很大程度上依赖于对角色目标的理解；此外，目标通常与文本中的许多其他事件和情节有关，因此，追踪角色的目标，能使读者平滑地从一个事件过渡到另一个事件，并在事件或情节之间建立连贯性。③ 由于大多数叙事故事都很复杂，主角拥有多个目标，一些研究者也发现，熟练的读者能够追踪主角的多个目标，在文本中再次提及目标时能迅速激活，并在引入新目标时抑制之前的不相关目标，从而更好地理解故事的主要主题。④

（五）理解人物角色的认知过程

拉尔夫（Ralf）决定将认知心理学的阅读模型应用于文学作品的阅读和对人物的理解。他指出，理解文学类作品中的人物意味着成功地建构一些关于人物的心理表征，理解他们的动机和特征，能够解释或预测他们的行动，并与人物产生共鸣。这种理解是读者在整合文本所提供的关于人物的信息和读者对文学作品中人物的一般知识的基础上建构而成的。读者通过结合文本信息和相关背景及心理资源，构建出一个有关文本人物的心理多元模型，这个模型既包含

① KENDEOU P, SMITH E R, O'BRIEN E J. Updating During Reading Comprehension: Why Causality Matters[J]. Journal of Experimental Psychology: Learning, Memory, and Cognition, 2013, 39(3): 854-865.

② TRABASSO T, VAN DEN BROEK P. Causal Thinking and the Representation of Narrative Events[J]. Journal of Memory and Language, 1985, 24: 612-630.

③ HUITEMA J S, DOPKINS S, KLIN C, et al. Connecting Goals and Actions During Reading[J]. Journal of Experimental Psychology: Learning, Memory, and Cognition, 1993, 19: 1053-1060.

④ VAN DEN BROEK P, LYNCH J S, NASLUND J, et al. Children's Comprehension of Main Ideas in Narratives: Evidence from the Selection of Titles[J]. Journal of Educational Psychology, 2003, 95: 707-718.

抽象的概念，也包含具体的信息和细节。①

人物角色模型是整体文本情境模型的子模型，它们通常包括角色特征、视觉外形、人物独白等方面。读者可能会使用文本信息，如文本对角色特征的描述，对人物对话、行为、心理意识的描述，角色的思维风格，再结合读者对世界的所有知识，来形成有关人物角色的心理表征。存储在读者社会知识结构中的关于社会互动的知识以及文学知识，也会促进这一建构过程。除了知识，读者的情感，尤其是他对人物角色的共情，包括对角色情境、意义以及对角色结局的共情想象，在理解角色的过程中起着关键作用。读者自己的价值体系、对角色的道德判断、叙述者的评价性评论，以及对其他角色的判断决定了读者的共情水平。最后，读者可能会对作者塑造角色使用的审美方式和技巧进行评价。

在读者完成人物角色基本模型的构建之后，他会不断更新该模型，整合最新的输入信息，因此人物角色的心理模型在阅读过程中不断被细化、丰富、修改。角色模型是动态的。读者可能会使用分类、具体化、去分类和个性化等策略来完成这些动态过程。通过这些过程，他们可能会形成两种不同类型的角色模型，即类型化的和个性化的。内梅西奥（Nemesio）等人还指出，读者会使用推理和他们关于这个世界的知识来构建有关角色的心理表征，他们会基于自己的想象，回忆起文本中未包含的信息；在阅读理解过程中，读者倾向于将文本中未明确描述的特征具体化（concertization）；具体化的过程虽然在不同读者心中有所不同，但似乎对于不同性别、能力、教育背景和兴趣群体的读者来说，都是普遍存在的。②

（六）理解主题的认知过程

文本的主题，也被称为概括性的道德陈述或命题，是从文本的某些部分中发展出来，超越了文本信息，向更高层次发展的有关文化和人性的概括性评论，③ 是小说的一个关键要素。文学作品通常有多个主题。读者如何推断小说的主题，成为文学理论家和认知心理学家所关心的热门问题。在识别小说主题的过程中，所有的读者都代入了他们自己的预期和经验，而研究者们尚未就读者如何理解文学类文本主题达成一致意见。

① RALF S. Toward a Cognitive Theory of Literary Character：The Dynamics of Mental-model Construction[J]. Style,2001,35(4):607-640.

② NEMESIO A,LEVORATO M C,RONCONI L. The Reader in the Text：The Construction of Literary Characters[J]. Empirical Studies of the Arts,2011,29(1):89-109.

③ KURTZ V,SCHOBER M F. Readers' Varying Interpretations of Theme in Short Fiction[J]. Poetics,2001,29(3):139-166.

兹旺（Zwaan）、瑞德温斯基（Radvansky）和威特恩（Whitten）提出了主题三步理解法。首先，读者需要在心里创建一个关于文本因果和动机结构的心理表征副本；其次，需要删除其中的时间和空间框架信息；最后，消除所有与因果—动机结构不直接相关的时间和空间以及主要人物的信息，来构建主题结构。在删除了时间、空间和角色信息后，读者开始类比推理。① 通过研究多位熟练读者在阅读小说时理解主题的出声思维过程，研究者发现主题推断过程和主题解释在读者之间有很大的差异，并且受到阅读过程和文本特征的影响。每个读者都有自己独特的方式来推断主题，但共同点是，主题推断并不是与最初的理解同时自然生成的，而是在获取文本基本内容后，策略性地创造出来的。主题推断的产生，并不是一个随着文本内容的自然揭示而轻易就生成的自动化过程，它需要读者探寻主题的明确的动机、额外的努力和正确的归因。②

第二节　历史类文本的阅读理解

在过去二十年中，有许多研究者对不同学科文本的阅读理解过程表现出浓厚的兴趣，并进行了较为深入的研究。这些研究向我们揭示，学生阅读理解能力的模型，从小学一年级到高中，并不是一成不变的，而是会随着学生年龄的增长，所读文本的复杂度、信息密度和知识难度的提升不断升级。要保持较高水平的阅读理解能力，最迟从小学四年级开始，当解决了基础的解码问题，掌握了基础阅读技能之后，学生就需要开始学习不同学科的文本特征、学科学习和思维方式，掌握专门化的阅读策略，像学科专家一样思考和阅读，提升跨学科阅读能力。为了帮助中小学生更好地理解不同学科的文本，欧美研究者以国外小学常见学科为切入点，研究了文学、历史、科学、数学等文本阅读理解过程的特征，在历史领域，研究者尤其关注普通学生和历史学专家在阅读历史学科文本时的差异和区别，普通读者在阅读历史类文本时面临哪些误区和障碍，高质量地理解历史类文本的标准是什么，以及怎样为作为普通读者的中小学生提供高质量的有效干预措施。

---

① ZWAAN R, RADVANSKY G, WHITTEN S. Situation Models and Themes [M] // LOUWERSE M, VAN PEER W. Thematics: Interdisciplinary Studies. Amsterdam: Benjamins, 2002: 35-53.

② KURTZ V, SCHOBER M F. Readers' Varying Interpretations of Theme in Short Fiction [J]. Poetics, 2001, 29(3): 139-166.

一、历史学家与普通学生在阅读理解历史类文本时的差异

（一）学科专家的阅读理解过程与思维方式

历史学家的丰富经验为他们提供了合适的阅读理解模型或图式，帮助他们更好地建构意义。历史学家对历史类文本的体裁和形式有更深刻理解，更清晰地了解这些历史类文本的写作目的；在阅读时更擅长寻找文本的主题、核心主张、研究问题、关键术语、证据来源、支持的论据以及反对的立场等；而学生则无法识别历史类文本的关键元素。① 还有研究者指出，和普通的学生相比，历史学家在阅读时会更频繁地使用对比策略。对比策略是很多学科专家在阅读时会使用的策略，但是不同学科专家所青睐的对比策略有所不同。例如，在科学领域，科学家所具备的与阅读主题相关的知识越多，创造类的对比越少；而在历史领域中，越是知识渊博的历史学家，会越频繁地把所阅读的史料与其他时间段或者其他记述者记载的文献史料进行比较。

通过追踪历史学家阅读历史类文本的阐释轨迹，研究者发现，历史学家是通过提出问题和与文本材料进行对话的辩证过程而建构意义。尽管以往的研究认为，历史学家阅读文本的过程，是一个使用背景知识解决特定问题的单向过程。但是亦有研究者指出，历史学家实际上也在阅读的过程中，不断地迎接挑战、改变着自己的知识库。② 相比起来，中小学生会在阅读历史文献的过程中，对与自己原有认知不一致的内容进行先入为主的评判，而历史学家在阅读过程中遇到与自己知识储备不一致的内容时，会从中学习。当然，历史学家比学生读者的知识储备丰富很多，他们知道一般的时间顺序和事件序列，能够解读主要人物，理解历史类文本中所记录的事件的前因后果。然而，在知识储备上的优势并不是历史学家最显著的特点。历史学家最突出的特点，是能够通过阅读新的文献，不断地保持学习、更新自己的背景知识。把历史学家与普通的读者、学生读者区别开来的显著特征是他们提问的方式，悬置先入为主的判断，监控自己的阅读反应，并重新审视和修改先前判断的能力。当历史学家在文本中遇

---

① LUDVIGSSON D, BOOTH A. Enriching History Teaching and Learning：Challenges，Possibilities，Practice：Proceedings of the Linköping Conference on History Teaching and Learning in Higher Education[C]//The Linköping conference on history teaching and learning in higher education，May 2014. ISAK，Linköpings universitet，2015.

② SCARDAMALIA M，BEREITER C. Literate Expertise[M]// ERICSSON K A，SMITH J. Toward a General Theory of Expertise：Prospects and Limits. New York：Cambridge University Press，1991：172-194.

到与自己已有知识不一致的地方，他们能够在混乱中坚持较长的时间，悬置判断，让最为合理的解释随着证据的展开自然而然地展现。与喜欢提早做出判断而拒绝新知识涌现的普通读者和学生读者相比，正是历史学家在面对自己所不知道的事物时的态度和反应，使他们能够不断从阅读中学到新的东西。①

不同的研究者均指出，历史学家在阅读历史类文本时，存在一些共同之处，比如，他们都会先快速查看书名、序言、副标题、书籍封面，关注关键词和方法论线索，并且查找与作者写书相关的具体社会背景。接着他们会仔细查看目录，了解目录所涵盖的大致内容和范围，并进一步浏览引言，一边阅读一边提出这些问题。比如，这本书要展示什么？有什么新的发现？它提供了什么新的见解？有哪些我感兴趣的内容？内容如何展开？将如何进行？使用的中心术语是什么？怎样解释的？有什么结论？等等。②

（二）普通中小学生阅读理解历史类文本过程中存在的问题

大量研究表明，相较于历史学家在阅读历史类文本所采用的高级策略和批判性视角，中小学生则仅仅是为了收集事实而阅读这些文献。③ 也就是说，学生们倾向于把所阅读的历史文献，一、二手史料等历史类文本所记录的"事实"当成历史真相，他们的任务就是要记住这些历史事实；而历史学家则把历史类文本中的"事实"当作论据来阅读。也有研究者指出，当学生阅读多个文本时，他们会吸收文本中共同的信息，而忽略了不一致的信息，历史学家却可以从并不一致的信息之中重新建构秩序和一致性。研究者认为，学生出现这种表现，主要原因是他们缺乏充足的学科知识和适当的阅读策略。④ 研究者在这里提到的"学科知识"，更像是认识论知识，不仅仅是历史类背景知识，更多的是指学生对历史学科以及历史学家的工作和思维模式的了解。

① WINEBURG S. Reading Abraham Lincoln：An Expert/Expert Study in the Interpretation of Historical Texts[J]. Cognitive Science,1998,22(3):319-346.

② LUDVIGSSON D，BOOTH A. Enriching History Teaching and Learning：Challenges，Possibilities，Practice：Proceedings of the Linköping Conference on History Teaching and Learning in Higher Education [C]//The Linköping Conference on History Teaching and Learning in Higher Education,May 2014. ISAK,Linköpings University,2015.

③ VANSLEDRIGHT B，AFFLERBACH P. Reconstructing Andrew Jackson：Prospective Elementary Teachers' Readings of Revisionist History Texts[J]. Theory & Research in Social Education,2000,28(3):411-444.

④ BRITT M A，ROUET J F，PERFETTI C A. Using Hypertext to Study and Reason about Historical Evidence [M]// ROUET J F，LEVONEN J T，DILLON A，et al. Hypertext and Cognition. Mahwah：Erlbaum,1996:43-72.

　　具有高水平学科知识的学生读者会倾向于认为"知识"是建构出来的，并非完全客观的。"知识"之所以被视作"知识"，与权力关系，即谁决定某个信息有资格成为"知识"密切相关。但是，中小学生极少能有这样的认知，他们对历史的理解大多来自历史类教科书。中小学生阅读历史文本时，会倾向于将其中的历史"事实"看成真实的数据和故事。因此学生很难意识到关于这些"故事"的其他版本和解释。此外，受到所处的特殊政治、经济、社会环境和信仰的影响，编纂历史教科书的历史学家也会有自己先入为主的观点和立场，这些观点和立场也在潜移默化中影响了哪些信息和"事实"能够进入历史教科书，但学生却普遍完全察觉不到这些隐藏的观点、立场和偏见。① 尽管一些水平较高的学生在读到关于同一事件不同的记录时，能够理解受到记录者的身份和立场的影响，历史有不同的解释版本，但是绝大多数学生面对历史类文本中相互矛盾的知识来源时，无法像历史学家那样自动将这些知识视为论据，他们会感到困惑，难以通过整合不同来源的信息对比、判断不同证据的可信度。这就涉及第二个重要的问题，即学生没有阅读历史文本的适当的、专门的、高层次的阅读策略。尽管内容领域的阅读教学会教给学生诸如预测、提问、总结之类的通用策略，但如果没有专门的学科阅读策略教学，学生无法掌握学科特有的深入阅读理解策略，也很难意识到该学科文本的创作标准、作者的思维模式和创作过程，因此难以像学科专家那样，站在更高的层次以批判性的方式阅读历史类信息文本。

　　研究者指出，与专业的历史学家比起来，普通学生在阅读历史类文本时可能存在以下缺陷。首先，认识论与学习信念的偏颇。学生可能持有幼稚的认识论信念，认为历史学习是寻找真理或正确答案，这反映在对历史人名、日期和地点等事实性细节记忆的重视上。其次，学科知识与诠释视角的限制。学生可能缺乏对历史学家工作的深入理解，错误地认为教科书作者只是客观记录历史事实，而不是提供特定的视角或解释，这影响了他们对历史文本真实性诠释的信念与方式。再次，策略使用水平与阅读理解的水平较低。学生可能采用较为底层的阅读策略，如记忆事件，而不是评价证据的可靠性或者进行深入的批判性阅读，导致学生无法建构起对于文本的全景式心理表征，阻碍学生对文本的深度理解。最后，跨文本联系能力有限。相比于熟练的历史学家，学生难以在

---

① SOKOLOV A. The Development of Students' Critical Thinking through Teaching the Evolution of School History Textbooks [C] // LUDVIGSSON D, BOOTH A. Enriching History Teaching and Learning. The Linköping conference on history teaching and learning in higher education, May 2014. ISAK, Linköpings universitet, 2015: 85-100.

不同文本之间建立合理的联系和推断。① 大多数初、高中生更关注文本内部或者文本与自己已有知识的联系，而不是跨文本之间的联系。②

二、培养历史思维模式在理解历史类文本中的关键作用

一些研究者认为，历史思维模式是理解和解释历史文本中的事件的关键能力。它要求个体不仅要从历史文献中提取信息，还要能够批判性地分析这些信息的来源、背景和相互之间的联系。伟恩伯格早期的经典研究揭示，历史思维模式包括源批判（sourcing）、背景化分析（contextualization）和证据对比（corroboration）三个核心策略，这些策略对于构建历史知识至关重要。历史思维的培养有助于学生和专业人士深入理解历史的复杂性，认识到历史叙述的多样性和解释的可能性。这种思维方式不仅在学术研究中至关重要，在日常生活中也同样重要，因为它有助于我们更好地理解过去、评估现在并预测未来。

源批判是指评估文档来源及其证据价值的过程，这涉及考虑作者的观点、偏见和知识空白等因素。背景化分析则是为历史事件创建空间和时间背景的过程，有助于理解事件的具体情况和影响。证据对比是指比较不同文档中的细节，以确认事实的准确性和可靠性。③ 这些策略是历史学家解读历史材料的基础，也是学生在历史学习中需要掌握的关键技能。具体说来，源批判是指评估历史文档来源的过程，这包括考虑作者的观点、意图、偏见以及文档制作时的背景。例如，沃森指出，当学生阅读历史史料的叙述时，他们会注意到文本中的一些关键数据和事实，但不会识别作者的身份、日期或尝试源批判。相反，历史学家在阅读同一文本时，会考虑作者是谁，作者的身份会怎样影响他对事件的描述和解释。背景化分析是创建历史事件的空间和时间背景的过程。例如，历史学家在阅读关于魁北克围城战的文档时，会考虑到事件发生的具体时间和地点。他们会注意到文档中提到的具体时间和地点，从而构建起事件发生时的情境。证据对比则涉及比较不同文档中的细节，以验证事实的准确性。沃森指出，历史学家在阅读多个关于同一事件的描述时，会尝试找出不同叙述之间的一致性

① HYND C，HOLSCHUH J P，HUBBARD B P. Thinking Like a Historian：College Students' Reading of Multiple Historical Documents[J]. Journal of Literacy Kesearch，2004，36(2)：141-176.

② HARTMANN D K. Eight Readers Reading：The Intertextual Links of Proficient Readers Reading Multiple Passages[J]. Reading Research Quarterly，1995，30：520-560.

③ WINEBURG S S. Historical Problem Solving：A Study of the Cognitive Processes Used in the E-valuation of Documentary and Pictorial Evidence[J]. Journal of Educational Psychology，1991，83(1)：73-87.

和差异。例如，如果一个文档提到了某个说法或观点，历史学家会寻找其他文档，或者其他历史事实来验证或反驳这一说法；但是，学生没有对这一说法进行证据对比。① 通过这些例子，我们可以看到历史学家和学生在处理历史文本时的不同。历史学家通过运用这些策略，能够更深入地分析和理解历史材料，而学生则需要在这些方面得到更多的指导和训练。

　　学生和历史学家在解读历史文本时的显著差异主要体现在文本的分析深度、批判性思维和综合理解等方面。首先，历史学家在解读历史文本时，倾向于运用更为复杂和深入的策略，这些策略与学科的匹配度极高。例如，当面对没有明确作者或日期的文本时，历史学家会深入探讨文本的可能来源和作者的视角，他们试图从文本内容推断作者的社会地位和可能的偏见，以及这些因素如何影响文本的解释。他们不仅仅关注文本表面的信息，还努力挖掘文本背后的深层含义和背景。② 在背景化分析方面，历史学家展现出更强的能力，他们能够将事件放置在具体的历史时空背景中进行解读，利用自己的专业知识，将文本中的信息与已知的历史背景相结合，构建出一个更为全面和立体的历史画面。在证据对比方面，历史学家在阅读多个文本时，会主动比较和对照不同文本中的信息，以验证事实的准确性和可靠性。他们会寻找不同文本之间的一致性和矛盾之处，以构建一个更加坚实和有说服力的历史叙述。这种批判性的比较和对照，是历史学家解读历史文本的重要策略。相比之下，学生在解读同一文本时，往往未能展现出同等水平的批判性思维。他们可能会忽略文本来源的重要性，不能深入探讨作者的视角和偏见，从而无法充分理解文本的复杂性和多维性。此外，学生在阅读过程中可能更多关注文本的直接内容，而无法将文本置于更广阔的历史背景中进行分析。与此同时，学生在上下文分析方面则表现出一定的局限性。他们可能对文本中的时间线索和空间环境缺乏足够的敏感性，不能充分认识到这些因素对历史事件的重要意义。学生在证据对比方面的能力相对较弱。他们在阅读不同文本时，不能意识到比较和对照的重要性，或者缺乏进行这种批判性分析的技能。这导致学生在解读历史文本时，更容易接受单一文本的叙述，而不能对不同文本中的信息进行深入的比较和评估。③

① WASSON E R. Historical Mindedness: Students and Historians Reading Historical Texts[D]. Ottawa: National Library of Canada, 2003.

② NOKES J D. Recognizing and Addressing the Barriers to Adolescents' "Reading Like Historians" [J]. The History Teacher, 2011, 44(3): 379-404.

③ WWSSON E R. Historical Mindedness: Students and Historians Reading Historical Texts[D]. Ottawa: National Library of Canada, 2003.

　　总之，前人研究表明，历史思维是一种需要培养的习惯，而不是一种天生的能力，培养这种习惯对于提升学生的历史学科阅读素养是十分重要的。为了帮助学生更好地理解历史类文本，教师需要引导学生发展批判性思维，教会他们如何深入分析历史文本，如何将事件置于具体的历史背景中进行解读，以及如何通过证据对比来构建有说服力的历史叙述。通过这种教育，学生可以逐渐发展出更为成熟和全面的历史思维能力。有鉴于此，教师可以采用以下有效手段来提升学生的历史思维和阅读素养。首先，教师需要清晰明了地向学生介绍历史思维的基本要素，包括源批判、背景化分析和证据对比。这些策略是历史学家解读历史材料的基础，中小学生也应该掌握这些知识和技能。其次，教师可以通过设计基于探究的教学活动来培养学生的批判性思维。例如，可以让学生分析不同来源的历史文本，鼓励他们识别作者的视角、偏见和知识空白，并讨论这些因素如何影响对事件的解释。再次，教师可以利用多媒体材料，如图像、视频和地图，来增强学生对历史事件背景的理解和分析。通过让学生分析这些材料，并与书面文本进行比较，可以提高他们的综合分析能力和批判性思维。最后，教师还可以通过模拟历史学家的研究过程来培养学生的历史思维。例如，可以让学生参与到一个模拟的历史研究项目中，从选择研究主题、收集和分析资料，到撰写和汇报他们的发现，让学生模拟历史学家的角色，体会如何使用历史思维阅读和分析历史类文本。通过这种方式，学生可以更好地理解历史文本的复杂性。

三、提升学生历史类文本阅读理解能力的实证干预方法

　　为了帮助学生学会像历史学专家一样深入阅读和理解历史类文本，有研究者特意设计了提升学生历史类文本阅读能力的干预项目，整合了直接教学和提问式阅读策略教学。首先，历史专家使用出声思维的方法将他们阅读历史类文本的过程录下来，接着放给学生观看、分析、反思和模仿。学生们会探究专家是如何阅读学术书籍的。前面提到过，历史类专家会调查书名和封面、出版年份，将所读的内容与之前的知识联系起来，提出问题，总结，调查书中的细节，关注文本的问题、文献的来源、史学方法等，中心假设/陈述是什么，以及作者提供了哪些论据来支持中心假设。因此在观摩过专家的阅读方式后，接下来，学生们也模仿专家阅读历史类文本，一边阅读一边提出一系列问题。为了帮助学生提问，干预项目会为学生提供问题清单。这些问题融合了一般性提问策略及历史类文本的特殊提问策略。比如，根据题目判断本书主题，联系已有知识，根据书籍简介预测本书核心命题、研究问题、方法论途径、文献的来源等。与

此同时，清单上的问题还会引导学生分析文本的结构并概括各部分内容，例如，学生会根据这些问题分析所读书籍的引言主要分为哪些部分，每个部分的主要内容，每一部分之间如何衔接，作者的写作意图，等等。在提出问题之后，学生可以分成不同的小组，借鉴互惠式教学模式讨论他们提出了哪些问题，有哪些有趣发现和新的理解，等等。① 这些问题能够帮助学生像历史学家一样深入地思考和阅读理解历史类文本。

还有研究者指出，当学生将有意识的注意力集中在阅读策略上时，他们在高阶思维上可运用的认知资源就会减少。因此，教师在教授阅读策略时必须为学生提供大量支持，以避免学生的工作记忆负担过载。教师可以为学生提供更多的策略支架。比如，教师可以为学生设计阅读策略海报，列出学生阅读历史类文本的策略性步骤，包括挖掘证据，检查证据来源，检查证据来源的可靠性，判断每项证据的重要性，总结主要内容，提出论据，等等。教师将每一步策略都进一步分解为学生应该在阅读时提出的具体问题。学生只需要在阅读的过程中看一下海报或书签，以便降低认知负担。此外，教师还可以向学生示范阅读策略的使用过程，使用阅读策略指南/清单或图形组织表格，帮助学生回顾有效策略，记录阅读时的思维过程，减轻阅读学科学术文本的认知负担。此外，教师还需要尽量为学生提供大量、定期参与历史类文本阅读、应用阅读策略、基于证据进行推理、解释文本中的历史事件及因果关系的机会。②

也有研究者提出发展概念的课程模型（evolving concept lesson model），旨在通过图形组织表格记录文本内容的来源信息和总结摘要，帮助学生探讨多篇文本的异同。学生阅读完历史类文本后，要记录相关内容，反思对有争议话题的看法，并随着理解的深入，逐渐改变和发展观点。该课程模型也强调为学生提供"研究指南"的重要性，以帮助学生记录文本中的重要事件，反思他们对文本内容的理解变化过程。③ 在构建理解的全过程中，学生都会与同伴或教师进行互动。通过使用探究表格（Inquiry-chart，简称 I-chart），学生能够更好地分析与

---

① NEUMANN F. How Does a Historian Read a Scholarly Text and how do Students Learn to do the Same? ［C］// LUDVIGSSON D，BOOTH A. Enriching History Teaching and Learning. The Linköping Conference on History Teaching and Learning in Higher Education，May 2014. ISAK，Linköpings University，2015：67-83.

② NOKES J D. Recognizing and Addressing the Barriers to Adolescents'"Reading Like Historians"［J］. The History Teacher，2011，44(3)：379-404.

③ NOKES J D. The Evolving Concept Instructional Strategy：Students Reflecting on Their Processing of Multiple，Conflicting，Historical Sources［J］. National Social Science Journal，2010，35(1)：104-117.

主题相关的多个证据和内容资源，对比和评估不同来源的证据，建立证据的互证链条。

除此之外，还有研究者明确地指出了在阅读历史类文本过程中，为学生补充背景知识的重要性。由于传统教科书提供的细节有限，不足以帮助学生充分理解历史事件的背景，因此，学生往往存在背景知识缺乏的问题，这导致学生难以理解发生在遥远的时代和地方的事件。为了帮助学生提升背景知识储备，更好地理解历史类文本中的内容，教师可以使用细节丰富的历史类小说和原始历史资料，来补充或取代教科书，帮助学生建构广泛的历史背景知识。历史类小说可以促进学生的历史共情能力，更好地理解文本中的历史事件发生的情境、地理环境、相应的文化、价值观等。①

在前人研究的基础上，努克斯（Nokes）等人系统地总结了学生阅读历史类文本遇到的障碍、问题和原因，以及对应的阅读干预策略，以提升学生理解历史类文本的水平，方便教师进行参考借鉴，该表格内容见表3-1。

表3-1 历史类文本阅读的障碍、原因及可能的教学干预措施②

存在问题/障碍	出现问题/障碍的理由	可能有效的阅读教学干预策略
对学生认知资源的高要求	基本理解挑战	选择简单文本 预先教授词汇 调整文本以适应学生水平 提供清晰的文本副本 组建互惠教学小组
	对历史学家阐释的方式不熟悉	通过海报/书签提供提醒 提供图形组织者 示范思维过程 允许重复练习
对学生认知资源的高要求	融合多个文本的挑战	提供图形组织者 允许学生独立反思每个文本并与其他文本联系起来 允许小组分析

---

① NOKES J D. Aligning Literacy Practices in Secondary History Classes with Research on Learning [J]. Middle Grades Research Journal, 2008, 3(3): 29-55.

② 本表格引自 NOKES J D. Recognizing and Addressing the Barriers to Adolescents' "Reading Like Historians" [J]. The History Teacher, 2011, 44(3): 379-404.

续表

存在问题/障碍	出现问题/障碍的理由	可能有效的阅读教学干预策略
有限或误用的背景知识	有限的背景知识	用内容丰富的历史小说来补充教科书 提供一手历史资料 让学生沉浸在说明性的案例研究中
	误用的背景知识	明确教授历史共情视角 使用反驳性文本来处理假设
对世界持的看法过于简单化	双重主义、知识简化主义、权威主义、实证主义或低水平的相对主义	提供包含争议的阅读材料 鼓励独立、基于证据的解释 承认不确定性 模拟对解释的暂时接受 重新设计评估方式
对历史学科的错误认识	对历史学家角色的误解	明确介绍历史学家的工作
	将历史视为被动接受而非主动构建的	让学生参与历史实验室 鼓励学生进行真实的历史探究
	接受官方教科书的叙述作为唯一叙述	提供来自多个视角的替代性来源 将教科书作为众多来源之一，接受批评

第三节　科学类文本的阅读理解

一、科学类文本阅读理解的关键点

在科学教育中，阅读不仅是获取信息的手段，更是深入理解科学概念和实践的关键。科学家将近一半的工作时间用于阅读和写作。菲利普斯（Phillips）和诺里斯（Norris）的研究显示，通过科学文本，学生能够与科学家的工作产生共鸣，从而更深入地理解科学概念，[1] 因此，针对科学文本的读写教育在科学教

---

[1] PHILLIPS L M, NORRIS S P. Bridging the Gap between the Language of Science and the Language of School Science through the Use of Adapted Primary Literature[J]. Research in Science Education, 2009, 39(3): 313-319.

育领域中有十分重要的地位。然而，许多中学教师未能充分认识到科学文本在帮助学生理解科学现象中的作用，更没有认识到对中学生来说阅读科学类文本远比学生在小学时代阅读记叙类文本更富有挑战性。

研究表明，科学类文本的阅读理解对学生来说普遍比文学类、记叙类的文本难度要高。学术语言的复杂性是学生阅读科学类文本首先要攻克的难关。学术语言的难点之一是其使用了大量的信息承载词汇，并通过语法过程将复杂的想法压缩成少量的词汇，这种特性使得学生在阅读科学文本时面临额外的挑战。① 与简单的日常词汇相比，科学词汇信息量更大，有精确和特定的定义。例如，"能量"这样的词汇在物理学中的含义与日常语言中的用法截然不同。此外，即使是相同的词汇，在不同的科学领域中也可能有不同的含义。一项早期的经典研究通过比较外语学习与科学术语学习的例子，强调了科学词汇的复杂性和学习难度。研究证明，一个入门级的生物学课程可能会向学生介绍大约900个新词汇，这与重新学习一门外语的词汇量相当；但科学术语的难点在于，即使是日常用语中的词汇，在科学领域中也可能有不同的精确含义。② 例如，"speed"（速度）在物理学中并不等同于"velocity"（速率），而"unionized"（工会化的）在社会劳动课程和分子化学课程中意思完全不同。这要求学生必须掌握良好的科学阅读技能，以正确理解科学概念。这种词汇的特殊性要求学生在阅读科学类文本时，不仅要理解其字面意思，还要准确掌握其在特定科学背景下的含义。因此，教师有必要教给学生明确的科学阅读技能和学科阅读策略，以帮助学生克服对科学词汇的误解，并正确理解科学概念。

斯诺提出的词汇生成（word generation）项目是一个针对中学生的学科学术词汇教学计划，该项目通过将学术词汇融入学生感兴趣的话题、阅读材料和日常使用中，来帮助学生积累学术词汇。在词汇生成项目中，学术词汇不是孤立的，而是与学生讨论、辩论的话题，实际的使用相结合。例如，项目可能会围绕"学校是否应该禁止垃圾食品"或"安乐死是否应该合法"等话题进行为期一周的讨论。这种以问题为导向的探究式教学方法不仅能激发学生的讨论兴趣，而且能为他们提供充分的使用目标学术词汇的实践机会。通过这种方式，学生能够在讨论、辩论和写作中练习使用新学的词汇，从而加深记忆和理解。此外，教师还可以利用各式各样的图表和概念地图等工具来帮助学生组织和理解学术

---

① SNOW C E, UCCELLI P. The Challenge of Academic Language[M]// DAVID R O, NANCY T. The Cambridge Handbook of Literacy. Cambridge：Cambridge University Press, 2009：112-133.

② MALLOW J V. Reading Science[J]. Journal of Reading, 1991, 34(5), 324-338.

词汇。通过这些工具，学生可以更清晰地看到词汇之间的关系，以及它们是如何与特定的科学概念相联系的。这种整合性的教学方法有助于学生构建更为复杂和深入的学科知识体系。①

科学类文本的不同层次、类型、写作目的也会影响读者的阅读理解过程，因此，把握不同类型和层次的科学类文本特征，是读者理解科学类文本的第二个难点。研究者认为可以按照文本信息深度和专业程度分为不同的层次，包括流行媒体的科学文章、科普期刊文章、科学教科书和科学研究期刊文章。每种文本类型对读者的要求和提供的信息输出都有所不同。流行媒体文章通常以吸引眼球的标题和引人入胜的开头段落来呈现科学发现，而科学研究期刊文章则提供了研究的详细过程和数据。例如，流行媒体文章（如《新闻周刊》）通常以生动的标题和引导段落来吸引读者，但不会深入介绍研究过程。而科普期刊（如《科学新闻》）则更侧重于研究本身而非应用，可能会使用更专业的术语，如"DNA strands"（DNA 链）和"protein products"（蛋白质产物），并提供更多背景信息、实验数据和研究过程，帮助读者了解研究的来龙去脉。② 乔森（Johnson）和迈耶尔（Mawyer）区分了三种主要类型的科学文本：流行文本、教科书和原始科学文献。流行文本，如新闻报道和杂志文章，目的是将科学知识普及给非专业人士，因此通常以更易于理解的方式呈现复杂的科学概念。教科书则旨在系统地介绍科学概念，帮助学生构建知识框架。而原始科学文献，如科学期刊文章，则旨在为科学家们提供交流发现和观点的平台，这些文献往往使用专业的术语和复杂的论证结构。③ 理解这些文本类型的特点对于设计有效的科学阅读教学至关重要。读者需要根据文本的结构、类型和写作目的，学习并采用不同的阅读策略，如快速浏览文章以获取主要观点、采用合适的理解策略、深入分析具体细节和背景等。

科学类文本在结构上的特殊性，也决定了科学类文本的阅读理解过程与其他学科或者娱乐性阅读有明显的差异，这会给学生带来一定的困难，因此需要教师进行专门的引导。科学文章的结构通常包括引言、方法、结果和讨论等部分。有研究者通过分析《科学》杂志上关于囊性纤维化研究的原创文章，指出了科学文章的结构特点。科学类文章的标题通常会包含突破性发现和实现发现

① SNOW C E. Academic Language and the Challenge of Reading for Learning About Science[J]. Science,2010,328(5977):450-452.

② MALLOW J V. Reading Science[J]. Journal of Reading,1991,34(5),324-338.

③ JOHNSON H,Mawyer K K. Read Like a Scientist[J]. The Science Teacher,2017,84(1):43-47.

的创新方法，反映了科学工作的复杂性和合作性。摘要部分会为读者提供有关研究的简要概述，而正文则会详细描述研究方法和数据。① 研究者普遍认为，了解科学类文本的结构，对于阅读理解科学类文本至关重要。专业的科学家在阅读科学文章时，会采用一种缓慢、深入的阅读方法，使用笔和纸来辅助理解，对不清楚的点进行深入思考，查找参考文献，验证数值计算。这种阅读方法要求学生在阅读时采用主动而积极的阅读理解策略，并具有高度的互动性和批判性思维，而不仅仅是被动接受信息。通过这种方式，学生可以更好地理解科学概念，并评估所阅读内容的准确性和可靠性。

多元化、高层次的阅读理解策略是学生理解科学类文本的关键路径。研究者指出，SQ4R、MURDER 和互惠教学等多元策略组合教学方法，能提升学生的科学文本阅读理解水平。SQ4R 策略是一种经典的阅读方法，它包括六个步骤：Survey（预览）、Question（提问）、Read（阅读）、Recite（复述）、Reflect（修订）和 Review（复习），SQ4R 的名称就来自每个策略英文单词的首字母组合。具体说来，SQ4R 首先引导学生通过预览文本的大标题和小标题来了解文本结构，接着鼓励学生基于这些信息提出问题，然后在阅读过程中寻找这些问题的答案。阅读完成后，学生需要复述文本的主要内容，并通过复习来巩固记忆和理解。② MURDER 策略教学是 SQ4R 的扩展，增加了更多的步骤来深化理解和记忆。MURDER 代表 Mood（情绪设置）、Understanding（理解）、Recall（回忆）、Digest（消化）、Expand（扩展）和 Review（复习）。这个策略强调在阅读前设置适当的学习情绪，识别并理解文本中的重要和难点，通过回忆和用自己的话重述文本内容来加深记忆，反思和消化所学知识，并思考如何将这些知识应用到其他情境中。③

至于互惠教学，我们前文提到过，这是一种互动性更强的策略，它鼓励学生在小组内通过轮流扮演教师的角色来共同学习。互惠教学的四个策略包括总结、提问、澄清和预测。学生首先总结段落的主要内容，接着提出基于文本的问题，澄清任何混淆的内容，并预测接下来文本可能包含的信息。这种策略不

① MALLOW J V. Reading Science[J]. Journal of Reading,1991,34(5),324-338.
② GLYNN S M,MUTH K D. Reading and Writing to Learn Science:Achieving Scientific Literacy [J]. Journal of Research in Science Teaching,1994,31(9):1057-1073.
③ DANSEREAU D F. Learning Strategy Research [M]// SEGAL J, CHIPMAN S, GLASER R. Thinking and Learning Skills:Vol. 1:Relating Instruction to Research. Hillsdale:Erlbaum, 1985:209-239.

仅能提高学生科学类文本的阅读理解能力,还能增强他们的科学思维和表达能力。① 这些阅读策略不仅能帮助学生更好地理解和记忆科学文本,还能够激发学生主动学习科学的愿望,使他们成为更加独立的思考者。此外,这些策略的实施过程也是对学生进行元认知训练的过程。这种自我调节的学习过程对于学生的长期学术发展和科学素养的形成具有重要意义。为了帮助学生应对科学类文本中复杂的文本结构、专业术语、严谨的论证和数据,研究者还强调了通过标题预测章节内容、识别主要观点和支持观点等策略的重要性。

奥斯本 (Osborne) 等人指出,为了促进学生对科学类文本的深入理解,教师可以教学生在阅读前、阅读中、阅读后使用不同的策略。阅读前策略旨在激发学生的先前知识,让他们思考和讨论即将阅读的文本。例如,阅读前可以使用阅读预期指南,提供一系列有关文本特定内容的陈述,并要求学生在阅读前完成,这些陈述有些是正确的,有些是错误的,以便激发读者的阅读兴趣,激活已有知识。此外,阅读前还可以通过小组讨论或全班讨论,引导学生分享和解释他们关于阅读预期指南的答案,从而促进学生对即将学习内容的深入思考。阅读中策略则着重于学生在阅读过程中的理解和反思。例如,画线或高亮与特定概念相关的文本段落,反复阅读难懂的概念,查找相关资料以解释学术词汇,标记遇到的问题并想办法解决,等等。阅读中策略旨在帮助学生识别文本中关键信息及其组织方式,加深读者对文本结构和内容的理解。阅读后策略则主要是组织策略,旨在帮助学生对所获得的新信息进行再次组织、总结和分析,这不仅有助于学生有效地回忆信息,还有助于在写作、讨论和论证中有效使用这些信息。② 例如,学生可以使用合适的图形组织工具,帮助自己深入理解主要观点、支持观点、复杂概念、解释概念的例子,以及关键的论证;而在阅读科学文献时,教师可以指导学生总结文章的各个组成部分,如摘要、引言、结果和讨论,以帮助他们理解科学论证的结构。此外,提问策略也非常重要,提问策略可以贯穿整个阅读过程,在阅读前、中、后都能使用。教师可以结合一般提问策略和学科具体内容设计具体的提问方案。比如,乔森和迈耶尔设计了一套在阅读以全球生态问题为主题的跨学科文本时可以使用的提问方案,这些问题横跨地球和空间科学、环境科学、生命科学、物理科学等学科视角。这些问题

---

① ROSENSHINE B, MEISTER C. Reciprocal Teaching: A Review of the Research[J]. Review of Educational Research, 1994, 64: 479-530.

② OSBORNE J, SEDLÁČEK Q C, FRIEND M, et al. Learning to Read Science[J]. Science Scope, 2016, 40(3), 37-42.

包括文中论述的科学现象是什么，文章对该现象所持的观点和立场是什么，谁是利益相关者，文中的数据和信息来源是什么，等等，这些问题不仅能帮助学生理解文本内容，还促使他们批判性地思考信息的来源和可靠性。[①]

研究者还指出，学生在阅读科学教科书时，也应该结合教科书的体例结构，使用高层次的阅读策略，以提升阅读理解水平。科学教科书作为科学教学的重要资源，应当促进学生的互动性学习，帮助学生更好地掌握丰富的阅读理解策略。良好的教科书应包含清晰的学习目标、学习内容、图表、辅助问题和练习，以及帮助学生练习理解策略的任务。例如，经典的科学教科书，通常会包含章节目标、内容概述、详细的描述、问题解决技巧、科学家小传、实验图、图表、公式、注释、复习、练习等板块，以帮助学生深入理解科学概念。研究者指出，为了提升对科学类文本的阅读理解能力，学生应该学会使用合适的阅读策略，例如，反复阅读教科书的章节，利用书中的问题和辅助练习进行自我测试，在阅读过程中使用笔和纸用作笔记、画图、做表格等方式辅助理解，自主提出问题或设计练习进行自测，评估教科书的写作质量，等等。[②]

除了科学词汇、概念、阅读策略和文本结构的复杂性，在阅读科学类文本过程中产生的"科学焦虑"也是学生学习科学知识的一大障碍。例如，学生可能会有"无论我怎么努力，我永远不会理解科学"的负面自我陈述，这种消极的自我认知会阻碍他们掌握必要的学习技能。因此，帮助学生克服内在的焦虑和负面自我认知是科学学习成功的关键第一步。研究者提出了一套综合方法来解决学生的科学学习焦虑问题。这些方法包括教授学生科学的学习技能和策略、帮助学生重构负面的自我陈述，以及通过条件反射训练帮助学生在科学阅读和学习情境中保持放松状态。[③] 通过这些方法，学生能够逐步克服内在的焦虑和自我怀疑，从而提高学习效率。

总之，通过学习特殊的科学词汇、掌握不同层次科学文本的特点、学习科学类文本的结构以及运用教科书的互动性阅读策略、克服科学焦虑，学生可以更有效地学习科学知识。这些阅读策略不仅有助于提高学生科学类文本的阅读理解能力，也为他们日后的科学研究和学术发展奠定了坚实的基础。

---

① JOHNSON H,MAWYER K K. Read Like a Scientist[J]. The Science Teacher,2017,84(1): 43-47.

② MALLOW J V. Reading Science[J]. Journal of Reading,1991,34(5),324-338.

③ MALLOW J V. Reading Science[J]. Journal of Reading,1991,34(5),324-338.

二、因果推理在理解科学类文本中的关键作用

由于科学类文本不可避免地涉及对于科学现象和过程的因果解释，因此，在科学类文本（说明文、议论文）的阅读理解过程中，通过不断地追问是什么、为什么之类的问题而建构因果推理网络是理解复杂现象、概念和过程的关键路径。研究表明，大多数读者擅长在阅读时迅速建构事件因果链之中的前因，而对后果的推理则较少涉及，后果推理比前因推理更为耗时。这种时间上的差异，反映了读者在阅读理解科学类文本时依赖的认知策略，即优先处理和理解事件的原因，而不是其遥远的后果。导致这种差异的原因可能是，构建后果推理需要读者投入更多的认知资源来预测和模拟可能的未来事件，而构建前因推理则依赖于已知信息和文本所提供的线索；此外，文本通常按时间顺序表述事件，这为构建因果链中的前因提供了线索，而未来事件的不确定性则限制了对后果推理的构建。① 同时，研究者还发现，读者在阅读过程中会利用已有的知识和期望来预测文本内容，也就是说，对已有知识的激活对构建因果网络中的前因推理至关重要。这种推理模式有助于读者通过构建因果网络来理解科学和技术概念的内在逻辑和顺序，从而加深对文本内容的理解。② 尽管读者存在年龄、工作记忆能力、背景知识和阅读频率等个体差异，但这些差异对于因果推理的构建过程影响不大。不熟练的读者和熟练读者在建构因果推理链条的过程中，表现出相似的模式，这表明，科学类文本的阅读理解和因果网络的建构，可能并非高度依赖个体的能力和策略，不同背景和能力水平的读者都会遵循这一模式。对科学类文本的因果网络研究，为科学类文本的阅读教学方法提供了重要启示。它强调了在阅读材料的设计中明确因果关系的重要性，以帮助学生构建对科学概念和原理的深入理解。教师在科学类文本阅读教学过程中，应关注学生的认知负荷，特别是在处理复杂和抽象概念及调用已有知识建构因果链条时。此外，既然因果推理的构建过程在不同群体中具有普遍性，针对不同水平学生的科学类文本阅读项目和跨学科阅读项目都应当考虑纳入提升学生因果推理能力的阅读策略（如联系、提问、预测、推理等）中。

---

① GRAESSER A C, BERTUS E L. The Construction of Causal Inferences while Reading Expository Texts on Science and Technology[J]. Scientific Studies of Reading, 1998, 2(3): 247-269.

② LEÓN J A, PEÑALBA G E. Understanding Causality and Temporal Sequence in Scientific Discourse[M]// OTERO J, LEΩN J A, Graesser A C. The Psychology of Science Text Comprehension. New York: Lawrence Erlbaum Associates, 2002: 155-178.

三、联系词对科学类文本的阅读理解有显著的影响

联系词（connectives）作为文本中的基本语言工具，对于构建句子间的关系至关重要。在科学类文本中，联系词不仅帮助读者追踪信息，还能帮助学生理解复杂的科学概念和理论。因此，在科学类文本的阅读理解过程中，根据联系词建立文本心理表征是建构意义的关键途径。毛利（Maury）和泰瑟伦克（Teisserenc）指出，联系词在文本中的作用可以从两个层面来理解：语义功能和程序功能。语义功能关注联系词如何在意义构建中发挥作用，而程序功能则涉及联系词如何指导读者处理和组织信息。① 具体来说，联系词的语义功能，是指它们在文本中表达句子直接意义和句子间关系的功能，特别是句子之间的逻辑关系。比如，因果联系词"因为"（because）通常用来指示一个事件是另一个事件发生的原因，明确地指示文本中的逻辑链条。这样明确的逻辑链条指示有助于读者理解文本中的概念和事件是如何相互关联的，从而深入理解文本。读者如果能够抓住这些联系词建构因果链，就能够更好地建构意义。不过，也有研究表明，即使在没有联系词的情况下，读者也能通过文本的逻辑顺序和自身背景知识推断出因果关系，只不过，有联系词能让学生更为高效快捷地建构意义。

在毛利和泰瑟伦克的理论中，联系词的程序功能则在于指导读者理解和整合信息，提升读者阅读理解和整合信息的速度。研究者发现，当段落中第二句出现"因为"这样的联系词时，读者阅读句子整合意义的时间会迅速缩短，也就是说，读者会迅速将第二句的信息与第一句整合起来，而不用等到把整个句子读完之后才开始整合信息。这表明，联系词的程序功能能够指导学生提升组织、处理和整合信息的速度，提升读者对于信息的即时整合能力。联系词的语义功能和程序功能在文本理解中是相互关联的。语义功能通过揭示句子间的逻辑关系帮助读者建构意义，而程序功能则指导读者如何组织和处理这些信息，因此，抓住联系词，建构因果关系网络，整合信息，这对科学文本的理解尤为重要。

毛利和泰瑟伦克还指出，在文本记忆方面，学生在阅读含有较为丰富联系词的科学类文本时，拥有更好的记忆和回顾表现。研究者对比了读者回顾含有联系词和不含有联系词的句子的难度，在后测和延迟测试中均发现，当阅读含有"因为"这样的强因果标记联系词的句子时，读者更容易回想起句子的主要

---

① MAURY P，TEISSERENC A. The Role of Connectives in Science Text Comprehension and Memory[J]. Language and Cognitive Processes，2005，20（3）：489-512.

内容，对句子关系的回想也更为准确，这表明联系词不仅能在读者阅读文本的过程中强化其对于因果关系的理解，还能在读者回顾文本时帮助读者强化记忆，方便读者更好地整合信息和随时检索信息。

总之，联系词在科学文本的阅读理解中扮演着至关重要的角色，它们能通过语义和程序功能促进读者对文本的记忆，激活读者的推理认知过程，促进读者对于科学类文本信息的整合和深入理解。有鉴于此，科学类文本的阅读教学应当注重对联系词重要性的说明和通过联系词建构文本因果链条能力的训练。

四、科学类文本阅读理解的综合模型

哈巴德（Hubbard）探讨了读者如何通过多个特定的认知过程来构建科学类文本的意义，并从多个维度探讨了影响科学类文本阅读理解过程的因素；他结合前人的研究，提出科学类文本的阅读理解模型应当包含阅读流畅性、理解力、建构—整合等多个元素和模型。[①] 阅读流畅性和理解力是两个不同的属性：阅读流畅性指快速且准确阅读的能力，而阅读理解则是从文本中建构意义的过程。[②] 哈巴德指出，金池（Kintsch）的建构—整合（construction-integration）模型为科学文本的阅读理解提供了一个富有解释力的综合性理论框架。该模型将阅读理解分为两个阶段：首先是识别文本中的单词、词汇和语法特征；其次是将这些知识整合到读者现有的世界观中。在这个过程中，读者不是被动地接受信息，而是积极地建构意义，这要求读者必须能够将新信息与已有知识联系起来。根据图式理论，读者的大脑中已经组织好的先前的信息（图式）对于理解新信息至关重要。例如，一个生物学家的头脑中可能对光合作用有一个丰富的图式，包括叶绿体、叶绿素和研究光合作用的技术等信息，当这位生物学家阅读有关某种光合蛋白的论文时，他就可以利用已有的相关知识图式来适应和整合新的信息，从而将其保留在长期记忆中。然而，如果一个读者对光合作用的概念只有有限的图式，他们便无法从论文中建构丰富的意义，最终也会忘记大部分所读内容。[③]

① HUBBARD K. Disciplinary Literacies in STEM：What do Undergraduates Read，How do They Read It，and can We Teach Scientific Reading More Effectively？［J］Higher Education Pedagogies，2021，6（1）：41-65.

② HARRISON C，PERRY J. Understanding Understanding：How We Learn from Texts［M］// HARRISON C. Understanding Reading Development. London：SAGE Publications，2004：50-81.

③ ANDERSON R C，PEARSON P D. A Schema-theoretic View of Basic Processes in Reading Comprehension［M］// PEARSON P D. Handbook of Reading Research. Mahwah：Lawrence Erlbaum Associates，1984：255-291.

除了已有知识，哈巴德认为，影响科学类文本阅读理解的因素还包括文本特征、读者的动机和经验、策略使用水平等。科学类文本通常概念密集，使用高度专业化的术语，写作风格抽象，这些都增加了阅读理解的难度。① 读者还可能缺乏阅读科学文本的经验及兴趣，也可能因为阅读流利度水平较低，而无法轻松地阅读科学类文本。此外，阅读策略对于理解科学类文本也至关重要。当读者初次接触不熟悉的文本，他们已有的知识图式非常有限，可能会采用相对简单和表面的阅读策略（如记忆、记笔记、勾画重点等）；随着阅读经验和知识的积累，读者逐渐拥有更连贯完备的图式，会采取相对深入的策略（如联系、预测、推理、对比、理解监控等）来处理文本；当读者能力发展到成熟阶段，拥有广泛而深入的知识基础，会采用深度处理策略（学科专有策略）。最后，读者对自我的阅读身份定义和自我效能感对科学类文本的阅读理解也至关重要。②

总之，科学文本的阅读理解是一个复杂的认知过程，受到多种因素的影响。教师需要意识到这些因素，并采用适当的教学策略来支持学生在科学文本阅读方面的发展。通过提供明确的指导和实践机会，学生可以逐步建立起对科学文本的深入理解和批判性阅读技能。

五、使用目标导向的阅读干预提高科学类文本的阅读理解

目标导向的阅读是一种以目标为基础的阅读方式，它要求读者根据自己的需求、目的和目标来选择和处理信息。在科学文本的理解中，目标设定起到了至关重要的作用。正如布里特（Britt）等人所指出的，当读者在阅读科学文本时带着特定目标，例如，寻找特定事实或理解某个现象的原因时，他们的阅读过程会更加有目的性和效率。这种目标导向的阅读策略有助于读者在海量信息中筛选出与自己需求相关的部分，从而更有效地构建知识。例如，如果一个读者对太阳能电池板的工作原理感兴趣，他们可能会设定一个目标，即理解面板如何将光转化为电。这样的目标有助于帮助读者在阅读过程中专注于相关的信息，忽略不相关的部分，从而提高阅读的效率和理解的深度。③

---

① FANG Z. Scientific Literacy: A Systemic Functional Linguistics Perspective[J]. Science Education, 2005, 89(2): 335-347.

② HALL L A. Rewriting Identities: Creating Spaces for Students and Teachers to Challenge the Norms of What It Means to be a Reader in School[J]. Journal of Adolescent & Adult Literacy, 2012, 55(5): 368-373.

③ BRITT M A, ROUET J F. Learning with Multiple Documents: Component Skills and Their Acquisition[M]// LAWSON M J, KIRBY J R. The Quality of Learning: Dispositions, Instruction, and Mental Structures. New York: Cambridge University Press, 2012: 276-314.

评估能力是理解科学类文本的另一个关键技能，它涉及对信息的深入分析和批判性思考。评估过程要求读者检查阅读信息的一致性、完整性，并与已有知识或信念相比较。[①] 这种评估不是对文本内容的表面理解，而是要求读者对文本进行深度分析，判断信息的可靠性和有效性。例如，读者可能需要评估科学解释是否完整，是否与已知的现象和理论相一致，或者论证是否合理，证据是否充分。这种批判性的评估能力对于科学素养和跨学科阅读素养至关重要，它有助于读者避免虚假信息的误导。

在目标导向的阅读和评估过程中，也贯穿着跨文本的信息联系和整合能力。科学类文本通常涉及复杂的概念和理论，并要求读者能够整合不同来源的信息。研究者指出，读者需要发展出能够协调和评估多源信息的技能，以构建一个综合的、一致的理解模型；这要求读者不仅要理解单个文本的内容，还要将不同文本中的信息整合起来，形成一个统一的视角。[②] 这种能力在处理科学现象的多重因果关系时尤为重要，因为科学现象往往涉及多个因素和过程，读者必须在不同文本之间建立联系，识别和整合关键信息，形成全面的理解。

在评估文本质量和可信度的过程中，熟悉科学类文本中的论证结构十分重要。科学类文本的论证结构，是读者识别观点和证据之间联系的关键路径。不过，即使是经验丰富的读者，也可能难以识别和评估论证的有效性。这要求读者不仅要理解文本的论证结构，还要能够评价文本的逻辑性和说服力。论证通常包括一个明确的观点和支持该观点的理由或证据。读者需要能够识别这些元素，并评估它们之间的联系是否合理、证据是否充分，以及是否能够有效地支持观点。[③] 此外，读者还需要能够处理反驳和对立观点，评估它们的可信度和相关性。

除此之外，目标导向的阅读和评估还需要读者运用高水平的元认知技能，规划、监控和调节自己的阅读过程。元认知技能主要指读者对自己的认知过程的认识和控制，例如，读者能够设定适当的阅读目标，监控自己的理解进度，并根据需要调整阅读策略。元认知阅读技能有助于读者更深入地理解科学类文

---

① HEMPEL C G. Aspects of Scientific Explanation[M]// HEMPEL C G. Aspects of Scientific Explanation and Other Essays in the Philosophy of Science. New York: Free Press, 1965: 331-496.

② BRITT M A, PERFETTI C A, SANDAK R, et al. Content Integration and Source Separation in Learning from Multiple Texts[M]// GOLDMAN S R, GRAESSER A C, VAN DEN BROEK P. Narrative Comprehension, Causality, and Coherence: Essays in Honor of Tom Trabasso. Mahwah: Erlbaum, 1999: 209-233.

③ OSHORNE J F, PATTERSON A. Scientific Argument and Explanation: A Necessary Distinction? [J]. Science Education, 2011, 95: 627-638.

本，有效地管理阅读目标，对信息进行更有效的评估。① 为了提升学生阅读科学类文本的元认知技能，教师应当考虑采用在跨学科阅读项目中融入元认知教学。元认知指导是一种能够帮助学生提升科学类文本的阅读能力及科学素养的教学方法，旨在通过提高学生的自我意识和执行控制能力来促进文本意义的建构。在科学类文本的阅读过程中，元认知指导能帮助学生理解、评估和调节他们的认知过程。元认知指导还能提升学生的科学素养。科学素养不仅仅是对科学知识的掌握，还包括理解科学概念、原理和科学思维方式的能力。②元认知指导可以显著提高学生的科学素养、阅读科学类文本的能力和元认知意识，帮助学生更好地调节和管理自己阅读科学类文本的过程。

总之，目标导向的阅读和评估对于提高科学类文本的理解至关重要。读者需要发展出一套复杂的技能集合，包括目标设定、内容评估、处理跨文本的复杂性、论证结构的识别和元认知技能的应用等。这些技能不仅有助于读者更好地从科学文本中获取信息，还能促进读者对信息的深入分析和批判性思考。教师在指导学生阅读科学类文本时，应当重视对这些技能的培养，以帮助学生提高科学素养。

六、使用反驳性文本（refutation texts）提高学生阅读理解科学文本的水平

文本结构教学在科学类文本阅读教学领域一直是一个备受关注的话题。研究者普遍认为，科学类文本有别于记叙类文本的结构，能够更好地传递其中的复杂信息和核心概念，如果学生能够把握文本的结构特征，就能够更好地理解其中的复杂概念。有研究者比较了两种主要的科学类文本结构——说明性文本和反驳性文本——对学生理解科学概念的影响，发现反驳性文本在科学阅读教育中具有显著的效果，因为它能为学生提供一种有效的工具，帮助学生克服先入为主的错误观念，促进学生对科学概念的深入理解。③ 说明性文本是一种常见的文本结构，它呈现信息的方式直接明了，适合陈述事实。这种文本通常包括定义、分类和描述，但往往缺乏对读者可能持有的预设观念的考虑，不足以应

① ROUET J F, BRITT M A. Relevance Processes in Multiple Document Comprehension [M]// MCCRUDDEN M T, MAGLIANO J P, SCHRAW G. Relevance Instructions and Goal-focu sing in Text Learning. Greenwich: Information Age, 2011:19-52.

② GLYNN S M, MUTH K D. Reading and Writing to Learn Science: Achieving Scientific Literacy [J]. Journal of Research in Science Teaching, 1994, 31(9):1057-1073.

③ DIAKIDOY I A N, KENDEOU P, IOANNIDES C. Reading about Energy: The Effects of Text Structure in Science Learning and Conceptual Change [J]. Contemporary Educational Psychology, 2003, 28(3):335-356.

对学生头脑中已经存在的错误观念或者偏见。例如，在研究中使用的说明性文本可能描述了能量的不同形式，如动能（kinetic energy）、势能（potential energy）等，但没有明确指出学生可能将能量与日常概念混淆的问题。

与说明性文本不同，反驳性文本不仅提供了事实信息，还特别设计来挑战和纠正学生的预设观念。这种文本通过明确指出常见的误解，提供科学的解释来反驳这些误解，帮助学生建构新的概念，促进了学生认知上的转变。反驳性文本的结构设计基于建构主义学习理论，强调读者与文本内容通过互动建构知识、丰富认知模型。例如，反驳性文本可能首先提出一个常见的对概念的误解——"能量和力是相同的"，然后通过科学解释来纠正这一观念，明确区分能量（energy）和力（force）的概念。在理解"能量"这个概念的过程中，一个关键的问题是能量不能被直接观察到，它是通过物体的运动或热量等表现形式间接感知的。学生可能会错误地将能量视为一种物质实体，这种预设观念可能会阻碍他们对能量守恒和转换的理解。反驳性文本通过提出问题（例如，我们能否像看到树叶和树根一样直接看到一棵树所包含的化学能量，或者我们是否能够直接用显微镜观察到能力），随后文本解释说，能量不是可以直接观察到的物质实体，而是一个科学概念，用于解释物体如何进行工作或运动。这种直接提问和随后的解释有助于学生认知自己头脑中存在的错误概念，清晰地区分能量与其他物质属性，促进了对能量概念的准确理解。①

一方面，反驳性文本不仅提供了必要的科学信息，还通过直接解决学生可能持有的错误的预设观念，使学生转变对概念的认知，帮助学生巩固对特定科学概念的深入理解。另一方面，反驳性文本经常使用"对比/对照"结构，这有助于激活学生的已有知识，并激发学生将已有知识与文本中的科学概念进行比较。例如，反驳性文本会将我们在日常对话中使用的"力量"（force）一词的含义，与科学家们提到的"能量"（energy）、物理学领域"力"（force）的含义进行对比。这一比较过程能够进一步激活学生的认知冲突，带来认知挑战，促使他们重新反思信念，评估互相矛盾的观点，并与科学概念进行比较，从而有助于学生更新自己的认知结构，建构更为复杂和科学的认知模型。

概念转变是科学教育中的一个重要目标，就是帮助学生转变原有的观念，重新评估自己对科学概念的接受。概念转变不仅要求学生获取新知识，还要求

① DIAKIDOY I A N, KENDEOU P, IOANNIDES C. Reading about Energy: The Effects of Text Structure in Science Learning and Conceptual Change[J]. Contemporary Educational Psychology,2003,28(3):335-356.

他们放弃或修改原有的错误观念。因为，学生在阅读过程中理解科学概念时，往往会带入自己的预设观念，这些观念很可能与科学事实相悖，从而影响学习效果。例如，学生可能习惯于将能量理解为一种可以消耗和补充的"东西"，类似于食物或体力。然而，科学上的"能量"概念却是一个抽象的物理量，它描述了物体做功的能力。研究表明，反驳性文本在帮助学生转变根深蒂固的预设观念、接受新的科学概念方面展现出了明显的优势。此外，研究还发现，反驳性文本的效果也能够长期保持。即使在一个月后的测试中，阅读反驳性文本的学生在科学类文本的概念理解方面表现仍然优于其他学生。这表明，教师在设计科学类文本的阅读教学计划和材料时，应考虑引入反驳性文本结构，以促进学生对科学概念的深入理解。同时，这也强调了在教学过程中需要更加关注学生的已有知识，以及如何通过教学策略来激活和整合这些知识。

第四节　数学类文本阅读理解

一、数学类文本阅读理解过程中的流利度

巴通（Barton）和海德曼（Heidema）在其著作中指出，数学阅读不仅要求学生理解数学符号和数据，更重要的是能够全面理解数学文本内容。数学文本通常概念密集，写作风格紧凑，每句话都包含大量信息，且逻辑性强，这要求读者在阅读时注意力必须高度集中，以避免错过关键细节和逻辑关系。[①] 此外，数学文本的结构布局也可能影响理解，例如，学生可能会跳过包含关键信息的文字段落，而只关注例子、图形或待解决的问题。这种高密度和抽象性使得数学阅读成为一项独特且具有挑战性的任务。一些研究者调查了普通学生与专家学者在阅读理解数学类文本过程中存在的差异。研究者指出，新手与专家在数学阅读上的差异，体现在对数学词汇和术语的掌握、数学概念的深层次理解、问题解决的灵活性、图形化表示的构建能力，以及数学语言的运用等方面。

研究者指出，数学类文本的阅读理解首先要求读者能够理解并流畅地处理

---

① BARTON M L, HEIDEMA C. Teaching Reading in Mathematics：A Supplement to Teaching Reading in the Content Areas Teacher's Manual［M］.2nd ed. Alexandria：Association for Supervision and Curriculum Development，2002.

数字和符号，这些元素构成了数学语言的基础。① 数学的本质是一种语言，它在概念的抽象性、统一和一致的符号规则、线性和序列表达、实践的积累、对符号和规则的记忆、初学者所需的翻译和解释、符号顺序对意义的影响、编码和解码的沟通、直觉和无意识的言语等方面，与第二语言的学习有着相似之处。②因此，与语文阅读类似，数学文本阅读的流畅性是衡量学生数学类文本阅读理解水平的重要指标。数学阅读流畅性是指读者在阅读数学文本时，对专业术语和符号的熟悉程度，以及能否快速、准确地将书面符号转化为口头表达。然而，新手读者在这一维度上可能遇到挑战，因为他们对数学符号和术语不够熟悉，导致他们在解码时出现犹豫和错误。相比之下，专家读者则展现出高度的流畅性，他们能够迅速识别复杂的数学符号并通过口头表达进行解释，甚至在阅读过程中能够实现对符号意义的即时转换，即"读出意义"（reading-the-meaning），而不是简单、机械地逐字朗读符号名称。这种能力极大地提高了他们的阅读效率，并帮助他们更深入地理解数学概念。专家读者在阅读数学文本时，几乎不需要暂停，就能流畅地将数学符号转化为其代表的数学概念，这体现了他们在数学阅读流畅性方面的高级技能。③

二、数学类文本阅读理解过程中的文本特征

除了掌握基本的数学符号和规则，掌握数学领域不同文本的特征同样重要。有研究者指出，数学语言不仅仅是一系列专业术语和符号，还包含了丰富的语法结构和语言功能。④ 研究者指出，数学语言及文本的多样性常常被忽视，但这种多样性对于理解数学文本至关重要。例如，数学文本可能包括学术研究论文、小学教科书或学生的研究报告，这些文本在词汇、符号使用、论证方式以及作者与读者之间的关系构建上都有所不同。因此教师在数学阅读教学的过程中，应当注意指导学生了解不同类型文本特征的差异，以及采取合适的策略解读文

① AVALOS M A, BENGOCHEA A, SECADA W G. Reading Mathematics: More than Words and Clauses: More than Numbers and Symbols on a Page[M]// SANTI K L, REED D K. Improving Reading Comprehension of Middle and High School Students. Springer International Publishing, 2015:49-74.

② ADAMS T L. Reading Mathematics: More than Words Can Say[J]. The Reading Teacher, 2003, 56(8):786-795.

③ SHEPHERD M D, VAN DE SANDE C C. Reading Mathematics for Understanding—From Novice to Expert[J]. Journal of Mathematical Behavior, 2014, 35:74-86.

④ MORGAN C. The Language of Mathematics: Towards a Critical Analysis of Mathematics Texts [J]. For the Learning of Mathematics, 1996, 16(3):2-20.

本。还有研究者建议，除了技术性的数学文本，教师还应指导学生阅读包括数学史、哲学论文、数学应用报告、关于适用数学问题解决策略的文章、伟大数学家的传记和故事等文本，以增强学生的数学类文本阅读能力。①

三、理解数学术语定义、词汇、抽象概念

掌握数学术语的定义对于理解数学概念也至关重要。亚当斯（Adams）指出，学生最开始可能使用非正式定义（如将正方形定义为所有边都相等的形状）来理解文本，但随着学习的深入，这些定义将经历转变，以适应更严格的定义（如正方形是具有所有 90 度角和所有边相等的四边形）。这种从非正式到正式定义的转变，有助于学生在阅读数学文本时更准确地应用数学术语。② 亚当斯还指出，数学术语中的多义词和同音词，也可能会影响学生对数学概念的理解。例如，"base" 在日常生活中可以指棒球的垒，而在数学中则指平面图形的底边或十进制系统中的基数。亚当斯建议，通过帮学生将他们对这些词汇的日常理解与词汇所表达的数学意义联系起来，可以帮助学生发展出更深层次的数学术语理解。

随着学生年级的提高，他们需要更多机会阅读数学文本，这些文本通常包含抽象的数学概念。文章中提到，学生必须能够识别文本中的概念及其相互关系，以充分理解文本含义。教师可以通过建立数学词汇表、定期评估学生对数学词汇的理解、利用学生的先前知识等策略来帮助学生克服数学词汇的困难。③攻克词汇难关后，学生才有可能理解数学概念，解决数学问题。因为数学问题解决过程要求学生能够阅读和解码问题文本，以收集解决问题所需的信息。数学问题的解决通常包括阅读问题、理解问题、解决问题和回顾这几个步骤，因此读懂数学词汇和问题文本是问题解决的起点。总之，研究者指出，数学阅读不仅仅是对文字的理解，它要求学生能够理解和应用数学术语、处理多义词和同音词、阅读和理解数学类文本，以及在问题解决过程中有效地使用阅读策略。培养好这些能力能够帮助学生更深入地理解数学概念，提高数学类文本的阅读能力。

---

① BORASI R,SIEGEL M. Reading to Learn Mathematics:New Connections,New Questions,New Challenges[J]. For the Learning of Mathematics,1990,10(3):9-16.

② ADAMS T L. Reading Mathematics:More than Words Can Say[J]. The Reading Teacher,2003, 56(8):786-795.

③ ADAMS T L. Reading Mathematics:More than Words Can Say[J]. The Reading Teacher,2003, 56(8):786-795.

　　在数学阅读与学习过程中，抽象概念的掌握水平是衡量学生数学素养的关键指标。新手与专家在这一方面的差别尤为显著。新手在阅读数学类文本时，往往只关注文字和符号的表面意义，而缺乏对概念深层次的探究和理解。这种表面的学习方式使得新手在遇到复杂问题或需要灵活运用概念时，常常显得力不从心。与之相对的，专家则能够展示出对数学概念深层次的理解，他们不仅知晓概念的定义，更能洞察概念背后的逻辑关系和应用方式。有研究者在研究学生在解决组合问题时的思维方式时，发现新手往往难以超越基础的计算过程，而专家则能够通过构建和利用公式、表达式与结果集之间的关系，来深化他们对计数问题的理解。① 此外，专家在面对新问题时，能够迅速地将已知的概念和方法与新情境联系起来，展现出高水平的问题解决能力、适应性、创新性。

　　在阅读文本的过程中遇到一些深奥的数学问题时，专家能够结合对数学基本术语和概念的深刻理解，构建出清晰的图形化表征和视觉化工具，这能帮助他们进一步理解和运用概念解决具体的问题。② 相比之下，新手可能在解读基本概念、定义和性质时就已经遇到了障碍，更难以在具体问题中有效地运用这些概念。图形和视觉表示是理解数学概念的重要工具，专家非常善于运用图形和视觉工具表达概念，而学生则相对欠缺这一方面的技能。有研究者指出，学生在理解无穷级数概念时，往往缺乏有效的视觉图像；而专家则能够利用图形表示来辅助理解和推理，例如，在分析泰勒级数的收敛性时，专家能够通过图形直观地展示级数的逼近过程。③ 此外，专家在数学交流中能够准确、高效地使用数学语言，包括符号、术语和公式。④ 这种对数学语言的熟练掌握，使得专家能够清晰地表达自己的思想，并能够快速理解他人的数学观点；而新手在数学语言的使用上往往不够准确，这限制了他们与他人进行有效数学交流的能力。

---

① LOCKWOOD E N. Student Approaches to Combinatorial Enumeration: The Role of Set-oriented Thinking[M]. Portland: Portland State University, 2011.

② CHAMPNEY D, KUO E. An Evolving Graphical Image of Approximation with Taylor Series: A Case Study[C]// BROWN S, LARSEN S, MARRONGELLE K, et al. Proceedings of the 15th Annual Conference on Research in Undergraduate Mathematics Education. Portland: Oregon, 2012: 1-94.

③ BIZA I, NARDI D, GONZALES - MARTÍN A. Introducing the Concept of Infinite Sum: Preliminary Analyses of Curriculum Content[J]. Proceedings of the British Society for Research into Learning Mathematics, 2008, 28(3): 84-89.

④ TALL D, Vinner S. Concept Image and Concept Definition in Mathematics with Particular Reference to Limits and Continuity[J]. Educational Studies in Mathematics, 1981, 12: 151-169.

四、聚焦数学证明过程及批判性思维

在阅读数学学科的文本时，学生与专家学者的差异也体现在检验文本中的数学证明过程的能力上。在数学阅读教育中，培养学生对数学证明的批判性分析能力是至关重要的。研究者指出，学生往往难以判断文本中证明的有效性，[①]但数学家在判断证明是否有效时也并非总是达成一致，这与之前学术界认为数学家在证明上具有统一标准的观点相矛盾。[②] 这表明，即使是数学领域的专家，在面对数学证明时也可能存在不同的判断标准和认知过程。因此，教师在数学类文本的教学过程中，应重视培养学生的批判性思维，帮助他们学会如何分析和评价数学证明的有效性。

学生与数学家阅读数学类文本时在注意力分配上存在显著差异。眼动追踪技术作为一种客观的研究工具，为理解数学阅读过程提供了新的视角。有研究者通过记录参与者在阅读数学证明时的眼动模式，揭示了学生与数学家在视觉注意力分配上的差异。眼动数据表明，数学家在阅读过程中，更加灵活地在证明的不同部分之间转移注意力，这可能有助于他们更全面地理解证明的结构和逻辑；而学生的眼动模式则较少显示出这种转移，可能表明他们在理解证明的整体结构方面存在困难。[③] 此外，研究者还发现，学生在阅读过程中更多地关注数学证明的表面特征，如公式和符号的使用，而忽视了证明的逻辑结构和论证的连贯性；相比之下，数学家则更加注重理解证明的逻辑流程和隐含的推理依据。[④] 这种差异可能源于学生对数学语言和符号系统的不熟悉，以及他们在逻辑推理方面的训练不足。教师需要通过设计有效的教学活动，帮助学生克服在阅读数学类文本（包括数学教科书）时遇到的这些障碍，引导他们将注意力集中在证明的核心逻辑上，从而提高他们的数学阅读理解能力。

① INGLIS M, ALCOCK L. Expert and Novice Approaches to Reading Mathematical Proofs[J]. Journal for Research in Mathematics Education, 2012, 43(4):358-390.

② AZZOUNI J. The Derivation-indicator View of Mathematical Practice[J]. Philosophia Mathematica, 2004, 12:81-105.

③ SELDEN A, SELDEN J. Validations of Proofs Considered as Texts: Can Undergraduates Tell Whether an Argument Proves a Theorem? [J]. Journal for Research in Mathematics Education, 2003, 34:4-36.

④ INGLIS M, ALCOCK L. Expert and Novice Approaches to Reading Mathematical Proofs[J]. Journal for Research in Mathematics Education, 2012, 43(4):358-390.

五、使用有针对性的、有效的阅读策略

在研究数学家阅读时使用的阅读策略时，方（Fang）和查普曼（Chapman）的研究提供了深刻的洞见。通过对一位名叫康（Kang）的数学家的阅读过程进行案例分析，研究揭示了一系列关键的阅读策略。首先，这位数学家在遇到难以理解的概念时，喜欢采用重复阅读的策略。他不是简单地放弃，而是通过反复阅读来澄清疑惑，从而加深对材料的理解。这种策略体现了数学阅读中所需要的耐心和坚持，对学生来说，这或许是能读懂数学类文本的首要素养，数学类文本本身的复杂性要求学生有较强的意志力，遇到困难时不轻易放弃。其次，这位数学家在处理数学类文本时，还喜欢用精读策略。由于数学语言的密集性和技术性，他会仔细关注文本的每一个细节。这种对细节的关注使得数学家能够捕捉到数学论证中的微妙之处，这对学生来说同样重要，它要求学生在阅读时发展出一种批判性思维。① 第三，数学家还会在阅读的过程中记笔记和使用视觉化策略。② 通过在文本边缘做笔记、绘制图表，他们能够将复杂的数学概念和理论视觉化，把抽象的概念具体化，从而更好地理解和记忆。这种策略强调了动手操作和视觉辅助在学习数学中的作用。数学家也会使用"故事化"策略，通过构建故事情节来帮助自己理解抽象的数学概念和公式。除此之外，他还会使用总结、阐释、建构故事、联系生活经验解释数学概念、激活已有知识和经验、自主提问和自我监控的策略，在阅读过程中不断评估自己的理解程度，及时修正、调整策略。③

除了基础技能和通用阅读策略，如词汇学习、流利度和一般性的阅读技巧（如推断、总结、提问和记笔记），教师还需要教授学生那些数学专家在读写实践中实际使用的高级技能、策略和实践。这意味着，数学阅读教学应该帮助学生学习如何像数学家一样阅读和思考。首先，研究者发现，数学家在阅读证明时，会采用"缩放策略"，先从宏观上把握论证的结构，然后再细致地检查每一行论证。④ 有研究者提出了两种阅读策略——聚焦细节（zooming in）和宏观把

① FANG Z, CHAPMAN S. Disciplinary Literacy in Mathematics: One Mathematician's Reading Practices[J]. The Journal of Mathematical Behavior, 2020, 59: 100799.

② TALL D, VINNER S. Concept Image and Concept Definition in Mathematics with Particular Reference to Limits and Continuity[J]. Educational Studies in Mathematics, 1981, 12: 151-169.

③ FANG Z, CHAPMAN S. Disciplinary Literacy in Mathematics: One Mathematician's Reading Practices[J]. The Journal of Mathematical Behavior, 2020, 59: 100799.

④ WEBER K. How Mathematicians Determine if an Argument is a Valid Proof[J]. Journal for Research in Mathematics Education, 2008, 39: 431-459.

握（zooming out）。在验证数学证明时，数学家更多地采用聚焦细节的策略，即在连续行之间频繁转移注意力，以推断隐含的推理依据。这种策略使得数学家能够深入挖掘证明的逻辑细节，构建起证明步骤之间的内在联系；相比之下，学生则较少使用这种策略，他们的阅读过程可能更加线性和表面化。① 其次，研究者还指出，新手读者可能更多地关注文本的字面意义，而专家读者会主动创造新的例子来探索和验证概念，这表明了他们在阅读过程中的积极参与和深入思考。研究者以一位博士阅读数学类文本的过程为例，揭示了当这位博士读到文本中关于 M 维投影空间的定义后，立即构建了二维投影平面的例子，并用它来丰富对坐标图的理解。由于创造和持续使用了这个例子，这位博士在后续的阅读过程中就所读内容产生了更高水平的理解。② 这种探索性阅读策略有助于专家读者更全面地理解数学文本，并能够将所学知识应用于解决新问题。最后，研究者还指出，专家读者在阅读数学文本时更倾向于利用各种资源，这表明了他们在资源使用方面的高级技能。资源使用涉及读者在阅读过程中利用各种可用资源来促进理解。新手读者可能不太愿意或不知道如何使用这些资源，而专家读者则更愿意使用内部和外部资源来澄清概念。他们会使用教科书的索引来查找相关内容，或利用互联网搜索引擎寻找额外的信息和解释。这种策略不仅帮助他们解决了阅读过程中遇到的难题，而且也拓宽了他们的知识视野。

在阅读理解数学类文本的过程中，元认知技能与自我调节也是不可或缺的能力，在数学类文本的阅读中显得尤为重要。元认知是指个体对自己的认知过程的认识、监控和调控，这种能力能帮助学习者在面对复杂数学概念和问题时，有效地进行自我评估和调整。研究者指出，和普通学生相比，数学家在阅读时更擅长使用元认知策略，他们会评估自己对于文本的理解程度、文本的质量、作者的可信度以及期刊的影响力，这些评估帮助他们决定是否需要采取合适的策略进一步解决理解过程中遇到的问题，以及是否需要对所阅读的内容进行深入的验证，这种评估过程是数学类文本阅读过程中不可或缺的一部分。③ 相比之下，新手读者往往进行不够频繁或深入的理解检查，可能在遇到困惑时容易放弃或寻求外部帮助。例如，哈布尔（Habre）在其研究中发现，即便是在多次接

---

① INGLIS M, ALCOCK L. Expert and Novice Approaches to Reading Mathematical Proofs [J]. Journal for Research in Mathematics Education, 2012, 43(4): 358-390.

② SHEPHERD M D, VAN DE SANDE C C. Reading Mathematics for Understanding—From Novice to Expert[J]. Journal of Mathematical Behavior, 2014, 35: 74-86.

③ FANG Z, CHAPMAN S. Disciplinary Literacy in Mathematics: One Mathematician's Reading Practices[J]. The Journal of Mathematical Behavior, 2020, 59: 100799.

触泰勒级数这一数学主题后,学生仍然缺乏对其全面理解。① 这一发现揭示了学生可能在元认知策略上的不足,他们没能高效地监控自己的学习过程,或者在遇到理解上的障碍时,未能及时采取适当的补救措施。相比之下,专家或教师在元认知能力上表现更为出色。他们不仅能够清晰地认识到自己的知识掌握情况,还能够在遇到难题时,运用元认知技能来分析问题所在,并寻找解决问题的策略。类似地,也有研究者以新手本科生的数学类文本阅读理解过程作为研究对象,发现学生平均阅读四行后才会有一些评论,而这些评论通常是对文本的简单重复,或像"好的"这样的通用反馈,表明他们的理解相当浅显。相比之下,专家读者则表现出高度的理解监控能力。他们平均阅读两行后就会停下来进行一些评论,这表明他们正更频繁、更仔细地检查自己的理解状况,愿意花费时间深入思考难以理解的概念,并且在面对挑战性内容时表现出更强的毅力,识别并运用更有效的阅读策略来加深对复杂概念的理解。他们可能会反复阅读某些句子,比较不同数学概念之间的联系和区别,根据个人目标灵活地调整学习计划和方法,或者在阅读过程中停下来构建或扩展例子,以便更深入地理解材料。② 这种自我调节的能力是新手所欠缺的。因此,在数学阅读教育中,培养学生的元认知和自我调节能力是一个重要的目标。教师可以通过设计反思性问题、引导学生进行自我评估和提供策略性反馈等方式,帮助学生提高这方面的能力。

总之,数学阅读教学除了通用的阅读策略,还应该教授中高年级学生如何使用与数学专家相同的读写策略,包括但不限于逻辑推理、批判性思维、自我评估、故事化策略、元认知策略。通过学习这些策略,学生可以更深入地理解数学知识,在数学学科内进行有效的阅读、沟通和表达。

六、数学类文本阅读理解干预策略及理解模型

由于数学类文本的阅读理解涉及词汇、术语、阅读策略、元认知等多个复杂的认知要素,研究者指出,有效的数学类文本阅读干预策略应该包含多个层次的教学和干预。弗恩特斯(Fuentes)提倡在数学阅读教学中采用积极教学法,这种方法强调学生在理解过程中的主动参与。积极教学法包括主动词汇教学、

---

① HABRE S. Multiple Representations and the Understanding of Taylor Polynomials[J]. PRIMUS, 2009,19(5):417-432.

② SHEPHERD M D, VAN DE SANDE C C. Reading Mathematics for Understanding—From Novice to Expert[J]. Journal of Mathematical Behavior,2014,35:74-86.

提供丰富的背景知识、组织知识结构、使用各种问题解决策略，并鼓励学生进行反思和自我评估，提升元认知技能等元素，大致可以分为三个层次。第一层，由于数学词汇对于理解数学文本至关重要，弗恩特斯首先强调了直接在数学课堂上教授词汇的重要性，他建议，教师应首先教授概念，然后才是专业术语，以确保学生对概念有深刻理解。与经典的阅读教学模型相似，弗恩特斯认为，在解决了词汇问题的基础上，在第二个层次中，教师应该教授多种策略来提高对数学阅读的理解，包括"先行组织者""结构化概述"和"概念图"等教学策略。这些策略通过增强知识结构的组织来提高理解力。他还提出了 FLIP（Friendliness，Language，Interest，Prior Knowledge）教学法，这是一种提高学生对阅读材料结构和语言难度意识的前阅读策略。FLIP 策略鼓励学生在阅读前通过"浏览"和"扫描"文本来识别可能的难点，并在阅读过程中和阅读后讨论这些特征，从而提高对文本组件的意识。掌握了阅读策略后，就上升到第三个层次的教学，教师还需要提升学生的元认知技能，元认知技能对于提高数学阅读理解至关重要。优秀读者在阅读过程中会展示出一系列复杂的认知行为，包括激活先前知识、理解任务、选择适当的策略、集中注意力、使用上下文分析、组织和整合新信息、自我监控理解过程，以及在阅读后反思所读内容。有鉴于此，积极教学法以写作活动为学习工具，如"每周问题"、调查、项目和反思性写作提示，可以提高学生的数学技能，减轻数学焦虑，并促使他们进行优秀读者所特有的反思，提高学生的元认知技能。① 研究表明，通过积极教学法，学生可以更好地理解数学文本，他们的问题解决能力也得到了提升。

　　巴通和海德曼整合了读者角色、心理倾向、课堂氛围的营造、文本特征和策略性教学，建构了全面数学阅读能力干预模型。这些维度共同构成了数学阅读理解的框架，为教师提供了一套系统而实用的工具和方法，以帮助学生克服数学阅读中的挑战，提高他们的数学文本理解能力。这套干预项目旨在通过激活学生的先前知识、促进信息处理、鼓励反思和问题解决，大致也可以分为三个层次。第一层，该项目也认为数学词汇能力的发展是数学阅读理解的基础。数学术语通常具有精确的定义和特定的使用情境，因此，帮助学生建立一个坚实的词汇基础对于理解数学概念至关重要。巴通建议在项目中通过使用语义图（semantic mapping）和词汇分类（word sort）等策略激活学生的先前知识，并帮助他们构建新词汇与已知概念之间的联系。到第二层，在词汇发展基础之上，

---

① FUENTES P. Reading Comprehension in Mathematics[J]. The Clearing House: A Journal of Educational Strategies, Issues and Ideas, 1998, 72(2): 81-88.

教师也会教授学生一系列阅读策略。首先是信息类文本处理策略，如列表—分组—标注（list-group-label），要求学生生成与特定数学概念相关的词汇列表，然后将这些词汇分组并标注，以揭示它们之间的内在联系。这种阅读策略不仅促进了学生对数学术语的深入理解，而且还鼓励他们主动参与到学习过程中，通过词汇分类和标注来构建知识网络。其次是联系策略，特别是建构文本与文本之间的联系。由于数学阅读是一个建构性过程，学生需要利用自己的先前知识和经验来与文本互动，构建意义，因此教学项目会给学生充分的机会不断联系之前阅读过的数学文本和已有的知识建构意义。再次是反思策略，如学习日志（learning log），为学生提供一种记录和反思他们学习过程的工具。通过定期撰写学习日志，学生可以反思自己的数学阅读与学习策略，评估自己的理解程度，并在必要时对自己的学习过程进行调整。这种元认知活动有助于学生成为独立的学习者，能够自主地监控和调整自己的学习路径。第三层，在前两个层次的基础上，项目还主张需要为学生提供问题情境（problematic situation），通过设计实际问题情境，激发学生的好奇心和探索欲。问题情境要求学生首先定义问题，然后生成可能的解决方案，并通过阅读文本来测试和完善这些方案。这种方法不仅提高了学生的问题解决能力，而且增强了他们将阅读材料与实际问题联系起来的能力。教师在以上策略教学中扮演着重要的作用。教师应通过示范、讨论和反馈，帮助学生理解何时以及如何应用这些策略。此外，教师应鼓励学生在小组内分享和讨论他们的思考过程，以促进同伴学习，并共同构建对数学概念的深入理解。

　　除了词汇、策略、问题情境三个层次，全面干预模型还纳入了文本特征、阅读动机、课堂氛围等元素。由于数学文本的特征，如专业词汇和文本风格，对阅读理解起着关键作用，因此，在该项目中，教师要向学生介绍这些文本特征，并提供策略帮助他们结合文本特征更高效地学习新概念和理解数学文本内容。全面数学阅读干预模型还强调，学生的内在动机和态度同样重要，因此，教师需要激发学生对数学阅读的兴趣，并帮助他们认识到通过实践阅读策略可以提高学业成就。积极的课堂氛围也可以极大地促进学习，因此，项目主张教师应当努力营造积极的数学阅读课堂氛围。课堂环境不仅包括物理设置，更传达了关于学习数学的价值的微妙信息。教师应鼓励学生讨论、合作，并期望他们解释自己的思考过程。通过强调数学学习的过程而非仅仅是结果，教师可以帮助学生看到数学的价值，并提高他们对数学学习的信心和动机。①

第五节　内容领域及学科阅读教学

总结本章前几节内容，我们会发现，在学术界，大量的研究表明，由于不同的学科在学科语言、词汇、术语、文本结构、阅读策略、知识生产过程等方面存在着明显的不同，因此，不同学科文本的阅读理解过程、理解"标准"也存在着显著的差异。由于无论是国内还是国外，学生从小学高年级开始一直到高中阶段，需要面对多个学科的学习，研究者认为，阅读教学不应该止步于基础层面的语音、词汇、解码、基本阅读技能和通用阅读策略，而是应该随着学生年龄的增长，所接触学科的增多，充分地考虑学科背景和学科阅读的差异化要求，帮助学生掌握多元化的学科语言和阅读策略，在不同的学科之间娴熟地切换，游刃有余地阅读不同学科的文本，并达到良好的理解水平。在这一背景下，内容领域读写素养（content area literacy）和学科读写素养（disciplinary literacy）两种理论主张，得到了研究者和教师广泛的支持，也为跨学科阅读素养及教学理论主张与实践奠定了坚实的基础。literacy 在学术界常被翻译为"素养"，但实际上，它指学校情境中学生学习到的具有广泛适用性的读写技能，因此，无论是内容领域读写素养教学还是学科读写素养教学，都非常重视多学科、跨学科的阅读和写作能力教学。

内容领域读写素养和学科读写素养对于阅读教学持有不同的假设。支持内容领域读写素养教学的研究者认为，不同学科阅读理解过程的不同，主要在于知识和内容上的差异，不同学科的文本写作风格、话语规则、理解标准基本一致，差异不大。基于这种推断，内容领域读写教学主张教给学生一般阅读策略（如提问、总结、思维导图、记忆术），就足以帮助理解学科类文本。② 相比之下，支持学科读写素养的研究者指出，不同的学科内部有不同的学术语言体系，规则惯例、理解标准、文本结构和认知思考方式，教师应当给学生专业的学科

---

① BARTON M L, HEIDEMAN C. Teaching Reading in Mathematics: A Supplement to Teaching Reading in the Content Areas Teacher's Manual[M].2nd ed. Alexandrin: Association for Supervision and Curriculum Development,2002.

② SHANAHAN C, SHANAHAN T, MISISCHIA C. Analysis of Expert Readers in Three Disciplines:History, Mathematics, and Chemistry[J]. Journal of Literacy Research,2011,43 (4):393-429.

阅读指导。① 内容领域的读写素养教学和学科读写素养教学的理论主张对跨学科阅读素养教学产生了深远的影响。

先来看内容领域读写素养。它指贯穿各个学科中的读写意愿和技能，涵盖了数学、科学、社会学等多个学科领域。传统阅读教学往往集中在基础的读写技能上，如词汇的识别、句子结构的理解等，而内容领域读写教学则在此基础上进一步发展，强调学生对不同学科文本所进行的符合学术标准的深入分析、评价和创造。研究者指出，不同学科有着不同的文本类型和语言特点，如科学领域的实验报告、数学领域的证明过程、历史领域的文献分析等；因此，内容领域读写教学要求学生不仅要能够理解这些文本，还要能够运用常见的读写技能和读写策略来深度参与到知识的创造和发展过程中。内容领域读写教学相信在不同学科背景下，存在相通的读写技能和策略，因此强调在多个特定学科背景下，帮助学生掌握对学科学习有效的关键阅读技能、阅读策略、建构学科学术知识网络，发展对信息的深入理解和应用能力，提升跨学科阅读和思维能力、批判性思维、解决问题的能力以及终身学习的能力。

安德斯（Anders）和古泽蒂（Guzzetti）指出，传统的读写教育模式可能忽视了学生在非学术或非传统形式中的读写能力，这限制了学习的深度和广度。例如，学生可能在日常生活中通过阅读杂志、观看电视、上网冲浪等活动发展了一定的读写技能，但这些技能并未得到学校教育的充分认可和利用。内容领域读写教学通过将这些非正式的读写经验与学科教学相结合，为学生提供了一个更加丰富和多元的学习环境，有助于激发学生的学习兴趣和参与度。此外，内容领域读写教学还强调了学生在多元文化背景下的读写能力发展。在全球化的今天，学生需要能够理解和运用多种语言和符号系统来获取、分析和创造知识。内容领域读写教学通过引入多元文化和多语言的文本材料，帮助学生建立起跨文化的沟通和理解能力，这对于他们未来在多元文化社会中的生活和工作至关重要。内容领域读写教学对教师提出了更高的要求。教师需要具备跨学科的知识背景和教学能力，能够根据学生的不同需求和兴趣来设计和实施教学活动。同时，教师还需要不断地更新自己的教学方法和策略，以适应不断变化的教育需求和技术发展。②

---

① GOLDMAN S R, BRITT M A, BROWN W, et al. Disciplinary Literacies and Learning to Read for Understanding: A Conceptual Framework for Disciplinary Literacy[J]. Educational Psychologist, 2016, 51(2): 219-246.

② ANDERS P L, GUZZETTI B J. Literacy Instruction in the Content Areas[M]. 2nd ed. Mahwah: Lawrence Erlbaum Associates, 2005.

　　不过，也有研究者指出，内容领域阅读教学教授的阅读策略过于简单和泛化，而这些通用策略对于中、高年级学生阅读学科学术文本帮助效用不够明显，也无法大规模有效地提高学生的阅读成绩。因此，内容领域阅读教学并没有得到中、高年级学科教师的广泛接受。在此背景下，一些研究者强调，中学学科教师应当从关注内容领域的基本技能和通用阅读策略，转向关注教授学科特定的技能、策略和实践。这种新方法通常被称为学科读写素养教学，它摒弃了强调教授通用基本技能和阅读策略教学的主张，转而强调指导学生模仿学科专家在阅读和创作学科文本时的心智习惯。研究者将学科读写素养定义为对学科知识和学科思维习惯、心智习惯的理解，即阅读、写作、听、说、思考、推理和批评的方式。① 研究者普遍认为，每个学科的专家都可以看作一个共享独特话语体系的共同体，他们拥有共同的构建、创造、表达、交流、评价知识的方式，会对特定的词汇、语言结构、论证形式、认识论、方法论等表现出类似的偏好。在不同的学术学科中，读写素养的内涵并不相同，但都要求学生在掌握学科基本知识的基础上，理解这些知识是怎样被建构、表达、交流和理解的。总之，学科读写素养是比内容领域阅读教学更为专业化、学术化的阅读能力和素养，学科读写素养教学致力于帮助学生深入理解学科内容，掌握高层次的学科思维模式、阅读策略，像学科专家一样阅读、思考和表达。研究者指出，随着学生的年级逐步升高，学科阅读教学就变得十分必要，它能帮助学生掌握不同学科文本的标准和阅读方法，这不仅可以提升学生的跨学科阅读能力、口头和书面表达能力、学科思维方式、学科知识与素养、学科学习信心等。相比起来，内容领域阅读教学一般适用于小学高年级学生，而学科阅读教学则适用于初中和高中生。不过，也有不少学者认为，学科阅读教学也可以从小学中年级段开始渗入日常阅读教学中，帮助学生尽早掌握学科思维，在不同的学科学习之间自如切换，提升跨学科读写素养。

　　在这方面，沙那罕（Shanahan）的研究可谓十分经典。他们对比了历史学家、化学家、数学家阅读理解的过程，并指出了其中存在的显著差异，为学科阅读教学提供了基于实证数据支持的建议，也为跨学科阅读素养的理论模型和教学实践奠定了基础。与前人研究一致，沙那罕发现历史学家会考虑文本的来源和作者的观点，分析背景情境理解来评估文本的论点和证据，并在多个文本之间寻找一致性和差异性，这有助于他们理解文本背后的意识形态和偏见，验

---

① FANG Z，COATOAM S. Disciplinary Literacy：What You Want to Know about It[J]. Journal of Adolescent & Adult Literacy，2013，56(8)：627-632.

证作者的论点；这些策略体现了历史学科对证据和叙述的重视。而化学家在阅读时，虽然也会考虑文本来源和创作背景，但他们更关注文本中的科学信息是否与当前的科学知识相符，以及是否能够通过实验验证。化学领域的快速变化要求化学家对信息的时效性有敏锐的判断力。数学家则更侧重于逻辑推理和证明过程，他们阅读时会深入分析文本结构，从定义、公理、定理出发，建构数学概念。数学文本的线性和逻辑性要求数学家具有高度的抽象思维能力。①

此外，沙纳罕还指出，文本结构和图形元素在不同学科的阅读中扮演着至关重要的角色。历史学家在阅读时会利用文本结构来揭示作者的论点，他们关注叙事和论点之间的关系，以及作者如何在叙述中嵌入自己的立场和观点。例如，历史学家可能会注意到作者在段落末尾提出的重要论点，这有助于他们理解作者的论证策略。化学家和数学家在阅读时同样会关注文本结构，但他们的使用方式与历史学家有所不同。化学家在阅读科学论文时，会利用文本结构来理解研究的背景、方法、结果和讨论。他们可能会特别关注结果部分，以获取关键的实验数据和发现。数学家则会利用文本结构来理解数学概念和证明过程，他们关注定义、定理和证明之间的逻辑关系。图形元素，如图表、方程式和模型，在化学和数学的阅读中尤为重要。化学家在阅读时会将图形元素视为与文本同等重要的信息来源，他们需要能够在图形和文本之间进行认知上的转换，以完整地理解研究内容。数学家也将公式和方程视为文本的重要组成部分，他们需要理解这些数学元素如何与文本中的叙述相互补充。② 这一维度的研究发现对阅读教学实践具有重要意义。它提示教师在设计阅读教学活动时，需要考虑不同学科的特定需求和特点，培养学生学科特定的阅读和写作技能。

研究者还发现，掌握学科阅读技能和策略的专家读者能在阅读过程中更好地进行批判性思考。沙纳罕等人的研究揭示了历史学家、化学家和数学家在批判性阅读方面的不同侧重点。历史学家的批判性阅读着重于评估作者的可信度和论点的合理性。他们通过审视作者的立场、时代背景和证据的使用，来确定历史叙述的可靠性。例如，历史学家会关注作者是否存在"pastism"（过去主

---

① SHANAHAN C, SHANAHAN T, MISISCHIA C. Analysis of Expert Readers in Three Disciplines: History, Mathematics, and Chemistry [J]. Journal of Literacy Research, 2011, 43 (4): 393-429.

② SHANAHAN T, SHANAHAN C. Teaching Disciplinary Literacy to Adolescents: Rethinking Content-area Literacy[J]. Harvard Educational Review, 2008, 78(1): 40-59.

义）或 "presentism"（现在主义）的倾向，这涉及作者对过去或现在的偏见。[①]
这种批判性立场促使历史学家不断质疑和评估，以构建对历史事件的多维理解。
化学家的批判性阅读则更侧重于科学证据的一致性和逻辑性。他们评估信息时
会考虑其是否符合已知的科学原理，如能量守恒定律。化学家在阅读时会检查
实验设计、控制组的设置以及实验结果的可靠性，以确保科学论证的严谨性。
这种批判性分析有助于化学家在快速变化的科学领域中保持知识的更新和准确
性。数学家的批判性阅读则是一种对文本内部逻辑和准确性的深度审视。他们
对文本中的每个词、每个符号都进行严格的审查，以确保没有逻辑上的错误或
不一致性。[②] 数学阅读的这种深度和严谨性要求学生在阅读数学文本时也发展出
类似的批判性阅读技能。

　　除了阅读策略、技能和批判性思维，兴趣是驱动专家读者深入跨学科文本
阅读的关键因素之一。沙纳罕等人的研究还指出，无论是历史学家、化学家还
是数学家，他们都会根据自己的研究兴趣选择阅读材料，并在阅读过程中对感
兴趣的内容进行更深入的分析。这种以兴趣为导向的阅读策略不仅提高了阅读
的动机，也加深了对特定主题的理解和知识的应用。例如，历史学家可能会因
为对某个历史事件或主题的兴趣而选择阅读相关的历史文献，并在阅读中寻找
新的视角或证据来丰富自己的研究。化学家可能会根据自己对某个化学现象的
兴趣，选择阅读相关的科学论文，并在实验设计和结果分析中寻找创新点。数
学家则可能因为对某个数学问题的好奇而深入研究相关的理论文章，探索问题
的多种解法和证明。兴趣不仅影响了专家选择阅读材料的方向，还影响了他们
阅读的深度和广度。当阅读内容与个人兴趣紧密相关时，专家读者更可能进行
深入的批判性阅读和反思。这种以兴趣为基础的阅读行为提示教育者在教学中
应考虑学生的兴趣点，通过激发学生的内在动机来提高他们的学习效果。

　　综上所述，具体的学科阅读策略、对文本结构的熟悉、批判性阅读、兴趣
在学科专家的阅读理解过程中都发挥着至关重要的作用。值得注意的是，无论
是内容领域读写教学，还是学科读写教学，都对提升学生的跨学科阅读素养起
着至关重要的作用。可以说，跨学科阅读素养的教学是以内容领域的读写教学
和学科读写教学为基础的。这是因为，在内容领域读写及学科读写教学中，教

①　WINEBURG S S. Reading Abraham Lincoln: An Expert/Expert Study in the Interpretation of
　　Historical Texts[J]. Cognitive Science, 1998, 22: 319-346.
②　FULDA J S. Rendering Conditionals in Mathematical Discourse with Conditional Elements[J].
　　Journal of Pragmatics, 2009, 41: 1435-1439.

师要通过将读写技能与学科内容紧密结合，教授学生有效的、适用于多个学科的阅读技能和策略，提高学生在学习数学、科学、社会学等不同学科时的阅读理解、信息分析和学术写作能力。尽管学科是独立的，但是学生却是整体的，至少从小学高年级一直到大学进入专业分科学习之前，学生都需要在学校环境中同时面对语言艺术、数学、科学、历史、社会等不同学科的学习，因此，提高跨学科阅读素养，能高质量地阅读理解多个学科的文本，在多个学科领域内有效地获取、分析和使用信息，对学生来说至关重要。内容领域读写教学和学科读写素养教学不仅提升了学生在特定学科内的理解能力，还能强化他们跨学科的阅读素养，使他们能够在不同学科之间建立联系、灵活而自如地进行切换，综合运用所学知识解决复杂问题。内容领域阅读教学和学科读写素养教学能帮助学生发展一种综合思维，使他们能够跨越学科界限，形成更为全面的知识结构和阅读、写作能力。总之，内容领域阅读教学和学科读写教学的理论与实践研究，为跨学科阅读教学理论模型和教学实践提供了丰富的理论支持。下一章我们会详细探讨在此基础上发展出的跨学科阅读素养理论模型。

第四章

跨学科阅读理解理论模型

随着跨学科研究在教育领域的重要性日益凸显，研究者意识到将科学教育与读写教学结合起来，并且为跨学科读写素养建构基础理论框架的重要性。跨学科读写教育能够促进学生批判性思维和解决问题能力的发展。在不同学科的探究过程中，学生都需要广泛阅读、提出问题、设计研究、收集和分析数据，以及撰写文本，这些活动能够激发学生的好奇心和探索欲，促进他们主动学习和深入思考，提升他们的阅读理解能力。① 跨学科阅读教育还有助于缩小学生在阅读理解上的差距。跨学科阅读教育能够使学生在阅读和科学领域都获得深入的发展，为来自不同社会经济背景的学生提供平等的学习机会，对于学生的全面发展具有重要的意义。有研究者指出，传统文学阅读教学不能系统性地改革阅读理解教学，尤其是在高中阶段的科学等领域的阅读，而熟练的读者需要掌握多学科的知识和阅读策略来有效地理解不同学科的文本。②

学术界普遍认为，从小学中、高阶段开始就开展跨学科读写教育十分有必要。研究者明确指出，读写教育从小学中、高年级阶段开始，就不应该只强调基础阅读技能（如识字、写字、通用阅读技能），而应该结合学科内容、知识和概念进行深入的阅读教学。因为研究表明，学科专家与学生在学科知识组织和应用上存在差异，学科专家拥有高度组织化的知识结构，能够深入理解学科核心概念及其关系，并能高效地访问和应用这些知识，而学生则缺乏这样高层次的知识、技能和策略，这往往会妨碍他们学习学科知识，甚至造成学科文本的

---

① KINTSCH W. The Construction-integration Model of Text Comprehension and Its Implications for Instruction[M]// RUDDELL R B, UNRAU N J. Theoretical Models and Processes of Reading. 5th ed. Newark：International Reading Association,2004：1270-1328.

② MCNAMARA D S,KINTSCH W. Learning from Text：Effects of Prior Knowledge and Text Coherence[J]. Discourse Processes,1996,22：247-288.

阅读理解障碍。① 因此，建构跨学科读写素养理论模型对于学生的学科知识和阅读理解能力的全面发展至关重要。

要解释并建构跨学科阅读素养的理论模型，首先需要理解什么是学科读写素养，在上一章中我们提到，沙纳罕等人指出学科素养指人们在不同学科之中学科专家理解、交流、使用和创造专门知识的能力；② 类似地，摩耶（Moje）等人指出，学科读写素养是学科专家通过书面文本或者口头交流创造学科知识的方式，更直白一点，就是每一个学科领域中的专家所共有的阅读、写作方式及思维模式，具有明显的学科特色。③ 而麦康纳基（McConachie）和佩特罗斯基（Petrosky）认为，学科读写素养，指获得特定学科所需的复杂知识所必备的阅读、说话、写作、推理的技能。④ 综上所述，笔者认为，跨学科读写素养指读者阅读理解多个学科文本、建构学科知识的兴趣、意愿，以及必备的学术语言技能及学科特定的阅读、写作、交流技能和思维方式。跨学科阅读素养是跨学科读写素养的关键组成部分，主要指跨学科读写素养中与阅读技能和意愿相关的要素。当然，这里的"跨学科"所涵盖的学科种类和内容，会根据读者的阅读目的和情境有一定的变化，例如，对小学生来说，跨学科阅读素养主要涉及语文、数学、科学和历史/社会类人文学科的阅读素养。接下来，我们会在本章讨论截至目前学术界所提出的与跨学科阅读素养密切相关的理论模型，并尝试在前人研究的基础上，构建我们自己的跨学科阅读素养理论模型。

第一节　建构—整合模型

我们在前面提到过，建构—整合模型（construction-integration model）由金池（Kintsch）提出，为理解阅读理解过程提供了一个有力的理论框架。该阅读理解模型不仅适用于对多门学科文本的理解，也被逐渐推广至跨学科阅读素养的发展领域，成为跨学科教育中的一个重要理论基础。随着跨学科教育研究的

① BRANSFORD J D,BROWN A L,COCKING R R. How People Learn[M]. Washington DC:National Academy Press,2000.
② SHANAHAN T,SHANAHAN C. What is Disciplinary Literacy and Why Does It Matter? [J]. Topics in Language,2012,32(1):7-18.
③ MOJE E B. Foregrounding the Disciplines in Secondary Literacy Teaching and Learning:A Call for Change[J]. Journal of Adolescent & Adult Literacy,2008,52(2):96-107.
④ MCCONACHIE S M,PETROSKY A R. Content Matters:A Subject Literacy Approach to Improving Student Learning[M]. San Francisco:Jossey-Bass,2010.

发展，研究者普遍认为，理想的跨学科阅读素养理论模型应当将读写教育、科学教育、学习与阅读策略、学生活动、评估相融合，强调学科概念和学科逻辑，注重已有知识，为学生的学科知识和阅读理解能力的提升提供解释和预测。在这一背景下，不少研究者指出，金池的建构—整合模型因为对已有知识、文本主题和文本结构等元素的强调，更适合作为跨学科阅读素养模型，这些元素在不同的学科阅读和知识学习中也至关重要，可以说建构—整合模型较好地覆盖了阅读理解和跨学科学习之间的交集。

金池的建构—整合模型是将早期自上而下和自下而上的阅读认知过程模型整合而成的综合性阅读心理模型，多年来在学术界拥有广泛的影响力。它综合了我们在第一章提到的认知理论视域下多种基础阅读模型（自下而上模型、自上而下模型、互动模型、情境模型等）的优点，将阅读理解划分为三个层次：表层（surface level）、命题层（propositional level）和情境层（situation level）。意义的建构有赖于这三个层次的相互作用，既有自下而上，又有自上而下的认知过程。表层基本对应着词汇层面的解码过程，它指读者在阅读时，首先必须具备基础的解码技能，准确地解读语言表层的特征，将文本中呈现的符号、字词的形象、声音与它们所代表的意义快速而准确地联系起来。在命题层面，读者则需要通过连接字词成为词组或者句子，结合已有知识，通过推理，建构关于句子、段落和语篇的基本命题，形成对所阅读内容的总体意义的表征。在情境层面，读者需要通过激活储存在长期记忆中的与文本有关的背景知识和之前所读过的相关文本的心理图式，基于文本总体意义，建构情境模型，即对整篇文本的心理表征（具体内容请参见第一章情境模型相关内容）。① 在建构—整合理论中，阅读理解的过程是读者使用已有知识和文本结构互动的过程，读者会根据语言信息形成命题，并结合已有知识在文本中识别主题、建立联系，在此基础上进一步整合文本心理表征、文本特征、已有概念网络和知识体系，建构情境模型。② 因此，已有知识的质量、数量和复杂完善的程度，会影响学生理解文本的水平和情境模型建构的质量。③

在建构—整合模型中，合理的推理、掌握文本结构知识、丰富的已有知识

① KINTSCH W. Text Comprehension, Memory, and Learning[J]. American Psychologist, 1994, 4(9): 294-303.

② KINTSCH W. The Role of Knowledge in Discourse Comprehension: A Construction-integration Model[J]. Advances in Psychology, 1991, 79: 107-153.

③ SMITH R, SNOW P, SERRY T, et al. The Role of Background Knowledge in Reading Comprehension: A Critical Review[J]. Reading Psychology, 2021, 42(3): 214-240.

（prior knowledge）、对文本命题结构的清晰把握，是理解文本的关键所在。首先，推理在建构意义的过程中起着重要作用，这一能力能帮助读者超越表层字面的意义，将单词和句子整合，建构联系和意义，推动阅读理解能力的发展。其次，在建构—整合模型中，另一个至关重要的元素则是文本结构知识，文本结构知识是读者关于不同类型文本特征、结构的知识。例如，大多数叙事性文本或故事都存在"问题—反应—行动—解决"或者"目标—障碍—行动解决"的结构，因为叙事性文本大多数都是以人物为中心，包含环境、人物、问题、计划、行动、解决、结局等元素，始终贯穿以人物目标为导向。掌握文本结构的知识，读者能够更容易在文本内容之间建立联系，更好地做出预测、建构意义。①

建构—整合模型指出，在阅读理解过程中，意义的产生本质上依赖于两个关键元素的整合：读者的已有知识和文本的命题结构。当读者将已有知识与文本的命题结构相整合时，意义便被建构起来了，② 这种不断将已有知识与文本命题结构整合的过程，不仅是阅读理解过程的关键，也是深度学习的关键。建构—整合理论还认为，当文本结构连贯性较好时，对读者已有知识的要求会下降；而当文本存在较多的语义空白时，读者的已有知识则显得至关重要。在任何学科的阅读中，理解的发生都有赖于读者将已有知识和文本命题结构有效地整合起来。因此，建构—整合理论模型的相关研究，主要聚焦于文本结构和读者已有知识怎样相互作用，从而致使理解发生。这意味着，将学科知识与阅读教育结合，来补充学生的已有背景知识，可以提高他们阅读多学科文本的理解能力。从这个角度来说，金池的"建构—整合模型"理论适合作为跨学科阅读素养理论的基础框架。因为建构—整合模型的组成要素适用于学校环境中的学习和理解过程，几乎所有的学科阅读和学习都离不开学生的已有知识与学科知识和命题结构的互动。跨学科阅读素养也要求学生能够在不同学科之间进行有效的知识迁移和应用，建构—整合模型为这种素养的培养提供了理论支持。再加上近几十年来，大量的实证研究验证了建构—整合模型的有效性和解释力，从这个意义上说，建构—整合模型能为跨学科阅读提供有实证数据支持的理论

---

① WESTERELD M F，ARMSTRONG R M，BARTON G M. Reading Success in the Primary Years：An Evidence-based Interdisciplinary Approach to Guide Assessment and Intervention［M］. Cham：Springer，2020.

② KINTSCH W. The Construction-integration Model of Text Comprehension and Its Implications for Instruction［M］// RUDDELL R B，UNRAU N J. Theoretical Models and Processes of Reading. 5th ed. Newark：International Reading Association，2004：1270-1328.

框架。

不过，更为完善的跨学科阅读素养的理论框架，应当在金池的建构—整合模型基础上融入学科知识和学习的元素，如学科核心概念框架的建立、学科专业思维和阅读策略、学科知识教学要素等。许多研究表明，传统的阅读理解模型（包含建构—整合模型在内），虽然能够较好地解释和预测学生在小学低年级的阅读理解行为，却对学生进入中学之后的学习和阅读理解过程缺乏解释力；基于传统阅读理解模型所开发的教学项目也不能够很好地提升学生面对学科文本的阅读理解水平。① 通过对比熟练读者和薄弱读者在升入高年级后跨学科阅读的表现之后，研究者发现，熟练读者往往对不同学科的概念和知识有着深刻而清晰的理解，他们会利用已有的概念框架和学科知识，以及关键的学科阅读策略，来帮助自己理解复杂的学科文本，建构意义，提高学科学习的效率。②

相反，薄弱学生往往在不同学科缺乏良好的已有知识储备和清晰的概念框架，难以有效激活已有知识并将其与所读文本中的新命题相联结，在阅读的过程中也难以采用对理解学科文本有效的策略来解决自己的理解问题。因此，在跨学科阅读中融入学科知识教学，帮助学生先深入理解学科核心概念及概念之间的关系，对于完善学生已有知识储备中的学科概念框架，提升阅读时成功整合已有知识和文本结构的能力，是非常重要的，学科核心概念知识的学习应当被纳入跨学科阅读素养模型当中。在学习学科知识的过程中，通过深入阅读、探讨科学概念和原理，学生能够建立起丰富的已有知识库。另外，由于学科学术知识学习的本质是专业化的学习，因此不同学科的学术语言规范、专家的思维模式、阅读策略，也应该包含在跨学科阅读理论模型之中。从广义的角度看，建构在已有知识基础上的阅读理解过程，实际上可以看作知识理解过程的一个子集，只不过学习经验或材料是文本。③ 在这种理论视域下，科学教育中的动手实践活动、探究式提问和日记记录，也能为阅读理解技能的发展提供重要支持。因此，学科知识教学的相关元素，也应该与建构—整合模型相融合，为跨学科

① FARSTRUP A E,SAMUELS S J. What Research has to Say about Reading Instruction[M]. Newark:International Reading Association,2002.

② MCNAMARA D S,KINTSCH W. Learning from Text:Effects of Prior Knowledge and Text Coherence[J]. Discourse Processes,1996,22:247-288.

③ VITALE M R, ROMANCE N R. A Knowledge-based Framework for Unifying Contentarea Reading Comprehension and Reading Comprehension Strategies [M]// MCNAMARA D. Reading Comprehension Strategies. Mahwah:Erlbaum,2007:73-104.

阅读教育提供指导。①

第二节　多文档阅读理解模型

　　跨学科阅读本质上是一个涉及多个学科内容、主题和知识的多文本阅读理解过程。因此，也有研究者主张，可以使用多文本模型（documents model）作为解释跨学科阅读理解模型。在阅读研究领域，有多种理论尝试解释了多文本阅读素养的内涵，如互文理论、新读写理论等。在众多理论中，应用最为广泛的多文本模型是佩尔费蒂（Perfetti）等人提出的多文档模型，因为该模型超越了传统阅读模型只关注单一文本阅读理解过程的特征，在通用的阅读理解模型的基础上，提出了读者在阅读多个文本时所需的额外的表征结构类型，纳入了信息来源和文本之间联系的元素，并且关注读者创立这个额外的表征结构时的心理过程。②

　　多文档阅读模型在金池的构建—整合模型的基础上进行了一定的扩展，该模型得到了大量实证研究数据的支持。我们在上一节提到过，构建—整合模型主张读者阅读理解单一文本的过程中会建构三个主要层面的心理表征，即包含了单词和句子解读的表面解码层次，理解文本内部意义的文本基础层次，以及高级别的建构文本描述情境的情境模型层次。此外，文本的类型和结果也会影响意义建构的过程。在建构—整合模型当中，情境模型的构建对于理解和使用文本中的新信息至关重要，读者需要将已有知识、文本提供的信息和在阅读中所建构的情境框架整合起来，才能够在阅读过程中理解和解决问题。③ 多文档模型理论认为，读者在阅读理解多个文本时（无论是不同学科还是同一学科内），要构建的不是一个单一的情境模型，而是能够表征他们所阅读到的文本内容中的一致之处和差异之处的多重情境模型。因此，除了为每个单一的文本建构心理表征，还需要建构一个额外的表征层，理解不同信息来源之间关系，以及来

---

①　ROMANCE N R, VITALE M R. Interdisciplinary Perspectives Linking Science and Literacy in Grades K-5: Implications for Policy and Practice[M]// FRASER B J, TOBIN K G, MCROBBIE C J. Second International Handbook of Science Education, 2021: 1351-1373.

②　BRÅTEN I, BRITT M A, STRØMSØ H I, et al. The Role of Epistemic Beliefs in the Comprehension of Multiple Expository Texts: Toward an Integrated Model[J]. Educational Psychologist, 2011, 46(1): 48-70.

③　KINTSCH W. The Role of Knowledge in Discourse Comprehension: A Construction-integration Model[J]. Psychological Review, 1988, 95: 163-182.

源和文本内容之间的关系（一致或者不一致）。这个能够表征不同来源的信息及其之间的关系的额外表征层就是互文模型（intertextual model）。①

互文模型建构的基础是文本的互文性。互文性（intertextuality）这一术语，在文化素养和文学研究领域中被广泛使用，这一概念基于这样一种理论：所有的书面文本和口头语言都是自然的、互文性的，由其他话语或文本的元素构成。② 互文性既包含读者在阅读过程中所建立的所有联系，其中也包括与读者个人经历的联系。哈特曼（Hartman）发现，高中年龄段的熟练读者也能够巧妙地在多个文本之间建立不同类型的联系，并在整个阅读过程之中利用和重构他们已有的知识。无论是文学批评家还是认知心理学家都认为，熟练的读者能够顺利地将一个文本转译为另一个文本，他们在阅读相关文本时，会综合以往阅读过的多个文本的记忆和信息来构建意义。③ 在阅读开始时，读者通常在文本内部建立联系，以产生初步理解；与此同时，读者经常将这些理解与他个人的经历和知识联系起来。阅读结束后，读者可能会将自己对文本的理解与其他文本联系起来。优秀的读者经常将他们目前正在阅读的内容与他们之前阅读的内容联系起来；然而，能力薄弱的读者只能够在文本和个人经历之间生成联系，这些联系是基于主题/话题熟悉度、兴趣、话语立场等多维度的。④ 互文模型在读者理解单一文本和多个文本时都是必需的，尤其是在读者阅读同一主题不同学科文本的过程中起着至关重要的作用，因为它能够帮助读者识别信息来源，辨别这些信息源的相似性与差异性，根据一定的标准赋予不同信息源以不同的权重，并结合这些权重贡献来建构每一个文本的情境表征。研究者认为，相比其他模型，多文档模型能够较好地解释一个成熟的读者在阅读同一主题的多个文本的过程中、众多不一致的文本基础上建立一个统一的、连贯的心理表征。⑤

在跨学科多文本阅读的情境下，互文模型中会包含读者为不同学科的每篇

---

① BRÅTEN I,STRØMSØ H I,SALMERÓN L. Trust and Mistrust when Students Read Multiple Information Sources about Climate Change[J]. Learning and Instruction,2011,21:180-192.

② FAIRCLOUGH N. Intertextuality in Critical Discourse Analysis[J]. Linguistics and Education,1992,4:269-293.

③ HARTMAN D K. Eight Readers Reading:The Intertextual Links of Proficient Readers Reading Multiple Passages[J]. Reading Research Quarterly,1995,30(3):520-561.

④ SIPE L R. The Construction of Literary Understanding by First and Second Graders in Oral Response to Picture Storybook Read-alouds[J]. Reading Research Quarterly,2000,35(2):252-275.

⑤ BRÅTEN I,STRØMSØ H I,SALMERÓN L. Trust and Mistrust when Students Read Multiple Information Sources about Climate Change[J]. Learning and Instruction,2011,21:180-192.

文本建构的文档节点（document node）。所谓文档节点就是与文本内容有关的关键信息，如写作目的（作者意图、文章的受众等）、有关文本的基础信息（作者身份、职业资质、文章体裁、发表日期、出版社以及对文本特征的评价）等。例如，在阅读有关温室效应的原因的文本时，读者可能会编码这样一个节点：该文本是由一位能源公司的管理者撰写的，他在网络新闻热搜板块上发表了一篇文章，目的是影响公众对温室效应及其背后原因的理解。读者会根据信息来源对文本的信息进行评估。比如，如果作者是一位气象学教授，或者文章是发表在国际顶级学术期刊中，那么读者可能会给这篇文章的节点判定为"可靠""高质量"等，但是如果文章的作者是利益相关方，通过说服读者来达到自己的利益目的，那么读者可能会给这篇文章的节点打上"有偏见"或"不可靠"等标签。读者会通过多种渠道来收集信息，并通过推断、评估，判断和验证文本信息中的准确性。互文模型中还包含文档节点到内容之间的链接（例如，温室效应的解释是由某能源公司高级管理人员发布的），以及文档节点之间的链接（例如，能源公司的高级管理人员与科学家关于温室效应的观点相矛盾）。① 有研究表明，熟练的读者会运用谓语动词（如"同意""不同意""支持"或"反对"）等来标记文档节点之间的链接。② 不过，读者会使用哪些文本内容标记文档链接仍然需要更多的研究才能确定。文档节点能帮助读者更好地处理文本之间的不一致信息及矛盾的观点，整合围绕同一主题但学科视角和观点不同的文本，建构统一而连贯的情景模型。

为了提升跨学科文本的阅读素养，读者需要学会建构互文模型，并建立跨文档的综合情境模型，该模型不仅包括单一文本中建构的情境，还包括来自不同文本的冲突信息。不过，要整合成连贯的跨文本情境模型，读者首先需要判断多个文章来源或者作者均为可靠，对不确定或者不一致的信息来源及链接进行标记，在文本内和跨文本之间寻找相关性，并且尽量在合适的时间内完成跨学科文本的阅读，如果间隔时间太长，则无法完成综合连贯模型的建构。③ 其

① BRÅTEN I，BRITT M A，STRØMSØ，H I，et al. The Role of Epistemic Beliefs in the Comprehension of Multiple Expository Texts：Toward an Integrated Model[J]. Educational Psychologist，2011，46(1)：48-70.

② PERFETTI C A，ROUET J F，BRITT M A. Toward a Theory of Documents Representation[M]// VAN OOSTENDORP H，GOLDMAN S R. The Construction of Mental Representation during Reading. Mahwah：Erlbaum，1999：99-122.

③ STRØMSØ H I，BRÅTEN I，SAMUELSTUEN M S. Assessing Comprehension of Single and Multiple Texts by Verification Tasks[C]//Annual Meeting of the Society for Text and Discourse，Glasgow，Scotland，2007.

次，研究者指出，成功的综合模型整合，是读者能在标记不同文本相互冲突的信息的特定来源的同时，创建一个有组织的、连贯的信息表征，不过对很多读者，特别是中小学生来说，建构这样的跨学科文本情境仍然有一定难度，因为中小学生更为熟悉叙事结构，而建构成功的跨学科文本情境模型需要学生熟悉论证结构（argument structure）。论证结构往往会包含中心观点、支撑观点的论据，各论据之间有明确逻辑关系。典型的论证片段包括观点和理由。在论证结构中，观点占据中心位置，所有其他信息都围绕这一主要命题组织，它们与中心观点之间的关系包括支持、反对或者限定。论证结构是读者在处理跨学科文本（自然科学、社会科学、历史等）、建构跨学科阅读理解情境模型时所必须依赖的一种文本结构。研究者指出，为学生提供跨学科文本并要求他们通过论证式写作任务概括文本内容，比要求学生撰写叙事性摘要更有助于学生建构跨学科的情境模型。① 然而，科学论证和跨学科的论证结构对学生普遍具有挑战性，通常只有具备丰富知识储备的学生才能够在跨学科阅读或者学科内的多文本阅读中建立高质量的情境模型，因此，教师尤其需要关注一些需要特别指导的薄弱学生。② 值得注意的是，研究者还发现，多文档阅读理解模型的不同组成部分都包含策略性的认知过程（具体见表4-1），因此，在跨学科多文本阅读教学中，教师应该设计相应的学习任务、练习活动等，指导学生顺利掌握跨文本阅读的有效策略，推进理解和文本整合过程。此外，在跨学科阅读中，读者还必须对学科内容有一定了解，知道在不同的学科中，什么内容可以被当作证据；同样，读者必须了解不同学科中重要信息来源的特征以及如何评估信息来源的质量（如同行评审的文章、互联网资源）。总之，跨学科文档阅读理解是一个涉及多个组成要素和过程的复杂任务，对学生的认知要求较高，需要教师给予学生充足的指导和支持。

---

① WILEY J, VOSS J F. Constructing Arguments from Multiple Sources: Tasks that Promote Understanding and not Just Memory for Text[J]. Journal of Educational Psychology, 1999, 91: 301–311.

② LARSON A, BRITT M A, KURBY C. Improving Students' Evaluation of Informal Arguments[J]. Journal of Experimental Education, 2009, 77: 339–365.

表 4-1　支持多文档阅读理解模型不同要素发展的策略性过程①

多文档模型组成部分	策略性过程
情境模型	核实：比较文本或文本内的段落，并寻找文本或段落间的一致性或差异
文档节点信息	来源定位：在阅读之前寻找来源信息； 监控评估：监控对文档和作者特征的评估； 来源定位强化：通过比对重要信息或者以往不确定信息之间的一致性、差异性来促进来源信息的寻找
来源—内容链接	来源关联：将来源信息与内容相连接，并利用这些信息来解释内容
来源—来源链接	核实比较：比较不同视角，并寻找它们之间的一致性或差异

多文档模型最早是在历史研究领域内发展起来的，适用于历史类文本的阅读，后来逐渐在心理学、法学、医学、生物学、气候学、地质学等多个文本阅读研究领域得到了广泛验证，有较为广泛的应用基础，因此被研究者视作适合解释跨学科阅读理解过程的良好模型。不过，也有研究者认为多文档模型中的互文模型这一层次依然有待未来更多实证研究检验。

第三节　融入认识论信念的跨学科阅读理解模型

近年来，随着认识论的发展，越来越多的研究者指出，读者的认识论信念会影响跨学科阅读理解和多文本阅读理解的过程。认识论视角（epistemic perspectives）是指个体对于知识和知识获取方式的信念和理解，也可以称作认识信念（epistemic belief）。虽然关于认识信念的研究有不同的声音，但截至目前，霍夫（Hofer）和宾特里奇（Pintrich）提出的有关认识信念的理论得到了最为广泛的应用。该理论框架描述了一个由四个信念维度组成的系统，分别是简单性信念（simplicity belief）、确凿性信念（certainty belief）、来源信念（source belief）、论证性信念（justification belief），其中两个是有关知识本质的信念（人们

---

① 本表引自 BRÅTEN I, BRITT M A, STRØMSØ H I, et al. The Role of Epistemic Beliefs in the Comprehension of Multiple Expository Texts：Toward an Integrated Model[J]. Educational Psychologist, 2011, 46(1)：48-70.

认为知识是什么），两个是有关认识本质的信念（人们如何获得知识）。①

越来越多的研究表明，学生不仅持有关于知识与认知的一般性信念，也持有关于特定学科中知识与认知的信念，甚至对特定学科中的特定主题也持有认知信念，而且不同层次的四个维度与跨学科多文本的理解密切相关。② 例如，在简单性信念这一维度，认为知识是理论化的、复杂的，读者更有可能建构文本内和跨文本的模型，理解不同学科的知识及信息之间的相互关系，并且更专注于建构整体的跨文本综合性模型；而认为知识由一系列简单事实组成的读者，则更可能仅从单个文本中总结出一些零散的信息。③ 在确凿性信念维度，认为知识是不确定的、非恒定的读者更有可能在跨学科阅读中抓住论证性的文本结构特征，更好地理解和整合文本中的不同观点和争论、建构更为全面的知识；而认为知识是确凿的、不变的读者则较难建立起综合性的跨学科情境模型。有趣的是，在来源信念维度，认为知识是由学习者主观建构起来的读者，相比于认为知识是由专家所传递的读者，更难以准确地理解文本内容，也不容易在不同的文本之间建立联系，而那些同时认为知识是由专家传递的，并且是复杂的学生在跨学科阅读中表现最好。④ 在论证性信念维度，尽管缺乏实证研究支持，大多数学者倾向于认为，知识是需要通过论证而建构起来的，读者能够更好地识别论证结构，理解和整合不同的观点及论证，建构更为全面的跨学科阅读情境模型。⑤ 为了帮助研究者进一步明确不同认知信念维度与多文档模型组成要素之间的关系，理解持有不同类型认识论认知信念的读者在阅读跨学科的不同文本时，会怎样建构多文档阅读理解模型，布莱登（Bråten）等人创建了表4-2，我们可以借助这个表格更好地理解认识论信念与跨学科阅读素养的关系。

① HOFER B K, PINTRICH P R. The Development of Epistemological Theories：Beliefs about Knowledge and Knowing and Their Relation to Learning[J]. Review of Educational Research, 1997,67：88-140.

② BRÅTEN I, GIL L, STRØMSØ H I, et al. Personal Epistemology across Cultures：Exploring Norwegian and Spanish University Students' Epistemic Beliefs about Climate Change[J]. Social Psychology of Education, 2009,12：529-560.

③ PIESCHL S, STAHL E, BROMME R. Epistemological Beliefs and Self-regulated Learning with Hypertext[J]. Metacognition and Learning, 2008,3：17-37.

④ BRÅTEN I, STRØMSØ H I, SAMUELSTUEN M S. Are Sophisticated Students always Better? The Role of Topic-specific Personal Epistemology in the Understanding of Multiple Expository Texts[J]. Contemporary Educational Psychology, 2008,33：814-840.

⑤ BRÅTEN I, BRITT M A, STRØMSØ H I, et al. The Role of Epistemic Beliefs in the Comprehension of Multiple Expository Texts：Toward an Integrated Model[J]. Educational Psychologist, 2011,46(1)：48-70.

表4-2　不同认知信念维度与文档模型元素之间的假设关系①

	简单性维度	确凿性维度	来源维度	论证性维度
情境模型层次	复杂：将阅读任务定义为整合；旨在形成连贯的表示；参与概览生成、跨文本阐述和监控（验证）；接受连贯、整合的理解	不确定的和不断发展的：通过验证来创建基于论证模式的文本心理表征	认为知识由专家传播：在整体表征中突出可靠信息；在寻找专家知识和证据的过程中进行验证	适应良好的：通过计划、监控、调节和验证来连接不同观点；使用论证模式来组织情境模型
	将任务定义为知识积累；目标是创建事实清单；依赖于复习和转述事实；接受零碎的理解	确定的：在单一文本中处理表面信息以找到正确答案	认为知识是自我构建的：在整体表征中较少区分可靠和不可靠的信息；基于较差的文本基础表示进行构建；验证较少	适应不良的：较少使用元认知策略，包括验证；较少使用论证模式来组织情境模型
互文模型层次	复杂：对简化来源的信息持怀疑态度并轻视	不确定的和不断发展的：将阅读任务定义为探索不同来源；旨在理解不同观点；关注不确定性，并建立来源—内容和来源—来源之间的联系；接受广泛性和多样性的理解；使用论证模式	认为知识由专家传播：将阅读任务定义为理解专家的观点；意识到（或高估）对外部资源的需求；关注相关来源的特征；区分更可靠或不太可靠的来源；建立来源—内容链接；接受专家知识的概览	适应良好的：通过验证来评估来源；更关注文档来源

①　本表引自 BRÅTEN I,BRITT M A,STRØMSØ,H I,et al. The Role of Epistemic Beliefs in the Comprehension of Multiple Expository Texts:Toward an Integrated Model[J]. Educational Psychologist,2011,46(1):48-70.

续表

	简单性维度	确凿性维度	来源维度	论证性维度
互文模型层次	简单：信任并突出简化来源的信息	确定的：将阅读任务定义为寻找真实答案；目标是复制无可争议的解决方案；在单一来源中寻找真相，并在找到后避免阅读更多；接受正确信息的识别	认为知识是自我构建的：将阅读任务定义为建立（或确认）自己的观点；低估了对外部资源的需求；较少依赖外部资源；较少关注来源内容，更多关注自己的意见；未能区分更可靠或不太可靠的来源；接受自己的意见	适应不良的：较少进行验证以评估来源；较少关注文档来源

　　除此之外，还有研究者指出，不同的认识论视角不仅影响我们如何接收和处理信息，还影响我们如何构建和评估知识。有研究者指出，认识论视角大致可以分成三种类型，绝对主义（absolutism）、多元主义（multiplism）和评估主义（evaluativism），这三种类型之间有时间上的递进关系，呈现了认识论的发展过程。① 早期的绝对主义是认识论视角的起点，它将知识视为客观存在且确定无疑的。在这一阶段，个体认为现实是可以直接知晓的，知识来源于外部世界，并且可以通过直接观察和权威来验证。绝对主义者倾向于把权威专家的意见视为不容置疑的真理。例如，在学术研究中，绝对主义者可能会不加批判地接受某个领域的普遍理论和实验结果，而忽视了知识生产的复杂性和多元性。随着个体经验的积累和认知能力的发展，他们可能会逐渐转向多元主义视角。多元主义者认为知识是主观的、多元的，并无绝对的正确与错误之分，并且受到个人经验和偏好的影响。在这一阶段，个体开始意识到不同的人可能会有不同的知识观点，而这些观点可能都是合理的。多元主义者可能会更加关注个人观点的多样性，但有时也可能因为过分强调主观性而忽视了对知识客观性的评估。例如，在一个关于社会问题的讨论中，多元主义者可能会认为，每个群体的观点都基于其独特经验和价值观，因此都是有效的。接下来，个体可能会从多元主义发展到评估主义的视角，这是一个更为成熟和综合的认识论视角。评估主义者认识到，虽然知识是在特定社会和文化背景下构建的，但仍然需要通过证

① KUHN D. Science as Argument：Implications for Teaching and Learning Scientific Thinking[J]. Science Education，1993，77：319-337.

据和共通的标准来评估和验证。这种观点强调了知识的社会构建性，同时也承认了对知识进行评估和验证的重要性。评估主义者在面对不同的观点时，会尝试理解它们背后的证据和推理过程，并在此基础上形成自己的判断。例如，在科学探究中，评估主义者会认识到科学知识是科学家们基于实验数据和理论框架构建的，但同时也需要通过同行评审和重复实验来验证其可靠性。[①]

在跨学科多文档理解的情境中，读者面临着从多个学科包含不同甚至相互冲突观点的文本中构建知识的任务。有研究者揭示了认识论视角如何影响这一建构过程。在绝对主义视角下，学习者倾向于寻找一个统一的、客观的真理，并将信息源的权威性作为主要的评价标准。这种视角可能导致读者在面对冲突的文本时，过分依赖于某个被认为是"权威"的声音，而忽视了其他可能同样有价值的视角。例如，如果一个读者在阅读有关气候变化的文本时，只关注那些来自知名科学家的观点，那么他可能会忽略那些来自不同学科或具有不同研究方法的学者的贡献。多元主义视角则促使读者认识到跨学科多文本中的观点是多元和主观的，每个观点都有其存在的价值。这种视角鼓励读者思考和对比不同的乃至矛盾的观点。然而，多元主义视角下，读者可能在整合这些观点时遇到困难，因为他们可能会认为所有观点都是合理的，从而难以评估不同观点的相对重要性或可信度。相比之下，评估主义视角为跨学科阅读理解提供了一个更为成熟的框架。评估主义视角认识到知识是在特定的社会和文化背景中构建的，并且这种视角强调了证据和验证标准在文本知识评估中的重要性。这种认识论视角促使读者在接受任何信息之前，都会考虑信息的来源、作者的意图、使用的证据以及论证的质量。不少实证研究都揭示了评估主义视角对于信息源整合的积极作用。具体来说，评估主义视角的读者在面对冲突或不一致的信息时，更可能进行深入的分析和反思。他们不仅仅满足于表面的理解，而是努力挖掘不同观点背后的深层次原因。这种深度处理使得评估主义学习者能够更好地理解和整合不同作者相对矛盾的观点。例如，在研究社会科学争议时，持评估主义视角的读者，会注意到不同专家的观点可能受其学科背景、研究方法或价值观的影响。他们会尝试理解这些因素如何塑造了作者的论点，并在此基础上评估每个观点的可信度和相关性。通过这种细致的分析，持评估主义视角的读者能够构建一个更加全面和均衡的理解框架，将不同的观点和证据整合到他

① BRÅTEN I,BRITT M A,STRØMSØ H I,et al. The Role of Epistemic Beliefs in the Comprehension of Multiple Expository Texts:Toward an Integrated Model[J]. Educational Psychologist, 2011,46(1):48-70.

们的论证中。也就是说，评估主义视角有助于学习者发展出一种"知识构建者"的角色，他们不仅仅是被动接收信息，而是积极地参与到知识构建的过程中。这种主动性使得评估主义学习者在整合信息源时表现出更高的适应性和灵活性。他们能够根据不同情境的需求，选择合适的策略来处理和融合信息。①

此外，评估主义视角还鼓励读者发展出一种元认知意识，即对自己认知过程的认识和调控。这种元认知能力使学习者能够在整合信息源时，监控和调整自己的认知策略，以确保他们的理解是准确和深入的。② 例如，当读者在阅读关于环保主题的论文时，他们可能会意识到自己对某个观点的偏好，并主动寻找对立的证据来检验自己的论证。评估主义视角通过促进深度阅读、增强适应性和发展元认知能力，显著地提高了读者在阅读过程中整合多个信息源的能力。这种视角不仅有助于读者更好地理解和评估不同的观点，还鼓励他们积极参与到知识构建的过程中，从而在跨学科多文档理解任务中取得更好的成果。

这些发现强调了教师在设计跨学科阅读教学活动时，需要考虑如何培养学生的认识论视角，特别是评估主义视角，以促进他们对跨学科多文档材料的深入理解。教师可以通过设计包含不同视角的讨论和写作任务，鼓励学生在跨学科阅读过程中探索、比较和整合来自不同信息源的观点。通过这种方式，学生可以学会如何在多元和复杂的信息环境中，构建全面、均衡并且有证据支持的理解。总之，认识论视角的发展是一个动态的过程，它受到个体经验、教育背景和社会文化等多重因素的影响。教育者和研究者需要关注这些视角如何影响学习者的多学科知识和信息处理过程，并设计相应的教学策略来促进学生认识论能力和跨学科读写素养的发展。通过培养学生的认识论意识，可以帮助他们成为具备更高水平批判能力、反思能力的思考者，更好地适应快速变化的信息社会。

第四节　跨学科读写素养 4E 模型

近些年来，学术界针对学科读写素养的研究，开始逐渐从研究不同学科的

---

① BARZILAI S, ESHET-ALKALAI Y. The Role of Epistemic Perspectives in Comprehension of Multiple Author Viewpoints[J]. Learning and Instruction,2015,36:86-103.

② BARZILAI S, ESHET-ALKALAI Y. Reconsidering Personal Epistemology as Metacognition: A Multifaceted Approach to the Analysis of Epistemic Thinking[J]. Educational Psychologist, 2014,49(1):13-35.

读写能力的区别，以及内容领域读写教学和学科读写素养的区别，逐渐转移到对跨学科读写素养的关注上。① 由于跨学科读写素养这个概念本身较为模糊，更像是实践技术层面的概念，不少研究者都在试图结合教育哲学理论或教学理论，为跨学科读写素养的概念建构逻辑自洽的基础理论框架。一个逻辑严密、自洽的理论体系，应该聚合一系列彼此互相关联的核心概念，而作为一个单独概念的跨学科读写素养，应该与其他教育哲学概念相联系，建立在更为宏大的理论框架之中。例如，卡尔内（Carney）和印德里萨诺（Indrisano）认为，学科读写素养这个概念和教学内容知识这一概念密切相关。所谓教学内容知识，指能随时根据学习者在不同情境中的能力水平和需求，把教学论知识和学科内容知识结合起来的专业知识。② 有学者将教学内容知识作为典型的教学法，包括表层结构、深层结构和隐性结构，表层结构指教师在学科中采用的显著的教学行为，深层结构指隐藏在表层行为背后最佳的教学行为，隐性结构的教学行为包含教学信念、态度、价值、学科学术群体的共同价值观等道德信念的维度。③ 在这一背景下，理想的跨学科读写素养模型，也应当包含表层的学科学习行为和隐含的学科信念、态度、思维模式、价值观等。

摩耶（Moje）指出，学科教师如果能够帮助学生理解学科语言体系、对话、学术文本、思维模式、认知方式，弥合学生认知水平与学科语言体系认知方式之间的差异，那么来自不同社会经济背景家庭的孩子，就有可能不受家庭经济和文化资源的影响，平等地获得在这些学科中战胜困难、取得优异成就的机会。④ 当学生拥有这样的机会后，他们就有可能获得在这些不同的学科领域里掌握知识、建构清晰的概念和逻辑框架，并在此基础上不断完善有关学科的心理图式，逐步掌握像学科专家一样的思维方式，弥补家庭资源有限带来的劣势。如果教师能够教给学生不同学科的认知、思维和阅读工具，那么学生就能够顺利地参与不同学科学术团体的交流对话，这些交流对话是帮助学生建构学科知识的关键途径。研究者认为，正是在这样的关于"知识是如何产生的"的认识

---

① HAYDEN H E. "See, You Can Make Connections with the Things You Learned Before!" Using the GRR to Scaffold Language and Concept Learning in Science[M]//The Gradual Release of Responsibility in Literacy Research and Practice. Leeds, England: Emerald Publishing Limited, 2019, 10: 189-204.

② CARNEY M, LNDRISANO R. Disciplinary Literacy and Pedagogical Content Knowledge[J]. Journal of Education, 2013, 193(3): 39-49.

③ SHULMAN L S. Signature Pedagogies in the Professions[J]. Daedalus, 2005, 134: 52-59.

④ MOJE E B. Developing Socially just Subject-matter Instruction: A Review of the Literature on Disciplinary Literacy[J]. Review of Research in Education, 2007, 31(1): 1-44.

论，以及"通过提升学生平等参与不同学科团体对话机会提升教育公平"的教育社会学理论视角下，学科读写能力和跨学科读写素养才从一个单纯的概念转而进入一个更为宏大的概念体系，具备了发展成为"理论"的可能，因为单个的概念无法成为理论，而逻辑自洽的理论体系，应该包含一系列互相之间具有互相预测或者互相解释的关系的概念，这样才能帮助人们理解、解释和预测概念或者现象。①

鉴于这样的考虑，摩耶进一步提出了"4E"阐释学理论模型，来界定学科读写素养的内涵，将学科读写素养显性化、可视化。值得注意的是，不同于以往研究将不同学科的读写素养分立开来的做法，摩耶的跨学科阅读理解模型中，不同学科的读写素养是相通的，由于该模型中的 4 个关键组成部分，即 4 个"E"，分别指 Engage（参与）、Elicit（激发）、Engineer（设计）、Examination/Evaluation（审视或评估），② 是 4 种具有普遍意义的学习和教学行为，而不是具有学科特殊属性的名词概念，因此它们能够在不同的学科中得到体现，是跨越不同学科而普遍存在的。从这个意义上说，摩耶提出的学科读写素养 4E 模型，本质上是建立在不同学科读写素养共性基础上的跨学科读写素养模型。

具体来说，Engage（参与）指学生通过积极参与到不同学科的学习实践中来深入理解学科知识，这些实践包括通过动手实验、动脑思考的工作任务或者有趣的活动。这种参与不仅仅是行为上的参与，更是认知和情感上的全身心投入，要求学生完全沉浸在学科探究学习活动中。Elicit（激发）指的是，在完成学习任务和活动的过程中，学生与学科相关知识和技能得到激发，也就是学科任务和动手实践活动的设计不应该是盲目的，而应该与学生已有的或者应当学习的学科知识、技能、认知资源紧密相连，而这些学科知识和技能又可以被用来进一步推动学生与学科知识的互动，提升学生的参与度。Engineer（设计）指所有的学习、阅读、写作及动手实验活动，都应该是教师精心设计的，目的是促进学生与学科知识的深入互动。这包括精心设计的学习环境和情境，使学生能够通过实践来理解学科概念，构建对学科知识的理解。Examine（审视）和 E-valuate（评估）则涉及学科语言层面的深入学习和反思。Examine（审视）是在学生不断 Evaluate（评估）学科语言实践的过程中建构起来的能力，这是一个涉

---

① UNRAU N J, ALVERMANN D E. Literacies and Their Investigation Through Theories and Models[M]// ALVERMANN D E, UNRAU N J, RUDDELL R B. Theoretical Models and Processes of Reading. 6th ed. International Reading Association, 2013: 47-90.

② MOJE E B. Doing and Teaching Disciplinary Literacy with Adolescent Learners: A Social and Cultural Enterprise[J]. Harvard Educational Review, 2015, 85(2): 254-278.

及解码转换能力的元语言过程。在这一过程中，学生需要不断使用学科学术词汇，并逐渐用新学到的学科学术语言替换原有的通俗口语，以便在学科领域内进行阅读、表达和交流。① 与此同时，学生会审视和评估学科特有的学术语言体系、符号、代码、表达规则和认知与思维模式，并进一步完善自己的学科语言体系，这需要教师带领学生对学科语言实践进行不断的反思和完善。这需要教师带领学生对学科话语实践进行深入的分析，通过实践任务引导学生学习如何以符合学科规范的方式进行提问、阅读、思考、写作和交流。总之，摩耶的 4E 模型强调了学科读写素养不仅仅是阅读和写作技能的简单应用，而是一个更为复杂和动态的过程，涉及学生、多学科教师和学科内容之间的协同互动。通过这个模型，我们可以更系统地理解跨学科阅读素养，更好地提升学生跨学科读写能力的发展。

第五节　融合式跨学科阅读理解模型

研究表明，跨学科阅读素养及学习的理解过程主要包括几个主要要素：跨学科知识、学科学术语言技能，关于不同学科范式的知识、元认知反思技能、批判性反思技能、沟通技能和协作技能等。② 鉴于此，我们认为，一个理想的跨学科阅读素养模型，应当至少包含认识论信念、建构—整合模型、多文档模型、学术语言等要素。我们在前几节中，已经介绍了建构—整合模型、多文档模型、认识论信念等元素，这里着重针对学科语言知识、元认知技能等要素展开阐释。

在学科语言知识方面，熟练地掌握不同学科的学术语言，是发展跨学科阅读素养的基础。研究者指出，学生在升入中、高年级之后，为了能够自如地阅读、深入地理解不同学科的文本和书籍，需要掌握学科语言知识和资源，因为不同学科的教材、课本、课外阅读材料、书籍等使用的语言体系和日常对话用的口语完全不一样，它们在词汇、概念、结构等方面更复杂、更专业，拥有更加严密的逻辑体系。为了理解这些学科文本，读者需要掌握丰富的学科语言知识和语言资源。所谓的学科语言知识和语言资源，指那些经常在学科文本中出现，但在日常对话中不太常见的语言形式。例如，复杂的拉丁语专业词汇、较

---

① MOJE E B, ELLISON T L. Extended and Extending Literacies[J]. Journal of Education, 2016, 196(3):27-34.

② SCHIJF J E, VAN DER WERF G P C, et al. Measuring Interdisciplinary Understanding in Higher Education[J]. European Journal of Higher Education, 2022, 13(4):429-447.

长的合成名词短语、复杂的长难句子（由英语中的嵌套结构从句翻译过来的中文长难句）、严密的论证逻辑和结构等。① 这些特点在学校的学术交流环境中产生，也需要在通过真实的学科学术交流活动才能习得。因此，学科阅读并不容易，因为不同的学科文本背后隐藏着许多独特的学术语言资源，学生在升入中高年级（4~8年级）后，要想在不同学科领域中灵活地切换，游刃有余地阅读和理解多学科文本，仅仅认识单词是不够的，而是需要知道和掌握这些特殊的学科语言资源，以及它们背后隐含的语用和交际知识与规则，也就是为什么、在什么情况下、怎样使用这些学科学术语言。这样，学生才能更好地掌握学术语言，深入理解不同学科的文本。②

菲利普斯（Phillips）等人借鉴了发展语言学和文本语言学的研究成果，构建了核心学术语言技能（Core Academic Language Skills，简称 CALS）理论框架。这个理论框架可以用来解释中小学学科文本常见的学术语言特征。核心学术语言技能由一系列不同学科通用的学术语言技能组成，这些学术学科语言技能是帮助读者精准理解学科文本知识内容、逻辑关系、结构特征和进行反思交流所需要的必备技能，③ 能够帮助读者理解不同学科学术话语共同体所使用的书面和口头交流用语。核心学术语言技能包括以下几个核心子技能：第一，是精准理解词汇和语言的技能，特别是文本中的假设、概括、逻辑推理的标记词等。第二，是解析密集信息的技能，是能够通过分解形态复杂的词汇或复杂句法结构（如长难句和扩展性名词短语），解读核心概念和关键信息的技能。第三，是理解文本中的逻辑链条及处理学术文本中的连接词的能力。第四，是追踪指代相同观点或者概念的术语以理解文本的技能。第五，是使用对常见学术文本组织的知识（如论点、论据、反驳、结论）来预测文本结构提升理解水平的技能。第六，是识别和解释作者的观点的技能，比如，在一些学术化的文章中，作者可能会用"可能是……""是……"等标记词来阐释自己的观点或者对某些观

---

① SNOW C E, UCCELLI P. The Challenge of Academic Language [M]// OLSON D R, TORRANCE N. The Cambridge Handbook of Literacy. Cambridge：Cambridge University Press, 2009：112-133.

② UCCELLI P, PHILLIPS GALLOWAY E, QIN W. The Language for School Literacy：Widening the Lens on Language and Reading Relations[M]// MOJE E B, AFFLERBACH P P, ENCISO P, et al. Handbook of Reading Research. New York：Routledge：155-179.

③ UCCELLI P, BARR C D, DOBBS C L, et al. Core Academic Language Skills：An Expanded Operational Construct and a Novel Instrument to Chart School-relevant Language Proficiency in Preadolescent and Adolescent Learners[J]. Applied Psycholinguistics, 2015, 36(5)：1077-1109.

点的解释，学生应当学会通过这些标记词把作者观点及论据区分开。①

除了具备学科学术语言技能，熟练的跨学科阅读者还需要具备良好的控制阅读理解过程的能力，并能够根据不同文本的特点和不同的阅读目的灵活调整阅读策略，这种能力本质上属于元认知技能。元认知指一个人对自己认知过程的认识，对认知过程的调节，以及服务于某些特定目标的相关信念，② 是一个整合了认知和动机因素的心理过程。当读者对自己的认知过程有良好的认识和了解时，他们可以选择最合适的阅读策略来解决他们面临的问题或困难。③ 例如，在阅读不同学科文本的过程中，熟练的读者在遇到阅读中的不一致和模糊内容时，往往会主动放慢阅读速度，并进行更多的回顾。有学者认为，元认知技能至少应当包括自我计划、自我监控、自我调节、自我提问和自我反思技能。④ 其中，自我监控是读者评估自己对文本的理解水平、评估所采用的方法正确与否、并将新获得的信息与已有知识整合的关键技能。⑤ 熟练的读者的阅读自我监控过程更加成熟和完善，他们会不断评估自己是否理解了文本，检查自己对于单词、句子、段落的理解水平，判断是否出现了误解或者空白，并能够识别文本中意义的不一致之处，一旦他们发现这些不一致之处，便会放慢阅读速度，重新分配注意力，重新解释文本的某些部分，并向前或向后查找解决方案。⑥ 他们还会采取有效的策略来完善自己对文本意义的构建，并更新他们所建构的文本情境模型，建立更加连贯、丰富的意义网络。⑦ 熟练读者还擅长整合他们接收到的所

---

① PHILLIPS GALLOWAY E,MCCLAIN J B,UCCELLI P. Broadening the Lens on the Science of Reading:A Multifaceted Perspective on the Role of Academic Language in Text Understanding [J]. Reading Research Quarterly,2020,55:S331-S345.

② AKSAN N,KISAC B. A Descriptive Study:Reading Comprehension and Cognitive Awareness Skills[J]. Procedia-Social and Behavioral Sciences,2009,1(1):834-837.

③ AHMADI M R,ISMAIL H N,ABDULLAH M K K. The Importance of Metacognitive Reading Strategy Awareness in Reading Comprehension[J]. English Language Teaching,2013,6(10):235-244.

④ PRESSLEY M,AFFLERBACH P. Verbal Protocols of Reading:The Nature of Constructively Responsive Reading[M]. Hillsdale:Lawrence Erlbaum,Associates,1995.

⑤ SCHOOT M,REIJNTJES A,LIESHOUT E. How Do Children Deal with Inconsistencies in Text? An Eye Fixation and Self-paced Reading Study in Good and Poor Reading Comprehenders[J]. Reading and Writing,2012,25(7):1665-1690.

⑥ OTERO J. Influence of Knowledge Activation and Context on Comprehension Monitoring of Science Texts[M]// DOUGLAS H,JOHN D,ARTHUR G. Metacognition in Educational Theory and Practice. Hillsdale:Lawrence Erlbaum Associates,1998:145-164.

⑦ WRAY D. Comprehension Monitoring,Metacognition and Other Mysterious Processes [J]. Support for Learning,1994,9:107-113.

有信息，并将其与文本内外的已有知识联系起来；相反，不太熟练的读者的脑海中常常只有零散的信息，不过，通过与其他熟练读者的互动，薄弱读者的自我理解监控能力也能得到提升。总之，在跨学科阅读情境下，熟练读者在阅读多个学科文本时，能够灵活而熟练地使用多种元认知阅读策略来计划、监控、评估、反思和调节自己的阅读过程。这些元认知策略不仅能提升学生的阅读理解水平，还能激发读者的阅读兴趣和动机。①

综上所述，结合以往的研究，我们尝试建构一个有关跨学科阅读素养的融合式阅读理解模型（见图4-1）。这个模型不仅融合了建构—整合模型、多文档阅读模型、互文模型，还充分借鉴前人研究，纳入了阅读动机、元认知以及认识论信念等元素，以及学科话语体系、内容领域阅读、学科阅读理论中的关键要素。在我们的理论模型中，跨学科阅读素养指学生从多个学科文本中整合信息，建构意义的意愿和能力。

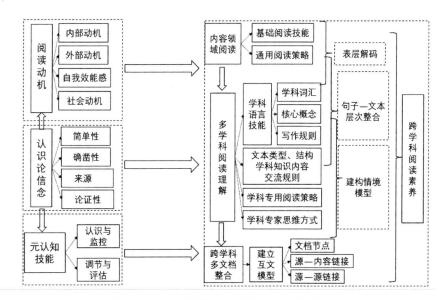

图4-1　"跨学科阅读素养"理论框架图

我们构建的跨学科阅读素养理论框架主要包含内容领域阅读技能、多学科阅读理解技能以及跨学科多文档整合技能三个层次，这三个层次的难度是由低到高的递进关系。在内容领域阅读层次，学生需要掌握基础阅读技能（如基础

① AHMADI M R, ISMAIL H N, ABDULLAH M K K. The Importance of Metacognitive Reading Strategy Awareness in Reading Comprehension[J]. English Language Teaching, 2013, 6(10): 235-244.

词汇、解码、流利度）。在多学科阅读理解技能层面，学生需要掌握学科语言技能，如学科词汇、核心概念、不同学科文本的写作与交流规则、学科文本类型、结构、特征、学科知识、学科专用阅读策略、学科专家思维方式等。学生通过内容领域阅读层面和多学科阅读理解层面的技能完成表层解码、句子—文本整合、情境模型建构的过程；在此基础上，学生有可能会进行跨学科多文档整合，建立互文模型，聚焦文档节点，建构文本源—内容及源—源之间的链接。在我们的理论模型中，跨学科阅读素养有可能受到阅读动机、认识论信念、元认知技能的影响。高水平的跨学科阅读动机、良好的认识论信念以及元认知技能，对学生的跨学科阅读素养有正面而积极的影响。其中阅读动机包括内部动机、外部动机、自我效能感、社会动机；认识论信念包含四个维度，简单性维度、确凿性维度、来源维度、论证性维度；元认知技能则包括元认知知识、监控、调节、自我评估、自我指导、自我反思等要素。

第五章

跨学科阅读素养的相关测评工具

第一节　阅读素养、动机及策略的常用测评工具

一、测量阅读素养的常用工具

（一）阅读素养的量化测量工具

1. 测量阅读素养关键组成部分的工具

20 世纪下半叶，阅读认知信息加工模型繁荣发展。认知心理学家基于定量研究提出了各种认知模型。早期模型主要是成分型认知模型，将阅读素养包含的阅读理解过程切分成不同的关键认知成分（语音意识、词汇识别、阅读流畅性、理解技能等）。随着对阅读理解过程的知识的逐渐增加，研究者开始对阅读理解的基本成分达成共识，并更多地关注模型中不同成分之间的关系和动态过程。为了模拟阅读理解过程，研究者主要使用定量测量方法。他们把阅读理解能力切分为一系列的概念和成分，并将对阅读能力有影响的变量也概念化为影响因子纳入模型之中，然后对这些概念成分和影响因子进行操作化和标准化，假设不同成分之间的关系。接下来，研究者使用量化的测量方法，如标准化测试、量表、问卷、口头或书面测评任务来评估读者在这些成分和因子方面的表现，并使用统计分析方法，包括相关性分析、回归分析、结构方程模型等，来分析变量之间的关系，以证实或推翻假设。例如，基夫（Keefe）发明了基夫默读量表（Keefe Inventory of Silent Reading，KISR），这是一种阅读能力评估工具，通过使读者填入量表空白处的词汇来研究读者的阅读理解过程，了解读者的优势和劣势，尤其是阅读能力较弱者所面临的困难。该量表包含连续的故事阅读测试，故事难度随着一至八年级的升高而递增。在评估开始前，学生会被告知

该测试就像一个游戏，他们需要尝试猜测应该填入空白处的词汇。故事理解可以测试读者在阅读理解方面的擅长之处以及他遇到的困难。在开始测试之前，研究者会给学生提供样例段落和关于如何填写空白文本的指导，并对有特殊需要的阅读障碍学生提供了特别指导。基夫量表能够帮助研究者根据读者在阅读测试中的表现，分析读者的阅读能力，并据此给读者提供积极的支持策略。[1]

　　由于单词流畅度、语音意识、语音解码流畅度、言语记忆、句法意识这几种认知技能在传统阅读理解模型中起着至关重要的作用，不少研究都在实验中采用标准化测试或量表来测量这些技能。例如，早期研究者会使用经典的伍德科克和约翰逊（Woodcock & Johnson）心理教育量表（修订版）来测量读者的词汇识别和阅读技能，通过要求儿童在一分钟内尽可能多地阅读单词列表中的单词来测量单字阅读的流畅度和速度。[2] 为了测评学生阅读理解能力，研究者多使用标准化任务，即斯坦福诊断性阅读测试和实验性理解任务，来评估学生的阅读理解能力，该任务要求儿童阅读两个短故事并回答有关故事的多项选择题。[3] 语音意识可以通过假词（pseudowords）剔除任务来评估，语音解码流畅度则可以通过要求儿童在一分钟内尽可能多地完成阅读假词的任务来测量。[4] 此外，研究者还常用西格尔（Siegel）和瑞安（Ryan）设计的言语工作记忆任务来评估读者的阅读工作记忆，言语工作记忆任务通过向儿童展示一系列缺乏最后一个词的句子，并要求他们填写每个句子中缺失的词；学生的句法意识则可以通过口头完形填空任务来测量，在测量句法意识的口头完形填空任务中，研究者会让儿童大声朗读二十个句子，然后要求他们找出每个句子中缺失的词。[5]

　　佩奇亚克（Pečjak）、波德莱斯克（Podlesek）和皮尔茨（Pirc）构建了一个涉及认知因素、元认知因素以及动机—情感元素的全面阅读素养模型，[6] 并使

① KEEFE D. The Keefe Inventory of Silent Reading: A Window into the Reading Process[J]. Reading & Writing Quarterly,1993,9(3):227-248.

② WOODCOCK R,JOHNSON M B. Woodcock-Johnson Psycho-Educational Battery-Revised[M]. Itasca:Riverside Publishing,1989.

③ KARLSEN B,GARDNER E F. Stanford Diagnostic Reading Test[M]. San Francisco:Harcourt Brace,1994.

④ LOW P B,SIEGEL L S. A Comparison of the Cognitive Processes Underlying Reading Comprehension in Native English and ESL Speakers[J]. Written Language & Literacy,2005,8(2): 207-231.

⑤ SIEGEL L S,RYAN E B. The Development of Working Memory in Normally Achieving and Subtypes of Learning-disabled Children[J]. Child Development,1989,60:973-980.

⑥ PEČJAK S,PODLESEK A,PIRC T. Model of Reading Comprehension for 5th Grade Students [J]. Studia Psychologica,2011,53(1):53-67.

用定量研究方法全面、系统地研究了构成阅读素养的这些要素变量及变量之间的关系，为意在全面测量阅读素养复杂元素的量化研究奠定了基础，也为研究者提供了使用定量测量工具研究涉及多维度、复杂要素的跨学科阅读素养提供了可供借鉴的范例。在该研究中，研究者使用了一系列测试和问卷来测量学生在阅读理解中的认知、元认知、动机和情感过程。具体来说，研究者从国际阅读素养进展研究项目（Progress in International Reading Literacy Study，PIRLS）中选取测试文本，测量学生的阅读理解能力，使用一分钟解码速度测试测量学生的阅读速度，使用赫谢尔（Herschel）经典阅读测试的修订版本来测量学生的词汇量;[1] 同时使用三篇附带任务要求的短文来测试学生总结主要观点的能力，研究者通过评分者给出的评分来测量学生的概括能力。为了测量学生的元认知知识和使用阅读策略的水平，研究者使用了基于冈宁（Gunning）问卷修订的元认知技能问卷,[2] 还使用了佩卡依（Peklaj）等人设计的小学生阅读动机问卷测量阅读动机,[3] 以及麦肯纳（McKenna）等人设计的小学阅读态度调查测量学生的阅读情感,[4] 该模型显示了元认知水平、阅读认知策略、阅读动机、阅读态度等因子都是阅读素养的重要组成部分，彼此之间存在着显著的相关性。

2. 实验研究、准实验研究的阅读素养测量工具

由于阅读素养的结构非常复杂，很难通过单一测试或问卷进行测量，因此，许多实验研究会同时采用标准化阅读理解测试和实验专用的阅读理解测试作为测量手段。标准化阅读理解测试的题目，通常基于当地中小学标准化阅读理解测试的内容，例如，美国的各州标准统测、国内的中高考、小升初区统测等。实验研究中的标准化测试通常包含几篇不同主题的短篇文章，15~20 道问题涵盖当地省级或区级标准化统测最常考的题型。文章体裁和研究问题密切相关。例如，如果实验研究问题为不同的阅读策略对学生阅读不同学科的记叙文的能力的影响，那么测试内容一般为 3~4 篇 800~900 字涉及不同学科主题的记叙

① HERSCHEL T M. Test of Reading Level3—Elementary Form[M]// HERSCHEL T M. The 20th Yearbook of the National Council on Measurement in Education. Ann Arbor:SGSR,1963.
② GUNNING T G. Creating Reading Instruction for All Children [M]. Boston, Allyn & Bacon:1996.
③ PEKLAJ C,BUCIK N. Vprašalnik Bralne Motivacije za mlajše učence[Reading Motivation Questionnaire for Young Students][M]// PEČJAK S, et al. Bralna Motivacija kot Dejavnik Učinkovitega Izobraževanja[Reading motivation as factor of effective education]. Final Research Report. Ljubljana:ZIFF,2005:20-29.
④ MCKENNA M C,KEAR D J. Measuring Attitude toward Reading:A New Tool for Teachers[J]. Journal of Reading,1990,43:626-639.

文。文章问题主要根据记叙文的关键信息，考查学生对主要角色、关键因果关系、关键词句的理解能力，对文章主要内容的概括能力，以及对写作技巧的评价能力。具体的文章字数可根据学生年龄段进行调整，具体篇数要结合学生回答问题的时间来确定，不宜过少或过多。如果实验研究问题为不同阅读教学方式对学生阅读不同学科信息类文章能力的影响，则应该选取3~4篇信息类文本，字数根据学生的年龄可适当调整，符合当地课程标准对学生阅读速度和阅读量的要求。如果关注学生跨学科的阅读理解能力，标准化阅读理解测试中应当包含语文、历史、科学、数学等主题的信息类文本，并且设计跨学科主题的考核任务，比如，让学生撰写综合性的文本分析跨学科主题、从不同学科视角回答问题等。为了保证标准化阅读理解测试的信效度，在正式研究开始之前，研究人员需要先展开预研究，以检验标准化阅读理解试题的难度、区分度、信度和效度。研究人员会根据学生在预研究之中的整体表现，删除内部信效度较低的文章和题目，保留信效度系数较高的题目和文章。

由于标准化阅读测试的考查内容受到国家、地区的教育改革和课程教学文件的制约，往往有自身的局限性，不能完全覆盖具体研究所关注的能力要素。因此，研究人员为了保证阅读理解测试能够测量出研究问题所涉及的核心变量，常常需要根据具体研究问题、研究对象设计实验专用的阅读理解测试。比如，在一项关注整合了文学圈和阅读策略教学的融合式教学方法对学生解读小说的能力的实验研究中，由于研究人员所在地区并没有专门考查学生小说阅读能力的标准化统一测试，他们根据认知理论视角下的文学类文本阅读理解过程模型及相关研究，为该实验研究专门设计了小说阅读理解测试。[①] 为了设计出高质量的测试，研究者首先系统地总结梳理了文学阅读理解过程的研究成果，在此基础上开发了小说阅读理解测试。该测试包含两个子测试，旨在分别考查学生对两本小说的阅读理解能力。问题主要评估学生在小说阅读中的意义建构能力，如记忆人物、情节和背景的基本事实，理解因果关系和主要人物特征，解释形象表达、意象和情感反应等。研究者参考了巴瑞特（Barrett）的阅读理解分类法，该分类法将阅读理解问题分为五类：字面问题、重组问题、推理问题、评价问题和鉴赏问题，以开发不同水平的小说理解问题。问题的主要形式包括多项选择题、简答题和开放性问题。与标准化研究类似，研究人员进行了一项预

---

① GU Y X. The Effects of Integrated Instruction on Chinese Sixth Graders' reading Comprehension, Reading Motivation and Strategy Use in Fiction Reading [D]. Abstract Available in Proquest Dissertations & Theses Global Database, 2019.

研究以检验并提升测试的可靠性、有效性、题目难度和题目区分度。修订后，两个小说阅读理解测试均包含 21 个问题，其中包括 4 个字面问题、5 个重组问题、6 个推理问题、3 个评价问题和 3 个欣赏问题。每个小说阅读理解测试的总分为 58 分。两个小说阅读理解测试所有维度的子总分相同。每个测试大约需要学生 40 分钟完成。[①]

为了提升数据质量，提供更为丰富的解释。在混合式实验研究中，观察现场笔记或反思笔记也被用来收集学生在整个实验中的表现和态度数据。在现场笔记中，教师/研究者会记录学生的态度、纪律，学生相互之间的互动，学生与教师/研究者的互动、学生的学习行为以及研究者对实验课堂的一些反思。然而，由于反思笔记是基于研究者或教师的主观回顾，这些数据仅作为辅助数据源，来支持和解释从测试试卷中收集的结果。

（二）以质性访谈和出声思维方法评估阅读素养

随着质性研究范式在探索现象的整体过程和人们对现象的感知方面的有效性得到广泛的认可，教育研究者也开始广泛使用质性研究方法来研究阅读理解过程。关于阅读理解过程的质性研究主要依赖于读者的反思，通过收集读者阅读后的反思回想、对问题的回答和访谈来收集数据。例如，赛普（Sipe）采用质性研究方法研究了一年级和二年级学生在阅读图画故事书时构建理解的过程。在该研究中，学生接受的是文学导向的阅读教学，教室内有丰富的文学阅读资源，老师们营造了一种自然的、鼓励积极学习和合作的环境。学生们每天在学校有足够的时间进行独立的默读，并会通过多种方式对文学作品做出回应，包括艺术、戏剧、创造性游戏、音乐以及课堂日常对话。研究者主要通过现场观察笔记、给学生朗读故事书以获得学生的口头回应等方式来收集数据。研究者观察并记录了课堂的日常动态，特别是学生与教师积极互动的读写活动的过程。此外，研究者还针对教学程序、研究进展以及与教师和学生的关系记录了自我反思笔记。在收集故事书朗读数据时，研究者所用的故事书都是图画书，由教师和研究者综合考虑体裁、标题和难度等因素共同进行选择。研究者会收集三种情境中的学生口头回应，即教师和全班共同开展的大组图画书朗读、研究者与每组学生在小组中进行的小组朗读，以及研究者与每个孩子共同进行的一对一朗读。研究者转录了三种类型的故事书朗读的录音带，并在现场观察笔记中

---

① GU Y X, LAU K L. Examining the Effects of Integrated Instruction on Chinese Sixth-graders' Reading Comprehension, Motivation, and Strategy use in Reading Fiction Books[J]. Reading and Writing, 2021, 34(10): 2581-2602.

穿插记录了非言语行为。在完成数据收集后，研究者使用了开放式编码、轴向编码和选择性编码来分析数据。在开放式编码阶段，研究者通过持续的解释性推理，提出了初步的描述性编码，而在轴向编码阶段，通过连接上位概念和下位概念，将原始的复杂编码组织到更大的概念类别中。在最后的选择性编码阶段，将广泛的上位概念类别相关联并进行比较，以识别阅读理解中的模式和关系，并确定研究的核心概念类别。选择性编码的最终结果形成了基于实证数据的阅读理解理论。①

除此之外，研究者还会收集读者的言语化内省，通过读者在整个阅读过程中的口头自我报告来收集数据，这一方法被称为"出声思维"（think aloud）。20世纪70年代以来，在将阅读理解视为问题解决过程的理论观点得到了广泛的传播和认可之后，研究者就开始日益重视出声思考方法的价值。20世纪90年代，兰格（Langer）率先采用出声思考方法开展了一项经典研究，以探索中学生在阅读不同学科的文学及信息类文本时的理解过程。他们选定了6篇难度和学生兴趣均适中的文本，其中包括2篇短篇小说、2首诗、1篇科学文本和1篇社会学习文本。在第一次会议中，学生了解了出声思考的程序，并使用短篇小说、诗歌、社会学习和科学类文本进行了练习。研究者告知实验参与者，他们需要以平常阅读该类作品的方式阅读文本，并在感到舒适时，随时说出自己头脑中的想法。每位参与者在大约40分钟内完成了6份出声思考草稿，36名学生共生成了216份出声思考草稿。研究人员对所有转录文本进行了仔细阅读和比较，在此基础上识别、建立了阅读理解过程的模式。在初步建立模式后，分析人员又重新登录和转录文本，搜索学生的原话作为具体证据。研究者对模式的提炼、转录、寻找示例形成了一个重复的循环过程，直到所建立的模式能够完全解释学生转录文本中的所有内容。研究者揭示了读者在阅读文本时采取的四种循环立场，每一种都为理解整篇文本提供了新的视角。这四种立场分别是置身事外和步入想象、沉浸其中并穿梭于想象之中、退出并重新思考已知内容、跳出文本并将阅读体验客观化。质性研究的可靠性在于对数据的注释、循环分析和模式的识别。因此兰格的研究为出声思维研究范式树立了经典的榜样。

在跨学科阅读素养研究领域，沙纳罕（Shanahan）等学者早期也是通过出声思维的研究方法揭示了历史、科学、数学、文学等不同领域的专家在阅读学

---

① SIPE L R. The Construction of Literary Understanding by First and Second Graders in Oral Response to Picture Storybook Read-alouds[J]. Reading Research Quarterly,2000,35(2):252-275.

科文本方面所存在的认知、策略和思维模式差异。与前面提到的这两个经典研究相似,研究人员也是先对学科专家进行出声思维方法的培训,接着邀请学科专家一边阅读学科文本,一边使用出声思维方法将自己在阅读学科文本时的所有想法说出来,研究人员进行观摩、记录、全过程录像,并在被研究者沉默或忘记出声思考时通过提问适当地进行提醒。不过,对于出声思维的研究方法,学术界也存在争议,有研究者认为,这种方法能较好地揭示阅读理解过程,特别是包含认知策略使用的复杂认知过程;但也有研究者认为,这种方法过于主观(对阅读过程的回顾未必等同于真实的阅读过程),并且受制于读者的阅读能力和语言表达水平。因此,无论是传统的关于阅读能力的研究,还是关于跨学科阅读素养的研究,都更倾向于使用纯粹的量化实验方法,或者混合式试验方法,而较少单纯地使用出声思维法。

二、测量阅读策略使用水平的工具

研究者常使用自我报告问卷来测量学生在阅读中的策略使用情况。影响较为广泛的典型的问卷包括元认知理解策略指标问卷(Meta Comprehension Strategy Index,MSI)①、阅读策略调查问卷(Survey of Reading Strategies,SORS)② 和策略使用水平问卷(Strategy-Use Questionnaire,SUQ)③。研究者经常修改这些问卷中的基本条目,用来构成问卷中的具体条目和问题。不过,研究者也可以根据自己的研究目的,将这些通用策略问卷与其他具体策略问卷结合起来修改使用。比如,由于这些问卷中几乎没有关于视觉化策略(visualization strategy)的条目,因此如果要测量学生的视觉化策略使用情况,研究者也可以专门检索研究视觉化策略的文献和问卷,补充诸如特勒根(Tellegen)和弗兰克休森(Frankhuisen)开发的视觉化策略问题条目。④

为了使自我报告问卷中的条目具有较高的效度,精准地测出学生的阅读策

① SCHMITT M C. A Questionnaire to Measure Children's Awareness of Strategic Reading[J]. The Reading Teacher,1990,43(7):454-461.

② MOKHTARI K,SHEOREY R,REICHARD C. MEASURING the Reading Strategies of First and Second Language Readers[M]// MOKHTARI K,SHEOREY R. Reading Strategies of First and Second-language Learners:See How They Read. Norwood:Christopher-Gordon Publishers,2008: 43-65.

③ TARABAN R, RYNEARSON K, KERR M S. Metacognition and Freshman Academic Performance[J]. Journal of Developmental Education,2000,24(1):12-20.

④ TELLEGEN S,FRANKHUISEN J. Waarom Is Lezen Plezierig?[Why Is Reading Entertaining?] [M]. Delft:Eburon,2002.

略使用水平，所有新编制的策略条目，都需要有充足的前人研究作为依托，研究者需要先详细地总结梳理前人关于目标阅读策略的相关研究，为每个条目的制定提供充足的理论依据，而不是根据自己的喜好和粗浅的观察来确定测量的概念和指标。例如，如果研究者想要设计条目调查学生关于提问策略的知识，那么就应该充分借鉴前人关于提问策略和问题类型实证研究；类似地，如果设计的条目要调查学生关于总结策略的相关知识，那么前人关于总结策略步骤、总结方法的研究就应该被用来作为相关条目的理论基础。由于已有问卷条目或者前人研究中涉及的相关条目未必跟研究者在研究中使用的阅读材料、研究对象的阅读能力相匹配，研究者还需要根据研究中的具体情况对条目的语言进行小幅度修改，而且经过多轮先导研究验证、信效度检验、验证性因子分析和反复修改，以准确测量学生在阅读过程中的阅读策略使用水平和策略知识储备水平。

例如，笔者曾在一项融合式实验研究中，为了调查实验开展前后学生在阅读文学记叙类文本过程中阅读理解策略的使用情况，基于 MSI 和 SORS 中的基本条目，以及前人对视觉化策略、提问策略、联系策略、总结策略的实证研究成果，专门设计了调查学生在阅读小说时对这四种策略的使用频率和认知的自我报告式问卷。为检验四个策略维度问题条目的可靠性和有效性，笔者先进行了先导研究，并对部分项目进行了修订。正式研究问卷包含四个策略子维度，每个子维度包含七个项目。视觉化策略子维度的条目内容，主要聚焦于学生使用视觉化策略的普遍频率和具体知识，如"阅读小说时，我会在脑海中想象人物的形象，仿佛我真的看到了他们"。联系策略子维度包括读者所设计的文本与文本、文本与生活、文本与世界之间的联系条目，如"阅读小说时，我会想到之前读过的类似故事，并比较它们的异同"。提问子维度聚焦于学生使用提问的频率和具体知识，如"阅读小说时，我会产生一些问题，并尝试在文本中找出答案"，以及五个具体知识条目，如"阅读小说时，我会使用诸如什么、哪里、何时、为什么等信号词来提问"。最后，在总结子维度中，有两个一般项目，如"阅读小说时，我会不时停下来总结我刚刚读过的故事的主要事件"，以及五个具体知识条目，如"阅读小说时，我会使用故事地图来总结其主要事件"。每个项目都使用李克特五点量表进行回应（1＝从不，2＝偶尔，3＝有时，4＝通常，

5＝总是）。①

　　除了自我报告问卷，访谈也常被用来调查学生参与实验前后的阅读策略使用情况的变化及其背后的原因。但是，访谈问题也不应该是研究者临时编纂的，而需要充分借鉴前人研究中不同阅读情境下的阅读策略半结构化访谈，并在此基础上进行调整。在前测访谈中，问题聚焦于学生将会在阅读过程中做什么，以及老师教授了他们哪些阅读方法或策略。在后测访谈中，访谈问题主要聚焦于参加实验课程后，学生策略使用的变化，例如，"现在在阅读小说时，你会采取什么措施以达到更好的理解？"学生对不同阅读策略所对应的特定阅读情境的了解，例如，"当你想要更好地理解小说中的人物时，你会怎么做？"学生阅读策略使用情况变化的原因等。虽然研究者通常使用一个包含一系列问题的访谈提纲来指导访谈，访谈问题的数量通常不宜过多，但也不宜太少，以 4~7 个为宜，配合及时的追问，但在实际访谈中，研究者提出的问题并不局限于列表清单上的内容。② 为了完善数据质量，实现三角互证，采用混合式实验研究方法的研究者还会收集学生在参与实验课程中使用阅读策略留下的过程性数据。例如，在一项调查融合式阅读教学对学生策略使用情况影响效果的混合式实验研究中，研究人员除了收集测验和问卷数据，也系统地收集了学生的策略任务清单，对整个实验教学期间学生完成的任务单中的策略任务总量和类型进行了统计分析。通过计算和比较实验组和控制组学生在任务单中提出的每种类型问题的总数，研究者可以更好地研究不同组别学生在策略使用情况上的差异。

　　出声思维（think aloud）也可以用来评估阅读策略使用水平。实际上，出声思维研究方法早期被重视正是源自它在揭示学生阅读策略使用过程上的优势。20 世纪 70 年代，尼威尔（Newell）和西蒙（Simon）通过阅读任务调查、建立模型以及出声思维等方法，发现了读者在阅读理解过程中常用的策略。③ 他们的工作再次提醒了研究者出声思考方法在评估学生阅读策略使用水平的价值。在探究读者如何运用认知和元认知策略进行阅读以及解决阅读问题这方面，出声思考法尤为有效。兰格（Langer）指出，阅读过程中的出声思维草稿所包含的

① GU Y X，LAU K L. Examining the Effects of Integrated Instruction on Chinese Sixth-Graders' Reading Comprehension，Motivation，and Strategy Use in Reading Fiction Books［J］. Reading and Writing，2021，34（10）：2581-2602.

② GU Y X，LAU K L. Examining the Effects of Integrated Instruction on Chinese Sixth-Graders' Reading Comprehension，Motivation，and Strategy Use in Reading Fiction Books［J］. Reading and Writing，2021，34（10）：2581-2602.

③ NEWELL A，SIMON H A. Human Problem Solving［M］. Englewood Cliffs：Prentice-Hall，1972.

有关阅读策略使用情况的内容，比阅读后的回忆更为丰富，且涉及更多即时进行的细节，这些细节在阅读后的回忆中往往被遗忘；此外，当读者进行出声思考时，他们更不容易扭曲阅读过程。① 对学生的出声思维草稿进行话语分析，可以揭示熟练读者在阅读理解过程中怎样灵活使用复杂多元的阅读策略，进行深度的信息加工。②

三、测量阅读动机的工具

测量学生阅读动机常用的工具是自我报告式的阅读动机问卷。在调查阅读教学干预项目对学生的阅读动机的影响时，研究人员经常会给学生发放前测和后测阅读动机问卷。早在 20 世纪 90 年代，美国研究人员就已经开发出了较为成熟的阅读动机问卷（Reading Motivation Questionnaire，RMQ）③。中国学者刘洁玲等人随后根据中国学生的具体情况，将其修订为中文版（Chinese Reading Motivation Questionnaire，CRMQ），并采用了验证性因子分析等方法严格地检验了问卷的信度和效度，在华语地区得到了广泛使用。④ 由于刘洁玲等学者修订的中文版阅读动机问卷调查对象为小学生，因此如果国内研究调查小学生的阅读动机，如不同学科的阅读兴趣或者跨学科阅读动机等问题，可以在 CRMQ 的基础上进行修订改编。

和阅读策略问卷类似，研究人员在正式发放阅读动机问卷前，也会实施预研究以检验阅读策略问卷的信度和效度，并使用探索性因子分析所有条目的因子负荷，并删除所有信效度和因子负荷过低的条目。经过预研究，修订后的中文版阅读动机问卷包括四个子维度：自我效能感、内部动机、外部动机、社会动机。每个子维度包含 6 个条目。自我效能感的条目主要测量学生对自身阅读能力的自信程度，例如，"我擅长阅读不同风格和主题的文章"；内部动机的条目主要测量学生的内部阅读动机，例如，"当我放学后有空时，我喜欢读书"；外部动机的条目主要测量诱使学生进行阅读的外部因素，例如，"为了提高我的

① LANGER J. The Process of Understanding: Reading for Literary and Informative Purposes[J]. Research in the Teaching of English, 1990, 24(3): 229-260.
② KUCAN L, BECK I L. Thinking Aloud and Reading Comprehension Research: Inquiry, Instruction and Social Interaction[J]. Review of Educational Research, 1997, 67(3): 271-299.
③ BAKER L, WIGFIELD A. Dimensions of Children's Motivation for Reading and Their Relations to Reading Activity and Reading Achievement[J]. Reading Research Quarterly, 1999, 34: 452-477.
④ LAU K L. CHAN D W. Reading Strategy Use and Motivation among Chinese Good and Poor Readers in Hong Kong[J]. Journal of Research in Reading, 2003, 26: 177-190.

语文考试成绩，我会阅读我不感兴趣的作品"；而社会动机的条目则测量驱动学生进行阅读的社会交往原因，例如，"我愿意与家人和朋友讨论我读过的书籍"。在阅读动机问卷中，每个题项均采用李克特五点量表进行回答（1＝完全不同意，5＝完全同意）。①

　　和阅读策略类似，在混合式实验研究中，研究者也常使用前测和后测访谈来探索学生阅读动机的变化及其原因。有研究表明，中国学生在回答阅读动机问卷时，倾向于选择中间选项，因此，仅凭问卷很难揭示学生阅读动机的实际变化。为了解决这一问题，研究者常采用半结构化访谈作为补充数据，以探索学生阅读动机的变化、变化原因以及学生对实验教学课程的感知。大量研究曾使用访谈法调查学生在参与实验项目前后的阅读动机和阅读态度的变化及其原因，② 因此，研究人员需要参考大量前人的研究而制定访谈提纲。在前测访谈中，研究者的问题主要围绕实验课程开始之前，学生对自己阅读能力、阅读兴趣以及小说阅读小组讨论的总体看法。在后测访谈中，研究问题主要涉及阅读动机四个子维度的变化：阅读自我效能感的变化及其原因，例如，"参与实验课程后，你对自己的阅读能力有何看法？"阅读内部动机的变化及其原因，例如，"实验课程是否影响了你的阅读兴趣？为什么？"阅读社会动机的变化及其原因，例如，"你现在对阅读小组讨论有何感受？为什么？"对整个教学实验课程及不同环节的整体态度变化，例如，"你对这个实验教学项目有何感受？"以及变化背后的原因，例如，"你为何有这种感受？"。③

　　在混合式实验研究中，研究者也会采用教师/研究者的反思笔记收集学生参与实验阅读教学时的态度、行为、情感、观感和认知投入等方面的数据。笔记中简要记录了一些学生案例，用于解释学生变化的原因。然而，由于教师/研究者需要将大部分精力投入课堂教学，因此从教师反思笔记中收集的数据主要基于教师/研究者个人的课后回忆。教师/研究者的反思笔记仅作为辅助数据来源，用于支持和解释问卷和测试后从访谈中收集的结果。

---

① GU Y X, LAU K L. Examining the Effects of Integrated Instruction on Chinese Sixth-graders' Reading Comprehension, Motivation, and Strategy Use in Reading Fiction Books[J]. Reading and Writing, 2021, 34(10):2581-2602.

② WALTERS J, BOZKURT N. The Effect of Keeping Vocabulary Notebooks on Vocabulary Acquisition[J]. Language Teaching Research, 2009, 13(4):403-423.

③ GU Y X. The Effects of Integrated Instruction on Chinese Sixth Graders' Reading Comprehension, Reading Motivation and Strategy Use in Fiction Reading[D]. Abstract Available in ProQuest Dissertations & Theses Global Database, 2019.

第二节　跨学科有效阅读项目测评方法及工具

由于跨学科阅读素养在阅读研究领域尚属于新兴的概念，且包含的元素十分多样和复杂，截至目前，尚未有直接测量跨学科阅读素养的成熟而完备的测量工具。不过，也有不少研究者设计了能够测量跨学科阅读素养的部分组成元素的工具或者测评项目，在这一章我们会分别来介绍。本节重点介绍近年来美国较为流行的跨学科有效阅读项目（Reading Effectively Across the Disciplines，简称 READ 项目），该项目是一个由纽约技术学院（New York Technology College）教师发起的、旨在提高学生跨学科阅读素养及知识学习的综合性项目。该项目最主要的特征是开发了一套相对完备的测评机制和工具，包括客观测试、调查问卷、写作任务等，通过评估改革倒逼教学改革。虽然跨学科有效阅读项目的初衷是提升大学生的跨学科阅读素养及学科专业素养，但是由于该项目思路清晰、内容丰富、流程规范，符合跨学科阅读素养的理论假设，且具有创新性，跨学科有效阅读项目的评估理念、思路及具体评估工具是可以迁移应用到中小学生的跨学科阅读素养测评工具开发过程中的。

一、跨学科有效阅读项目的主要内容

跨学科有效阅读项目主要包含三部分：支撑学生跨学科阅读素养发展的多维技能、系统的形成性评估（formative assessment）与总结性评估（summative assessment）、跨学科及学科特定的评估工具。其中最重要的部分是评估方法和评估工具。跨学科有效阅读项目强调，跨学科阅读素养不仅仅是单一技能，而是包括一系列技能、能力和认知过程，使学生能够积极参与特定学科的实践和话语。项目使用形成性评估来识别学生学习过程中的困难，并提供干预措施，同时使用总结性评估来测量学生的跨学科知识内容的掌握程度。

跨学科有效阅读项目的评估工具根据学科特点定制。不同于标准化测试，它们更侧重于评估学生对跨学科文本材料的阅读能力。评估工具和教学策略都是为了满足学科特定的需求而设计。在跨学科有效阅读项目中，评估与教学紧密结合，特别是形成性评估，是嵌入教学过程中的，旨在支持和提高学习效果。跨学科有效阅读项目的评估是多维度的，不仅覆盖知识理解，还包括分析、应用和评价等高阶思维技能。评估的对象包括阅读策略、自我表现和教学过程。具体说来，阅读策略的评估旨在通过比较前测和后测的结果，来评估教学策略

的有效性。学生自我评估旨在引导学生对自己的学习成果进行自我评估，提高自主学习能力；而针对教学的评估，则旨在根据评估结果调整教学方法和内容，以更好地满足学生的学习需求。① 可以说，跨学科有效阅读项目的核心原则是通过评估来促进跨学科阅读素养多维技能的发展。

跨学科有效阅读项目培养的核心技能包括：第一，学科文本理解技能。学生需要理解不同学科文本中的主要观点、关键细节以及专业术语，并能够基于文本内容做出逻辑推断。这包括对字面意义和隐含意义的理解，以及对文本结构和组织的认知。第二，跨学科文本分析技能。分析技能要求学生能够识别文本结构，理解概念和观点之间的关系，以及能够解读不同格式和媒介中呈现的信息。这涉及对文本的深入分析，包括识别论点、证据以及作者的意图。第三，知识应用技能。学生应能够将阅读中获得的知识应用到新的或实际的生活情境中。在科学、技术、工程、数学等专业研究课程中，这种能力尤为重要，因为它能够将理论知识转化为实践技能。第四，文本评价技能。文本评价技能要求学生能够对文本中的观点、情境或论点做出有根据的判断。这包括对论点的有效性以及相关证据的支持度评估。第五，知识整合技能。学生需要能够综合所学知识，形成对复杂概念和问题的全面理解，也就是将不同信息和知识片段整合在一起，构建起对学科领域的深入理解。第六，元认知技能。跨学科有效阅读项目鼓励学生发展元认知技能，包括自我监控、自我调节和自我反思。这些技能有助于学生更好地管理自己的学习过程，提高学习效率。第七，问题解决技能。特别是在数学、科学和工程学科中，跨学科有效阅读项目强调培养学生解决实际问题的技能，使他们能够识别问题类型，运用适当的方法，并进行有效的推理和判断。②

跨学科有效阅读项目的教学流程和环节主要包括前测，即在学期初进行，旨在识别学生的阅读强项和弱点，以及对多学科学术语言的掌握程度；教学干预，即基于前测结果，教师调整教学方法，选择策略来提高学生跨学科阅读能力；形成性评估，即在教学过程中持续实施的评估，包括自我评估和参与式评估，以促进学生的自我反思和元认知技能的发展；后测，后测在学期末进行，评估教学策略的有效性，并指导未来的教学改进；评估结果的分析与反馈，即

---

① SHEPARD L A. The Role of Assessment in a Learning Culture [J]. Educational Researcher, 2000,29(7):4-14.

② BUT J C. Assessment: A Tool for Improving Disciplinary Literacy [M]// BUT J C. Teaching College-Level Disciplinary Literacy: Strategies and Practices in STEM and Professional Studies. Cham: Palgrave Macmillan, 2020:55-76.

教师和学生共同分析评估结果，识别学习中的问题和误解，提供针对性的指导和支持。其中，教学干预环节所包含的主要组成部分是文本选择（精心挑选与学习目标和学科要求相符的阅读材料）、问题设计与讨论（创建与学习目标一致的多样化问题，包括选择题和构造性回答问题）、确立评分准则（开发详细的评分指南，确保评分的准确性和一致性）、学生参与（鼓励学生参与评估过程，提高他们对自己学习的认识和责任感）等。

二、跨学科有效阅读项目评估测试主要内容

跨学科有效阅读项目评估的主要目的，在于促进学生的主动学习，帮助学生通过有效的跨学科阅读活动，提升学科知识和学科语言能力。跨学科有效阅读项目评估工具的测量对象主要是学生的多学科阅读素养，每组评估都测量学生的通用阅读技能、阅读策略、学术词汇、学科知识以及学科特定的认知技能。传统的标准化测试往往无法全面覆盖多个学科的素养需求，导致学生在特定学科领域的阅读理解能力及跨学科阅读素养得不到充分的评估和指导。这是因为，学生的学科素养不仅仅包括对学科知识的掌握，还包括能够有效参与特定学科实践和使用学科学术话语的能力。[1] 跨学科有效阅读项目评估的引入则可以填补这一空白，通过策略性、与学科专业知识密切相关的评估方法，能够了解和提高学生在特定学科领域及跨学科的阅读理解能力。跨学科有效阅读项目评估包括正式和非正式评估的结合，旨在全面衡量学生的跨学科阅读素养。形成性评估的目的在于及时识别学生在学习过程中遇到的困难，并提供相应的教学干预，以帮助学生克服这些困难，总结性评估则能够了解学生参加完项目之后的整体表现，为项目改进提供基于证据的建议。

巴特（But）等人指出，跨学科有效阅读项目评估涵盖对评估材料、问题类型、文本选择和评分标准的设计。评估文本材料的选用非常关键，它包括了学科典型阅读材料、教科书、实验手册和其他学科特定的文本。选择阅读材料的标准在于文本材料与评估目标的相关性、可读性、长度、文本复杂性、文本特征以及所需的已有知识等。在客观化测试中，评估问题的设计是关键。每个问题都是为了测量学生在特定学科领域的特定技能和知识而设计的，与学习目标高度贴合。问题类型多样，包括选择题、构造性回答问题、填空题、判断题、

---

① BUT J C. Assessment：A Tool for Improving Disciplinary Literacy[M]// BUT J C. Teaching College-Level Disciplinary Literacy：Strategies and Practices in STEM and Professional Studies. Cham：Palgrave Macmillan，2020：55-76.

排序题、匹配题等；封闭式题目（如选择题）能够有效地评估广泛的知识点，并且可以高效、客观地评分；而开放性建构问题则能够引发复杂的思考，评估学生在描述、分析、解决问题等方面的能力。[①] 巴特等人所设计的具体测试问题示例如下：

1. （物理）根据你对《电路分析入门》（Boylestad，2012，第78-81页）的阅读，回答以下问题：（1）将上述电阻器按照公差从高到低的顺序排列。（2）一个电阻值编码为黄色、紫色、棕色、银色，其测量值为492欧姆，是否在公差范围内？解释原因。

2. （会计学原理）根据你对《克里斯蒂·克雷姆：仍然没有糖衣》（Foust，2006）的阅读，回答以下问题：（1）你认为 Krispy Kreme 会从"中心辐射型"生产系统中受益吗？这样的变化将如何影响公司和加盟商？（2）Krispy Kreme 可能采取哪些措施来解决其会计中的重大弱点？

3. （建筑科技）根据你对《理解建筑》（Roth & Clark，2013，第609-611页）中"现代主义的扩展"一节的阅读，回答以下问题：（1）根据文章内容，图20.1 中的建筑风格是何时以及为何在美国变得流行的？（2）文章中提到的现代主义建筑批评家中，哪一位最有可能与马里奥·博塔（Mario Botta）持有相同的观点？他们在什么主题上会有共识？用文本证据支持你的答案。

4. 根据你对《抗生素抗性：世界处于"后抗生素时代"的边缘》（Gallagher，2015）的阅读，回答以下问题：（1）根据文章内容，"后抗生素时代"是什么？（2）具体来说，抗生素抗药性是如何传播的？[②]

为了确保评估的可靠性和有效性，项目团队还邀请了学科素养专家和学科领域教师共同设计和审查评估项目所设计的问题，同时也开发了详尽的评分细则。跨学科有效阅读项目评估作为一种有效的促进教学的手段，能够帮助学生更加深入地理解学科知识，发展批判性思维和解决问题的能力；也能够帮助教

---

① BUT J C. Assessment：A Tool for Improving Disciplinary Literacy［M］// BUT J C. Teaching College-Level Disciplinary Literacy：Strategies and Practices in STEM and Professional Studies. Cham：Palgrave Macmillan，2020：55-76.

② BUT J C. Assessment：A Tool for Improving Disciplinary Literacy［M］// BUT J C. Teaching College-Level Disciplinary Literacy：Strategies and Practices in STEM and Professional Studies. Cham：Palgrave Macmillan，2020：62.

师更准确地把握学生的学习进度和需求，从而提供更加个性化和有效的教学支持。跨学科有效阅读项目评估的实施是一个系统化过程，涉及前测和后测两个阶段，分别在学期初和学期末进行。这种设计允许教师和学生对学习成果进行全面的审视和反思。

三、评估标准与评分准则

跨学科有效阅读项目创建了一套综合的评估标准。这些标准包括理解、分析、应用和评价四个主要维度，它们共同构成了评估学生跨学科阅读素养的框架。首先，理解能力是跨学科阅读素养的基础，它包括对文本中的主要观点、关键细节和专业词汇的掌握，以及进行逻辑推断的能力。其次，分析能力要求学生能够识别文本结构，理解并分析观点之间的关系，并能够解读通过不同格式和媒介呈现的信息。再次，应用能力则关注学生将跨学科阅读过程中获得的知识应用到现实生活情境中的能力，这对于科学、技术、工程、数学等学科课程尤为重要，因为它包含从阅读到实践的转换。最后，评价能力则指读者基于证据做出明智判断的能力，包括对不同学科文本中的观点、情境或论点的评估能力，这需要有效的推理和充分的证据支持。每个维度进一步细分为四个能力等级：完全熟练（4分）、足够熟练（3分）、接近熟练（2分）和低熟练度（1分），这样的分级为教师提供了一个清晰的评分框架和评分指南，能帮助教师准确地评估学生在特定学科领域的阅读素养，也为学生提供了一个清晰的进步路径，具体评分标准见表5-1。在评估过程中，由内容领域教师和学科素养专家合作实施评分指南，以确保评分过程的准确性和一致性。

表5-1　跨学科有效阅读项目评估标准与评分细则[①]

素养维度	4分	3分	2分	1分
理解	理解文本中的主要观点、关键细节和专业词汇，并能做出逻辑推断	理解文本中的大部分信息和专业词汇，并能做出一些逻辑推断	理解文本中的一些观点和专业词汇，努力做出逻辑推断	基本上无法理解文本中的主要观点和专业词汇，并无法做出逻辑推断

---

① 本表引自 BUT J C. Assessment：A Tool for Improving Disciplinary Literacy [M]// BUT J C. Teaching College-Level Disciplinary Literacy：Strategies and Practices in STEM and Professional Studies. Cham：Palgrave Macmillan，2020：59.

素养维度	4分	3分	2分	1分
分析	能够识别文本结构，完全理解并分析观点之间的关系，并解释以不同格式和媒介呈现的信息	能够识别文本结构，理解并分析一些观点之间的关系，并解释一些以不同格式和媒介呈现的信息	在识别文本结构、理解并分析观点之间的关系以及解释以不同格式和媒介呈现的信息方面存在一些困难	大部分无法识别文本结构、理解并分析观点之间的关系，并解释以不同格式和媒介呈现的信息
应用	能够熟练地使用文本中的概念和想法来解决问题，或准确且有意义地将它们联系起来/应用到新情境中	能够使用文本中的概念和想法来解决问题或准确地将它们联系起来/应用到新情境中，但有一些限制	能够部分地使用文本中的一些概念和想法来解决问题或在新情境中将它们联系起来/应用，信息有轻微的不匹配和限制	大部分无法使用文本中的概念和想法来解决问题或将它们联系起来/应用到新情境中
评价	能够基于充分的支持，包括有效的推理、相关和充分的证据，对观点、情境或论点做出明智的判断	能够基于一些支持，包括有效的推理、相关和充分的证据，对观点、情境或论点做出明智的判断	能够做出对观点、情境或论点的判断，但支持有限或没有，包括有效的推理、相关和充分的证据	大部分无法对观点、情境或论点做出判断，支持有限或没有，包括有效的推理、相关和充分的证据

四、跨学科有效阅读项目调查问卷

除了开发客观阅读测验和评量细则，跨学科有效阅读项目的教师还设计了一个针对学生的调查问卷，该调查问卷旨在深入了解学生在跨学科阅读、写作任务中的参与度，包括他们面临的各种挑战，以及他们如何应用阅读策略来促进更深层次的跨学科阅读理解。学生需要反思自己面对不同学科的阅读观念、阅读习惯、教科书使用情况、完成学科阅读任务的程度、阅读学科文本时遇到的困难，以及他们在阅读时采用的策略。通过问卷调查，教师可以了解学生的学科学习情况、在不同学科阅读中遇到的挑战，以及阅读学科文本时所使用的阅读策略等。调查结果有助于教师更好地了解学生的需求，并调整教学策略以提高学生的跨学科阅读能力。问卷具体问题如表5-2所示。该问卷也可以帮助学生进行自我评估、自我反思和自我监控。通过自我评估，学生能够根据学习目标设定下一步的学习计划。学生还可以通过这种自我评估，建立起对学习的责任感。教师也可以结合客观测试及调查问卷的数据，与学生共同讨论评估结果，与学生一起回顾每一项任务的完成过程，帮助学生了解自己在跨学科阅读及学习过程中存在的问题，对核心概念存在的误解、差距及需要改进的地方，以促进学生的反思与成长。

表 5-2　跨学科有效阅读项目调查问卷（节选）①：

封闭式选择题		
问题编号	问题内容	选项
1	阅读对学业成功很重要。	非常同意/同意/不确定/不同意/非常不同意
2	你如何获取不同学科的教科书？	A. 购买　B. 租赁　C. 从图书馆借阅　D. BitTorrent 或相关方法　E. 在线　F. 我不使用教科书
3	如果你学习不同学科都不使用教科书，请说明原因：	A. 买不起　B. 认为没有必要　C. 改为阅读讲座笔记　D. 没有时间阅读　E. 文本太难　F. 没有兴趣　G. 不是必修课　H. 不需要
4	你多久使用一次你的教科书？	A. 几乎每天　B. 每周几次　C. 每周一次　D. 仅在考试前　E. 很少　F. 从不
5	如果你不使用教科书，请勾选以下原因：	A. 买不起/租赁　B. 改为阅读课堂材料/在线发布的文本　C. 没有时间阅读　D. 文本太难　E. 没有兴趣　F. 不是必修课　G. 教师不要求教科书　H. 其他（请说明）
6	你在当前课程中完成了多少指定阅读？	A. 几乎没有　B. 大约20%　C. 大约50%　D. 大约75%　E. 几乎所有
7	在阅读不同学科的指定文本时，我能够（可多选）：	A. 理解并总结主要观点　B. 通过使用文本中的证据和个人经验解释含义　C. 分析细节/观点及其相互关系　D. 将我阅读的信息应用到现实生活情境中　E. 综合我学到的知识和信息　F. 基于文本中的证据评估论点并做出判断
8	你觉得不同学科的教科书有趣。	非常同意/同意/不确定/不同意/非常不同意
9	你觉得不同学科的教科书能提供信息。	非常同意/同意/不确定/不同意/非常不同意

① 本表引自 BUT J C. Assessment：A Tool for Improving Disciplinary Literacy［M］// BUT J C. Teaching College-Level Disciplinary Literacy：Strategies and Practices in STEM and Professional Studies. Cham：Palgrave Macmillan，2020：67-69.

续表

封闭式选择题		
10	你发现理解不同学科的教科书有困难。	非常同意/同意/不确定/不同意/非常不同意
11	你发现从教科书中提取信息有困难。	非常同意/同意/不确定/不同意/非常不同意
12	根据你的经验，什么使阅读文本具有挑战性？（可多选）	A. 词汇太难　B. 没有足够的背景知识　C. 无法将内容与现实生活经验联系起来　D. 无法理解概念之间的关系　E. 无法理解文本的结构/组织　F. 教师没有提供足够的阅读指导　G. 阅读没有任何问题　H. 教师不要求阅读文本
13	未完成指定阅读的原因有哪些？	A. 对阅读缺乏兴趣　B. 买不起教科书　C. 无法将阅读放在有意义/相关的背景中　D. 缺乏阅读策略　E. 阅读理解能力不强　F. 文本太难　G. 文本不感兴趣　H. 无法保留信息　I. 阅读不是通过课程所必需的　J. 课程不是必需的
14	我使用策略来阅读不同学科的指定文本。	是/否/不确定
15	你使用哪些阅读策略？（可多选）	A. 标记/下划线文本　B. 突出文本　C. 注释文本　D. 做笔记　E. 视觉绘图/制图　F. 重读困难部分　G. 提出问题并回答　H. 形成心理画面　I. 其他（请说明）
16	英语是你的第一语言	是/否
17	你目前正在上一门发展性阅读课程	是/否
18	我为了乐趣阅读书籍、杂志、文章或报纸	是/否
19	你多久为了乐趣阅读一次？	A. 印刷教科书　B. 电子教科书
开放式问答题		
问题编号	问题内容	
20	你最后一次为了乐趣阅读一本书是什么时候？	
21	以下哪种你更喜欢？	
22	解释你对印刷教科书的偏好	
23	解释你对电子教科书的偏好	
24	请描述大学多学科阅读对你意味着什么？你有任何关于跨学科阅读的评论想要贡献吗？	

第三节 跨学科阅读素养调查问卷

考虑到目前学术界暂时未有成熟的调查读者跨学科阅读素养的评估工具，桑卡拉纳拉亚南（Sankaranarayanan）基于斯皮尔斯（Spires）等人对学科阅读素养的维度划分，开发了测量学生跨学科阅读素养的问卷。斯皮尔斯等人将学科阅读素养定义为，学生在类似学徒制关系中，从学科专家那里获得的建构学科知识的实践，包括在不同学科中书面或口头交流、创造知识所需要的学科知识和技能。① 他们进一步指出，学科阅读素养是一个复杂的概念，由多个维度构成，为了方便研究者进一步测量，他们结合前人研究将学科素养分为三个主要维度，并为每个维度定义了具体的测量指标。这三个维度分别是表达性素养（expressive literacy），即借助个人经验、叙事描述技法、比喻性语言、修辞技巧等元素解构文本内容、主题、目的、风格等的意愿和能力;② 来源素养（source literacy），即确认信息来源可信度的能力，如结合作者身份、声誉、背景等元素，分析来源信息的可靠性、检验作者的主张和目的的意愿与能力;③ 分析性素养（analytic literacy），即使用量化数据和专业学术术语、精确沟通、建构多重知识表征（如图表、数据等）的意愿和技能，如分析学术术语、分析图表数据、使用文学技巧来建构文本意义等。④ 由于这三个维度的素养实际上已经涵盖了不同学科的阅读素养，因此 Sankaranarayanan（2020）在这一理论框架之下，开发了一份可以用于测量学生跨学科阅读素养的自我报告式调查问卷，该问卷共三个维度（表达性素养、来源素养、分析性素养），经过先导研究、探索性研究、验证性研究后，删掉负荷较低的题目，所余共28道题，每个问题采用李克特五点量表（1＝从不；5＝总是）的形式来回答，具有良好的信度和效度。具体题目

---

① SPIRES H A,KERKHOFF S N,GRAHAM A C K,et al. Operationalizing and Validating Disciplinary Literacy in Secondary Education[J]. Reading & Writing,2018,31(6):1401-1434.

② WARREN J E. Rhetorical Reading as a Gateway to Disciplinary Literacy[J]. Journal of Adolescent & Adult Literacy,2013,56(5):391-399.

③ WINEBURG S S,WILSON S M. Subject Matter Knowledge in the Teaching of History[J]. Advances in Research on Teaching,1991,2:305-347.

④ NIKITINA S,MANSILLA V B. Three Strategies for Interdisciplinary Math and Science Teaching: A Case of the Illinois Mathematics and Science Academy[R]. Goodwork Project Report Series, 2003:21.

所属维度及题目分别见表5-3和表5-4。

表5-3 跨学科阅读素养调查问卷题目所属维度表①

所属维度	题目编号	题目测量内容/技能
表达性素养 （11项）	16	主题组织
	8	重新阅读以确定作者的目的
	12	应用先前的理解
	15	保持时间顺序的进展
	10	比较文本、来源和视角
	13	精确的措辞和准确的细节
	14	通过以前陈述的基础上得出逻辑结论
	17	风格和语调
	7	通过文学设备寻求意义
	26	包括个人经验作为证据
	9	关注模式进行预测
来源素养 （8项）	24	区分说话者与作者
	22	考虑有关作者声誉的信息
	21	用另一个作者的论点验证作者的论断
	23	确定作者论点的有效性
	18	作者论点的可信度
	27	从多个作者那里证实证据
	5	分析来源信息
	6	分析以证明观点

① 本表根据 SANKARANARAYANAN A. Pre-service Teachers Self-Reported Disciplinary Literacy Practices in Core Disciplines：A Survey Development Study［D］. Texas，United States：University of Houston，2020：86-89. 整理而成。

续表

所属维度	题目编号	题目测量内容/技能
分析性素养 （9项）	2	分析定量术语
	3	分析符号
	1	分析技术术语
	4	分析图形、数据、草图、图表、地图和插图
	25	寻求一个解决方案的汇聚
	28	解释数据以支持假设或连接原因与效果
	19	使用表示
	20	寻求精确性而非工艺
	11	可视化文本或创建模型

表5-4　跨学科阅读素养调查问卷①

序号	问题内容	从不	偶尔	有时	经常	总是
群组A	当你在阅读英语/数学/科学/社会研究时，你进行以下操作的频率是？					
1	分析技术术语	1	2	3	4	5
2	分析定量术语	1	2	3	4	5
3	分析符号表示	1	2	3	4	5
4	分析图表、数据、草图、图表、地图和插图	1	2	3	4	5
群组B	当你在阅读英语/数学/科学/社会研究时，你进行以下操作的频率是？					
5	分析来源信息	1	2	3	4	5
6	为了证明作者的主张而进行分析	1	2	3	4	5
7	通过文学技巧寻求意义	1	2	3	4	5
8	重新阅读以确定作者的目的	1	2	3	4	5
群组C	当你在阅读英语/数学/科学/社会研究时，你进行以下操作的频率是？					
9	关注文本模式以进行预测	1	2	3	4	5
10	比较文本、来源和视角	1	2	3	4	5

---

① 本表根据SANKARANARAYANAN A. Pre-service Teachers Self-Reported Disciplinary Literacy Practices in Core Disciplines：A Survey Development Study[D]. Texas，United States：University of Houston，2020：119. 整理而成。

序号	问题内容	从不	偶尔	有时	经常	总是
11	使用可视化策略阅读文本或创建模型	1	2	3	4	5
12	应用先前的理解	1	2	3	4	5
群组 D	当你在完成英语/数学/科学/社会等科目的写作任务时，你为了以下的目的进行修改的频率是？					
13	精确的措辞和准确的细节	1	2	3	4	5
14	在之前陈述的基础上得出逻辑结论	1	2	3	4	5
15	保持时间顺序（序列或顺序）	1	2	3	4	5
16	组织主题	1	2	3	4	5
群组 E	当你在完成英语/数学/科学/社会等科目的写作任务时，你为了以下的目的进行修改的频率是？					
17	风格和语调	1	2	3	4	5
18	作者主张的可信度	1	2	3	4	5
19	使用表达方式	1	2	3	4	5
20	寻求准确性而非技巧	1	2	3	4	5
群组 F	当你在英语/数学/科学/社会等科目的阅读过程中评估作者的主张时，你进行以下操作的频率是？					
21	用另一个作者的主张来验证作者的主张	1	2	3	4	5
22	考虑作者的声誉信息	1	2	3	4	5
23	衡量作者论点的有效性	1	2	3	4	5
24	区分叙述者与作者	1	2	3	4	5
群组 G	当你在英语/数学/科学/社会等科目的阅读过程中综合信息时，你进行以下操作的频率是？					
25	寻求解决方案的合集	1	2	3	4	5
26	将个人经验作为证据包含在内	1	2	3	4	5
27	从多个作者那里证实证据	1	2	3	4	5
28	解释数据以支持假设或连接原因与结果	1	2	3	4	5

第四节　跨学科阅读理解能力调查问卷

随着人们面临的社会问题愈发复杂，如应对气候变化、寻找替代能源、减少社会不公等问题的不断涌现，单一学科的解决方案往往不足以应对挑战，整合不同领域知识和方法的跨学科、跨专业知识和技能逐渐成了学生的必备素养。因此，跨学科教育在中小学和大学教育中日益普遍，因为跨学科教育能够提升学生的跨学科读写素养，培养学生的跨学科知识整合及应用技能，使学生能够更好地面对多变的环境和挑战。为了帮助教师和研究者更好地评估不同类型的跨学科教育带给学生的跨学科理解能力的影响，施菲杰（Schijf）等人开发了一份测量跨学科理解能力的问卷（Interdisciplinary Understanding Questionnaire，IUQ），以评估学生在跨学科课程中的跨学科理解能力变化。施菲杰等人指出，跨学科理解是一个多维概念，它要求学生掌握、理解和运用多个学科的知识和方法。他们借鉴了前人的研究，将跨学科理解定义为一种高级别的能力，即能够整合两个或多个学科的知识、思维方式，以强化和更新认知，更全面地解释科学现象，更有效地解决问题，更有创造性地生产学科知识的能力。[①] 这种理解超越了简单的多学科知识的积累，强调了在不同学科之间建立联系、整合和进行创新思考的能力。例如，一个以环境科学问题为主题的跨学科教育项目，可能需要物理学、化学、生物学、地理学和社会学等多个学科的知识。跨学科理解能力能帮助学生看到不同学科之间的联系，整合不同的学科视角来形成更深入的理解，制定更全面的问题解决方案。不过，为了建立良好的跨学科理解能力，学生需要不同学科的教师、行业实践者、学术专家的支持和帮助。

上文我们提到，跨学科理解是一个复杂的概念，它要求学生不但要深度掌握一门学科知识，还要能够跨越学科边界，整合和应用来自不同学科领域的理论和方法来解释现象，创造新的知识。例如，一个医学生不仅需要掌握生物医学知识，还应该熟悉心理学、社会学等学科视角，以便更全面地理解患者的健康状况和需求。这种能力要求学生能够在不同学科之间建立联系，识别和应用各自的研究方法和理论框架，以促进对复杂问题的深入理解。因此，施

---

① SCHIJF J E,VAN DER WERF G P C,JANSEN E P W A. Measuring Interdisciplinary Understanding in Higher Education[J]. European Journal of Higher Education,2022,13(4):429-447.

菲杰等人将评估问卷里的跨学科理解的概念分成了 6 个维度，它们分别是不同学科范式的知识、跨学科知识、反思技能、批判性反思技能、沟通技能和协作技能。

　　施菲杰等人的 IUQ 问卷 6 个维度包括 24 个题目，每个题目都旨在评估学生特定维度的跨学科理解能力。问卷中的题目主要评估学生对不同学科研究方法和范式的理解、学生在实际问题解决过程中整合这些方法的能力、学生在团队中与不同学科背景的成员协作的能力，以及学生沟通和表达复杂科学概念的能力（具体每个维度的问题见表 5-5）。所有这些问题都是通过李克特五点量表来对每个陈述评分的，1 代表非常不准确，5 代表非常准确，允许学生根据自己的经验和观点打分。这种评分方式不仅能够提供量化的数据，还能够促进学生对自己的跨学科理解能力进行自我评价，帮助教师了解学生在跨学科学习中的优势和需要改进的地方，从而为跨学科教学和课程设计提供反馈，进一步支持学生的跨学科理解能力及阅读素养的发展。施菲杰等人通过先导研究、探索研究和验证性研究反复检验了 IUQ 问卷的有效性和可靠性，在验证性分析中，每个维度及下属的题目都有着良好的信效度表现，这为问卷的推广使用奠定了良好基础。

表 5-5　跨学科理解能力调查问卷（IUQ）①

编号	维度及问题内容	非常不符	比较不符	说不清楚	比较符合	非常符合
维度一	不同学科范式的知识（knowledge of disciplinary paradigms）					
D_1	我能很好地理解不同学科专业的优势和局限性	1	2	3	4	5
D_2	我能分辨出不同学科领域所依赖的证据类型	1	2	3	4	5
D_4	如果被问及，我能识别出不同学科学习领域所特有的知识特征和思维类型	1	2	3	4	5
D_5	我擅长发现其他学科的学生在解释问题或解决方案时遗漏了什么	1	2	3	4	5

① 本表引自 SCHIJF J E，VAN DER WERF G P C，JANSEN E P W A. Measuring Interdisciplinary Understanding in Higher Education[J]. European Journal of Higher Education，2023，13（4）：429-447. 部分题目的措辞根据中小学的情境有微调。

续表

编号	维度及问题内容	非常不符	比较不符	说不清楚	比较符合	非常符合
维度二	跨学科知识（knowledge of interdisciplinarity）					
I_ 1	我经常思考不同学科学术领域如何以不同方式处理同一问题	1	2	3	4	5
I_ 2	在解决学术问题时，我擅长找出我可以使用的外部学科信息	1	2	3	4	5
I_ 3	我有时会在处理学科学术问题时从自己的学科领域之外获取想法	1	2	3	4	5
I_ 5	在解决我自己专业的学科领域内的问题时，我经常从其他学科的专家那里寻求信息	1	2	3	4	5
I_ 6	我经常阅读自己学科之外的主题文本	1	2	3	4	5
I_ 7	我看能到自然科学和社会科学思想之间的联系	1	2	3	4	5
维度三	反思（reflection）					
R_ 2	我喜欢回顾自己所做的事情，并考虑不同的做事方式	1	2	3	4	5
R_ 3	我经常反思自己的行为，看看我是否能够改进我所做的	1	2	3	4	5
R_ 4	我经常重新评估我的经验，以便从中学习并在下一次表现得更好	1	2	3	4	5
维度四	批判性反思（critical reflection）					
Cr_ 1	由于跨学科教育课程，我改变了看待自己的方式	1	2	3	4	5
Cr_ 2	跨学科教育课程挑战了我一些坚定持有的观点	1	2	3	4	5
Cr_ 3	由于跨学科教育课程，我改变了自己通常的做事方式	1	2	3	4	5
Cr_ 4	在跨学科教育课程期间，我发现自己先前认为是正确的观点的错误	1	2	3	4	5

编号	维度及问题内容	非常 不符	比较 不符	说不 清楚	比较 符合	非常 符合
维度五	沟通（communication）					
Cm_ 1	我能够向非专家有效地解释我自己学科领域的知识和观点	1	2	3	4	5
Cm_ 3	我可以轻松地概括一个复杂的科学理论	1	2	3	4	5
Cm_ 5	我认为我可以与自己学科领域之外的学生有效沟通科学理论	1	2	3	4	5
维度六	协作（Collaboration）					
Cl_ 1	我能够与具有各种专业背景和学术技能的同学团队良好合作	1	2	3	4	5
Cl_ 3	我擅长与同学合作以实现小组目标	1	2	3	4	5
Cl_ 4	我能够很好地在需要应用多个学科领域知识和想法的团队中工作	1	2	3	4	5
Cl_ 5	我擅长在自己学科领域之外的学生的团队中工作	1	2	3	4	5

第五节　认识论信念测量工具

在前几章中，我们提到过，认识论信念（epistemic belief）是跨学科阅读素养理论模型的重要组成部分，对学生的多学科文本阅读和知识整合能力有重要的影响。认识论信念是一个复杂的概念，包括对知识结构和确定性的看法，以及对知识来源和证据可靠程度的信念。这些信念可能因个体的经验、文化背景和教育经历而异，使得它们难以通过简单的自我报告问卷来测量。一些学习者可能持有简单的知识观，认为知识是固定和明确的，而另一些学习者可能认为知识是多元和开放的。这种多样性要求测量工具必须具有高度的敏感性和区分度。鉴于认识论信念的复杂性，截至目前，学术界测量认识论信念的工具并不成熟，不过，依然有一些研究者尝试开发了认识论信念的评估工具，在这一节我们来进行简要的介绍。

认识论信念之所以复杂，是因为它是深层次的心理结构，包括个体对知识如何构建、评估、定位的认识以及对认识过程的基本理解。这些信念不仅影响着学习者接收和处理信息的方式，还影响他们参与学术活动和评价知识的方式。斯库门（Schommer）开发的认识论问卷（Epistemological Questionnaire，EQ）是最早用于测量认知信念的工具之一。认识论问卷假定个人的认知信念由多个相对独立的维度构成，这些维度包括知识结构（简单与复杂）、知识确定性（确定与暂定）、知识来源（权威与个人构建）、能力本质（固定与可塑）以及学习速度（快速学习与非快速学习）。认识论问卷中包含 63 个问题，分为 12 个子维度，每一个问题都通过李克特五点量表回答（1＝非常不同意，5＝非常同意）。①例如，认识论问卷中的问题类似于"如果你第一次听到某件事时无法理解，那么以后也很难理解它"，这类题目是对学生所持知识确定性信念的考察。然而，德贝克（DeBacker）等人②在其研究中指出，认识论问卷的因子结构在不同样本中并不稳定，且量表的内部一致性系数较低。这意味着，认识论问卷在测量认知信念时可能存在误差，且难以在不同样本中复现结果。此外，认识论问卷的样本特定评分程序也限制了其在不同研究中的可推广性。随着研究的深入，人们逐渐认识到，认识论信念比最初设想的更为复杂和多维，这促使研究者开发新的工具以更全面地评估认识论认知信念的不同方面。

认识论信念清单（Epistemic Beliefs Inventory，EBI）由施科劳（Schraw）等人开发，旨在通过新设计的问题条目更好地测量斯库门认识论问卷中所描述的认知信念的 5 个维度。认识论信念清单包含 5 个维度，共 32 道题目，分别测量简单知识信念、确定知识信念、全知权威信念、快速学习信念和固定能力信念。与认识论问卷类似，认识论信念清单使用李克特五点量表来评估学生对一系列陈述的同意程度（1＝非常不同意，5＝非常同意），例如，用"真的聪明的学生不需要在学业上工作得那么努力"来测量学生关于认识确定性的信念（具体问

①　SCHOMMER M. Effects of Beliefs about the Nature of Knowledge on Comprehension[J]. Journal of Educational Psychology,1990,82:498-504.

②　DEBACKER T K, CROWSON H M, BEESLEY A D, et al. The Challenge of Measuring Epistemic Beliefs: An Analysis of Three Self-Report Instruments [J]. The Journal of Experimental Education,2008,76(3): 281-312.

卷问题条目见表5-6)。① 然而，尽管认识论信念清单在理论上有所改进，但在实际应用中也遇到了一些问题。研究表明，认识论信念清单的因子结构在不同样本中表现不一致，且一些子量表的内部一致性低于理想水平。这表明认识论信念清单在测量认识论信念时可能同样存在误差，且需要进一步修订和验证。

表5-6　认识论信念清单（Epistemic Beliefs Inventory，EBI）②

编号	题目	非常不同意	比较不同意	不太确定	比较同意	非常同意
1	当教师不告诉学生复杂问题的答案时，我会感到困扰	1	2	3	4	5
2	真理对于不同的人意味着不同的事物	1	2	3	4	5
3	学习东西快的学生最成功	1	2	3	4	5
4	人们应该始终遵守法律	1	2	3	4	5
5	有些人无论如何努力工作，也永远不会变得聪明	1	2	3	4	5
6	绝对道德真理不存在	1	2	3	4	5
7	父母应该教给孩子们生活中所有的知识	1	2	3	4	5
8	真正聪明的学生在学校不需要那么辛苦	1	2	3	4	5
9	如果一个人试图过于努力地理解一个问题，他或她最终很可能会陷入困惑	1	2	3	4	5
10	太多理论只会使事情复杂化	1	2	3	4	5
11	最好的想法通常是最简单的	1	2	3	4	5
12	人们无法对自己的智力做太多改变	1	2	3	4	5
13	教师应该专注于事实而不是理论	1	2	3	4	5
14	我喜欢那些提出几种竞争性理论并让学生自己决定哪个最好的老师	1	2	3	4	5
15	你在学校的表现取决于你有多聪明	1	2	3	4	5

---

① SCHRAW G,BENDIXEN L D,DUNKLE M E. Development and Validation of the Epistemic Belief Inventory[M]// HOFER B K,PINTRICH P R. Personal Epistemology：The Psychology of Beliefs about Knowledge and Knowing. Mahwah：Erlbaum,2002：103-118.

② 本表引自 DEBACKER T K,CROWSON H M,BEESLEY A D, et al. The Challenge of Measuring Epistemic Beliefs：An Analysis of Three Self-report Instruments[J]. The Journal of Experimental Education,2008,76(3)：281-312.

编号	题目	非常不同意	比较不同意	不太确定	比较同意	非常同意
16	如果你不能迅速学会某件事，你就永远学不会	1	2	3	4	5
17	有些人天生就有学习的天赋，而其他人则没有	1	2	3	4	5
18	事情比大多数教授让你相信的要简单	1	2	3	4	5
19	如果两个人在争论某件事，至少有一个人一定是错的	1	2	3	4	5
20	应该允许儿童质疑父母的权威	1	2	3	4	5
21	如果你第一次没有理解一章的内容，再复习也不会有帮助	1	2	3	4	5
22	科学很容易理解，因为它包含了如此多的事实	1	2	3	4	5
23	我遵循的道德规则适用于所有人	1	2	3	4	5
24	你对一个主题了解得越多，就会有越多的东西需要了解	1	2	3	4	5
25	今天的真实将会是明天的真实	1	2	3	4	5
26	聪明的人天生就是那样	1	2	3	4	5
27	当有人权威告诉我该怎么做时，我通常会去做	1	2	3	4	5
28	质疑权威的人是麻烦制造者	1	2	3	4	5
29	在没有快速解决方案的问题上工作是浪费时间	1	2	3	4	5
30	你可以学习某件事情多年，但仍然不理解它	1	2	3	4	5
31	有时候生活中重大问题没有正确的答案	1	2	3	4	5
32	有些人天生就有特殊的天赋和才能	1	2	3	4	5

　　认识论信念调查（Epistemological Beliefs Survey，EBS）由伍德（Wood）和卡尔达什（Kardash）开发，它结合了斯库门认识论问卷的部分原始条目和其他问卷的条目，试图建构更为清晰和稳定的因子结构。认识论信念调查包含 38 个项目，分为 5 个维度，分别测量学生对知识的获取速度、知识的结构、知识的构建和修改、成功学生的特征以及客观真理的可达成性的看法。认识论信念调

查的问题条目具有更高的综合性，例如，它会询问学生是否同意"如果你第一次阅读教科书时无法理解大部分信息，那么再次阅读也不会有太大帮助"这样的问题，以评估学生对知识获取速度的看法（具体问题见表5-7）。认识论信念调查也使用李克特五点量表来评估学生对一系列陈述的同意程度（1=非常不同意，5=非常同意）。①

表5-7 认识论信念调查（Epistemological Beliefs Survey，EBS）②

编号	题目	非常不同意	比较不同意	不太确定	比较同意	非常同意
1	你可以相信大多数你读到的东西	1	2	3	4	5
2	唯一确定的就是不确定性本身	1	2	3	4	5
3	如果某事可以被学习，它应该立即被学会	1	2	3	4	5
4	我喜欢信息以直接的方式呈现；我不喜欢在字里行间阅读找信息线索	1	2	3	4	5
5	除非你从教科书的开头部分就开始学习并逐个掌握每一部分，否则很难从教科书中掌握知识	1	2	3	4	5
6	形成自己的想法比学习教科书上的内容更重要	1	2	3	4	5
7	你在第一次阅读教科书时，几乎能理解所有你能读懂的信息	1	2	3	4	5
8	真正理解教科书的一个好方法是根据你自己的个人方案重新组织信息	1	2	3	4	5
9	如果科学家足够努力，他们几乎可以找到每个问题的答案	1	2	3	4	5
10	如果你对主题足够熟悉，你应该评估教科书中信息的准确性	1	2	3	4	5

① WOOD P，KARDASH C. Critical Elements in the Design and Analysis of Studies of Epistemology [M]// HOFER B K，PINTRICH P R. Personal Epistemology：The Psychology of Beliefs about Knowledge and Knowing. Mahwah：Erlbaum，2002：231-260.
② 本表引自 DDBACKER T K，CROWSON H M，BEESLEY A D，et al. The Challenge of Measuring Epistemic Beliefs：An Analysis of Three Self-report Instruments［J］. The Journal of Experimental Education，2008，76(3)：281-312.

续表

编号	题目	非常 不同意	比较 不同意	不太 确定	比较 同意	非常 同意
11	当你试图将教科书中的新观点与你已经知道的关于某一个主题的知识点相整合，你只会感到困惑	1	2	3	4	5
12	当我学习时，我寻找特定的事实	1	2	3	4	5
13	如果教授坚持注重讲授事实而不是理论，人们可以从大学中获得更多	1	2	3	4	5
14	成为一个好学生通常涉及记忆大量事实	1	2	3	4	5
15	智慧不是知道答案，而是知道如何找到答案	1	2	3	4	5
16	只有对聪明的学生来说，长时间努力解决难题才会有回报	1	2	3	4	5
17	有些人天生就是好的学习者；其他人则局限于有限的能力	1	2	3	4	5
18	通常，如果你有能力理解某事，它刚开始就会对你来说是有意义、好理解的	1	2	3	4	5
19	成功的学生理解事物很快	1	2	3	4	5
20	今天的事实可能会在明天被看作是虚构的事	1	2	3	4	5
21	我非常欣赏那些精心组织讲座并坚持课程计划的讲师	1	2	3	4	5
22	科学工作最重要的部分是原创思维	1	2	3	4	5
23	即使是专家的建议也应该受到质疑	1	2	3	4	5
24	如果我不能迅速理解某事，这通常意味着我永远不会理解它	1	2	3	4	5
25	我尽我最大的努力对信息进行跨章节甚至跨课程整合	1	2	3	4	5
26	我不喜欢没有明确结局的电影	1	2	3	4	5
27	科学家最终可以找到真相	1	2	3	4	5
28	在没有可能得出明确答案的问题上努力是浪费时间	1	2	3	4	5
29	对于好学生来说，理解阅读材料的主要思想是很容易的	1	2	3	4	5

编号	题目	非常 不同意	比较 不同意	不太 确定	比较 同意	非常 同意
30	听那些对自己信念摇摆不定的讲师讲课是很烦人的	1	2	3	4	5
31	一个好老师的工作是防止学生偏离正确的道路	1	2	3	4	5
32	除非你知道句子被说出的上下文背景或情境，否则它几乎没有意义	1	2	3	4	5
33	科学课程最好的一点是，大多数问题只有一个正确答案	1	2	3	4	5
34	大多数单词只有一个明确的意义	1	2	3	4	5
35	真正聪明的学生不需要努力就能在学校表现得很好	1	2	3	4	5
36	当我学习时，我更喜欢尽可能简化事物	1	2	3	4	5
37	我发现思考专家们无法达成一致的问题令人耳目一新	1	2	3	4	5
38	我们在学校学到的信息是确定的且不变的	1	2	3	4	5

不过，需要注意的是，尽管这些工具在设计上有所更新，但它们在实际应用中仍然面临挑战。如德贝克等人的研究所示，这些问卷在不同样本中的因子结构往往不稳定，且量表的内部一致性较低，这表明它们可能无法准确反映个体的认识论认知信念。总之，由于跨学科阅读素养和认识论认知信念都是颇为复杂的概念，研究者需要探索更为有效的方法，进一步研究和开发更为成熟的测量工具，并在不同的教育、社会、文化背景中检验工具的信度和效度。

第六节　学科核心学术语言技能测试

在前面的章节中，我们讨论过，学术语言技能是跨学科阅读素养的重要组成部分，对于中小学生的跨学科阅读理解能力发展起着至关重要的作用。研究者指出，尽管到了小学四年级以后，学生可能已经掌握了基础的单词识别和语篇理解技能，他们仍需进一步发展学术语言技能，这样才能更深刻地理解不同学科书面文本的含义。特别是在数学、科学、社会、历史等学科的信息类文本的阅读理解中，掌握核心学术语言技能，对学生跨学科阅读素养的发展来说至关重要。这是因为学科学术文本通常包含抽象概念、复杂结构和专业术语，这些都需要学生运用高级语言处理技能来解码和理解。

为了方便教师和研究者更为全面地测量跨学科阅读素养，盖洛韦（Galloway）等研究者研发并完善了核心学术语言技能测评工具（Core Academic Language Skills Instrument，CALS-I)[1]。核心学术语言技能测评工具旨在测量4至8年级的学生在各个学科领域阅读理解中所需的具有高度实用性的学术语言技能，能够在一定程度上反映学生的跨学科阅读素养。研究者认为，特定的核心学术语言技能能够有效预测学生在小学高年级和中学阶段的阅读理解能力和跨学科阅读素养，因此有必要研发合适的工具，对核心学术语言技能进行测量。

我们在第四章中介绍过，核心学术语言技能包含了一系列跨学科技能，这些技能是理解和使用学术语言的基础。核心学术语言技能包含了理解学术词汇概念及其用法，拆解复杂结构提取压缩信息，理解核心观点、命题及其内部逻辑关系，追踪文本中的观点、参与者及指代词，理解文本结构知识，理解作者观点及解释标记，识别学术语言并理解其交际场合等七个维度。核心学术语言技能的多个维度反映了学术语言的复杂性，它不仅要求学生对学术语言有深刻的理解，还要求他们能够在实际的学术交流情境中灵活运用这些语言技能。通过发展这些技能，学生可以更有效地参与学术对话，理解多学科文本，表达自己的观点，批判性地分析他人的观点，掌握良好的跨学科阅读及写作素养。核心学术语言技能测评工具具体考察的领域与技能见表5-8。

表5-8 核心学术语言技能测评工具考察领域与技能[2]

考察领域	测试技能
拆解压缩信息	理解并使用复杂词汇和复杂句子的能力，这些能力有助于读者使用学术语言进行交流，例如，名词化的复杂短语、嵌入从句、扩展的名词短语

[1] UCCELLI P，BARR C D，GALLOWAY E P. Core Academic Language Skills Instrument(CALS-I)[R/OL]. JET Educational Services，2016.

[2] 本表译自 UCCELLI P，BARR C D，GALLOWAY E P. Core Academic Language Skills Instrument(CALS-I)[R/OL]. JET Educational Services，2016.

续表

考察领域	测试技能
理解观点及逻辑关系	理解并使用学术文本中普遍存在的连接词来表示观点之间关系的能力，例如，因此、一方面……另一方面
追踪参与者和观点	识别或产生在学术文本中用来指代相同参与者或主题的术语或短语的能力，例如，水在 100 摄氏度蒸发，这个过程……
理解文本组织结构	根据组织结构分析文本，特别是论证性文本，根据其传统的学术结构（论点、论据、反驳、结论）和段落层次结构（比较/对比；问题/解决方案）把握主要内容的能力
理解学术词汇及元语言词汇	理解学术词汇和句子的精确含义，特别是使用语言将思考和推理过程可视化的能力，这被称为元语言词汇（假设、概括、论证）
理解作者的观点	理解作者表明自己观点时所使用的标记词，能够使用这种标记词，尤其是表明作者对自己观点确信程度的认识论立场的标记词（当然、不太可能）
识别学术语言	在学术语言的交流环境中，识别专业化学术语言与口头语言之间的区别的能力

　　具体说来，核心学术语言技能测评工具包括一个 50 分钟左右的纸笔测试，由 8 个任务组成，覆盖了理解学术语言所需的 7 个维度的关键技能。学生需要通过单向和多项选择题、连线匹配以及简答题来展示他们的学术语言技能水平。此外，核心学术语言技能测评工具还包括一个可选择的任务，即通过开放式问题来评估学生对学术语言规范的理解和掌握程度。为了更好地测试不同年级学生的核心学术语言技能水平，研究者将核心学术语言技能测评工具分成了两种基本形式。第一种是 CALS-I-Form1，针对 4 至 6 年级学生，克隆巴赫系数为 0.9；第二种是 CALS-I-Form 2，针对 7 至 8 年级学生，克隆巴赫系数为 0.86。[①]核心学术语言技能测评工具的测评维度、技能及例题具体见表 5-9。

① PHILLIPS GALLOWAY E,MCCLAIN J B,UCCELLI P. Broadening the Lens on the Science of Reading:A Multifaceted Perspective on the Role of Academic Language in Text Understanding [J]. Reading Research Quarterly,2020,55(S1),S331–S345.

表5-9 核心学术语言技能测评工具考察技能与实例考题①

任务	测量的技能	示例测试题	其他的例子
1. 拆解压缩信息：复杂词汇②和复杂句子③	拆解复杂词汇的能力	研究者读出一个派生词，然后是一个不完整的句子，学生们被要求通过从派生词中提取词根来完成这个句子（例如："Ethnicity. The city had many _____ groups."）	其他派生词：invasion durability contribution
	理解复杂句子结构的能力	研究者读出一个句子，学生们被要求选择与目标句子相对应的图片。呈现了四张图片，其中三张描绘的是通过语法元素改变的句子（例如："The sheep the girl looks at is running."）	其他名词扩展成的短语、中心嵌套从句（具体例子略）
2. 理解观点及其内部逻辑关系	理解关键概念及连接概念的学术词汇的能力	学生们被要求从四个选项中选出缺失的标记（例如："Kim was sick, she stayed home and did not go to school. otherwise, yet, in contrast, as a result"）	consequently nevertheless in conclusion

---

① 本表引自 UCCELLI P，PHILLIPS GALLOWAY E. Academic Language across Content Areas：Lessons from an Innovative Assessment and from Students' Reflections about Language[J]. Journal of Adolescent & Adult Literacy，2017，60(4)：395-404.

② 题目改编自 KIEFFER M J，LESAUX N K. Effects of Academic Language Instruction on Relational and Syntactic Aspects of Morphological Awareness for Sixth Graders from Linguistically Diverse Backgrounds[J]. The Elementary School Journal，2012，112(3)：519-545；CARLISLE J F. Awareness of the Structure and Meaning of Morphologically Complex Words：Impact on Reading[J]. Reading and Writing，2000，12(3)：169-190.

③ 题目改编自 BISHOP D V. Test for Reception of Grammar Version 2(TROG-2)[M]. Oxford：Pearson，2003.

任务	测量的技能	示例测试题	其他的例子
3. 追踪参与者和主题	在文本中追踪指代对象的能力	液体形态的水受热后变成气体形态的水蒸气，这个过程叫作蒸发。（这个过程指的是什么？）	追踪具体参与者、事件和抽象概念的引用
4. 组织分析文本	论证性文本的组织能力	学生们被要求将一篇短文的四到六个片段由传统的标记引入（例如：In my opinion，one reason，in conclusion）按顺序排列，以展示传统的论证文本结构	有些人认为……其他人认为……第一个原因是……
5. 理解元语言词汇	理解标记词、限定性短语或表现科学思维过程的词汇的能力	研究者读出信息类文章中的两个句子，随后是一个受访者的一句反应。然后学生们被要求从四个选项中选择最能描述受访者的反应的词，例如，paraphrase（释义），generalization（概括），hypothesis（假设），contradiction（对立）	counterclaim，evidence，precise
6. 解释作者的观点	解释表明作者对主张确信程度的标记词的能力	研究者读出一个包含立场标记的"科学家的声明"，学生们被要求判断他们认为科学家对其声明的确定程度（例如：Certainly the rock is from space）。学生们从四个选项中选择以回答这个问题（例如：这个科学家确定那块石头是从太空来的吗？——是，可能是，可能不是，不是）	impossible presumably conclusively
7. 识别学术语言	区别学术化与口语化语言的能力	学生们被要求从三个相同熟悉词汇的定义中选择最具学术性的定义	umbrella clown debate

第七节　以写作任务评估跨学科阅读素养

　　研究指出，由于跨学科阅读素养内涵较为复杂，所包含的关键要素较多，因此跨学科阅读素养的评估要求超越传统的、通用的读写技能测试，如识别单词、确定主旨、文章技巧分析等。跨学科阅读素养的评估，应当考虑学生在特定学科领域内理解词汇、概念、特定符号、文本内容、书面和口头表达以及学科社会实践的能力。这需要评估任务为学生提供真实的、具有实质性内容的、跨学科文本；这些文本应该具有丰富的体裁、模态、来源，具备丰富的学术话语资源，能够将阅读和写作任务结合起来，让学生在读写过程中展现出较为深入的思考、推理、知识运用和探究能力。传统的阅读评估往往强调基础的阅读技能和通用的阅读策略，而忽略了文本与所属学科领域知识的相关性，而跨学科阅读素养的评估则应该充分考虑文本与所属学科领域的话语体系、专业知识的关系。此外，跨学科阅读素养评估方案的设计需要阅读教师（通常是文学或语文老师）与不同学科的教师密切合作，共同确定覆盖通用阅读技能、多学科特定内容和学科思维习惯的技能，选择相关的重要文本，设计真实的读写任务和学习经验，并制定科学的评分标准。

　　在众多类型的测评任务中，读写结合任务，尤其是论证性读写结合的任务（如围绕跨学科主题撰写议论文）十分适合被用于测评学生的跨学科阅读素养。因为读写结合任务能够更好地为学生提供在特定学科背景下阅读、整合证据、写作、推理和思考的机会。例如，不同学科的教师可以让学生阅读一手资料，撰写小论文、科学实验报告或调查报告。在这些读写结合任务中，教师可以评估学生对特定学科内容和核心概念的理解、使用学科专业语言沟通交流的能力、构建和评估文本论点的能力，以及运用特定学科思维方法进行思考和推理的能力。总结来说，研究者认为，跨学科阅读素养的评估，需要深入学科特定的实践和认知过程中，要求学生展示他们如何在特定学科内进行深入的思考和有效的沟通。

　　奈特（Knight）和汤普森（Thompson）探讨了通过多维度文本整合任务（text-integration task）来调查和教授跨学科阅读能力的方法。文本整合任务是一种能够调查学生多学科读写技能的方法，所涉及的技能包括从多个来源整合信息、识别文本内部和文本之间的联系、建立文本来源与文本主张之间的关系模型，以及评估文本所提出的主张等。这种整合任务要求学生通过完成读写结合的任务，整合认识论知识，阅读、理解、解释并综合多个学科来源的信息。在奈特等人的评估方案中，跨学科阅读素养的测评是通过文本整合任务来实现的，因为这一任务要求学生不仅要阅读，而且要深入理解并整合来自不同学科的复杂信息。例如，在阅读有关食物—能源—水（food-energy-water）关系的文本时，学生需要从环境科学、经济学和社会学等多个角度来分析问题。整合读写的任务能够测评学生如何识别关键概念、理论框架、实证数据，并将其融入他们对文本主题的综合理解中。

文本整合任务主要包含四个环节。首先，学生需要阅读多个来源的文本材料，通常是来自不同学科但主题相同（如"食物—能源—水"之间的联系）的三篇文章。这些文献材料涉及多个学科的背景知识、观点和信息，可能包含相互矛盾的观点、补充性信息、对同一现象的不同解释。学生的任务不仅仅是理解每篇文献的内容，更重要的是识别出这些文献间的内在联系和区别。例如，学生可能需要阅读关于"精准农业"的三篇文章，这些文章可能分别来自农业科学、环境科学和经济学的角度。学生需要识别每篇文章提出的核心观点，并理解这些观点背后的理论和实证基础。其次，学生需要识别和整合不同文本来源的信息，将不同来源的信息融合在一起，构建一个关于特定主题的整合心理表征模型，这需要读者识别不同学科视角下的共通点和差异，以及它们如何相互作用。例如，为了实现对"精准农业"这一概念全面而深入的理解，学生需要整合不同学科的文本信息，探讨精准农业如何提高作物产量、减少资源浪费，同时考虑其对环境的潜在影响和经济可行性。再次，学生要评估不同来源文本中提出的主张，考虑它们在不同情境下的应用和局限性，包括评估数据的可靠性、方法的有效性及结论的普遍性。最后，学生需要撰写一个整合文本，展示他们如何将不同来源的信息整合在一起。教师一般会先要求学生们通过小组讨论完成整合文本的草稿，在接下来的一周之内修改和重写整合文本，并在项目最终结束时提交整合文本的终稿。文本整合任务不仅要求学生对多学科阅读材料进行总结，更要求学生具备一定的批判性思维和信息整合能力。在整合文本任务中，学生要清晰地展示他们如何分析、评估并整合不同学科来源的信息，以及如何通过这些信息构建起对特定主题的全面理解。①

评估学生的文本整合任务是一个多维度的过程，它包括对文本内容和学生

---

① KNIGHT S,THOMPSON K. Developing a Text-integration Task for Investigating and Teaching Interdisciplinarity in Science Teams [J]. Research in Science Education,2022,52（1）：191 - 203.

表现的深入分析。研究者提出的评分量表为这一评估过程提供了明确的标准和指导。这个评分量表一共包含五个维度，分别是覆盖的主题、来源的整合、评估、文内整合、跨文本整合。首先，评估者会考查学生在综合文本中对主题的覆盖程度。这包括学生撰写的整合文本是否全面地涵盖了所有相关主题，是否展示出对主题的深入理解。例如，如果学生在讨论"精准农业"时只关注了农业技术，而忽略了环境和社会经济的影响，那么他们在主题覆盖程度上的得分可能不会很高。其次，评估者会检查学生在文本中对不同学科信息来源的引用情况，主要考查学生是否引用了所有必要的文献，是否能够准确地使用这些文献来支持自己的观点。例如，如果学生在讨论中引用了一篇关于水资源管理的文章，但未能清晰地展示这篇文章如何与"精准农业"的主题相关联，那么他们在来源包含上的得分可能会受到影响。再次，评估维度还包括学生对信息来源可靠性的评估能力，即他们是否能够批判性地分析文献中的主张，考虑这些信息的质量和适用性。最后，文本内整合和跨文本整合的评分则关注学生如何在文本内部整合信息，以及如何将不同文本的信息联系起来，形成一个连贯、有逻辑的论证。每个维度的评分都是从 0 到 3 的范围内进行，0 分表示学生未达到该标准，而 3 分则表示学生在该维度上的表现达到了典范水平（具体评分细则见表 5-10）。① 通过这种细致的评分系统，教师可以准确地评估学生在文本整合任务中的表现，并提供针对性的反馈来帮助他们改进。

表 5-10　跨学科文本整合任务评分维度及标准

维度	0 分	3
主题覆盖	文本对主题的表面覆盖	所有三个来源文本的主题清晰覆盖
来源整合	文本中没有对任何来源的引用	引用所有三个来源文本
评估	简单重申声明，不考虑来源属性或声明的显著性和可信度	明确权衡来源之间的声明，分析学科视角和差异，并得出结论
文内整合	简单重申个别来源的主张，没有尝试提炼关键点或提供文本主张的概述	对每个文本清晰概述，清晰陈列关键主张
跨文本整合	完全没有文本之间的整合，如分别讨论每个文本	整合文本，以至于可以在整个文本中识别每个文本的主张并组织在一起

① KNIGHT S, THOMPSON K. Developing a Text-integration Task for Investigating and Teaching Interdisciplinarity in Science Teams[J]. Research in Science Education, 2022, 52(1): 191-203.

　　为了突出对学生跨学科阅读素养的考查，奈特等人在评估过程中，重点观察学生是否能够识别并使用不同学科来源的关键信息，是否能够引用恰当的证据来支持他们的论点，以及是否能够清晰地解释不同学科视角如何相互补充或相互冲突。例如，在阅读上文提到的以"精准农业"为主题的文章时，学生需要将其与讨论水资源管理和能源消耗的其他文章进行比较，综合理解不同的学科视角，在自己的整合文本任务中有效地使用这些信息，展现出对不同学科视角的认识，识别和尊重不同学科的方法论和知识体系，并在此基础上构建自己的理解。正因为如此，学生不仅能通过文本整合任务深化他们对特定主题的跨学科理解，还能提升他在不同学科之间建立联系和进行批判性思考的能力。

　　奈特等人提出的文本整合任务的另一大特征，就是与学生的认识论信念紧密相连。通过这种文本整合任务评估，研究者不仅可以了解学生在跨学科阅读理解方面的能力，还可以洞察他们的认识论发展水平，从而为他们提供更有针对性的指导和支持。这是因为，文本整合任务与认识论信念紧密相关，它们都涉及对知识本质和获取方式的深入思考。认识论信念影响学生如何处理和评估多源信息。例如，如果学生持有较为固定的观点，他们可能更倾向于接受来自单一学科的信息，而忽视或简化来自其他学科的复杂性；相反，如果学生具有较为灵活的认识论信念，他们可能更愿意探索和整合来自多个学科的信息，并认识到这些信息的多样性和复杂性。例如，当学生在文本整合任务中只引用了某一学科的观点，而没有提及其他学科视角的信息或解释时，这表明他们可能对知识的认识较为单一；相反，如果学生能够在文本整合任务中，展示出对多个学科视角信息的理解和整合，这表明他们具有较为复杂和灵活的认识论信念。①

---

① KNIGHT S,THOMPSON K. Developing a Text-integration Task for Investigating and Teaching Interdisciplinarity in Science Teams[J]. Research in Science Education,2022,52(1):191-203.

第六章

跨学科阅读素养提升的路径及项目

第一节　提升跨学科阅读素养的关键途径

一、提升学科核心学术语言技能

在前文的跨学科阅读理论研究中，我们提到过，学科核心学术语言技能（core academic language skills）是跨学科阅读素养的重要组成部分，因此提升学生跨学科阅读素养的项目，首先应当充分考虑学生的学科学术语言技能。对中小学生来说，要培养其跨学科阅读素养，应当充分发展母语、数学、科学、社会/历史学科的核心学术语言技能。研究表明，整合对单词、句子结构和学术话语结构的阅读教学，能显著提高学生的跨学科学术语言技能和阅读理解能力。研究者指出，学科学术语言训练不应该脱离其所属的学科内容和概念，也就是说，学科学术语言应当充分结合不同学科背景知识和核心概念的教学。有效的学科核心学术语言教学策略包括明确教授学生学科学术语言特征，也就是直接向学生解释学科学术语言的特别之处；让学生参与需要使用学术语言的真实任务，如阅读以学科学术语言撰写的文本材料、尝试使用学术语言深入讨论多学科文本中的重要观点和概念等；在真实的交流情境中撰写文章，比如，创作科普文章、科研文章、调查报告；使用元认知策略反思学术语言技能和跨学科阅读及学习过程。最近的研究表明，小学高年级学生的学科核心学术语言技能训练能够对学生的跨学科阅读素养产生显著的积极影响。

二、提供使用学科学术语言交流的多元互动环境

学科核心学术语言的学习不是简单的知识积累过程，而是一个在真实的社会文化及学科交流背景下的语用实践过程。因此，跨学科阅读教学项目不仅应

关注学术语言的认知技能的训练，还应充分为学生提供可以使用学术语言交流的支持团队和课堂内外的互动交流环境。学术语言的理解需要社会文化实践经验的支持，包括理解特定学术共同体中的语言规范、实践和态度，因此，跨学科阅读素养的教学应关注学科学术语言的社会目的，通过讨论、互动和批判性思维训练来提高学生的跨学科学术语言理解和使用能力，这样能更好地促进学生的跨学科阅读及写作素养。一项维持了三十年的民族志追踪研究表明，不同社会经济背景的学生在校外活动和同伴交流中获得的学术语言学习机会，对青少年的多学科学术语言发展有显著影响。来自相对富裕家庭的青少年有更多的机会参与与学术语言相关的课外活动，如科学夏令营、辩论俱乐部、戏剧扮演等，而这些活动能够为学生提供丰富的、使用多学科学术语言进行话语交流的机会，促进学生更好地学习不同学科的词汇、复杂的句子模式，以及学术话语规则和结构。相反，那些较少接触这些课外活动机会的学生，则主要依赖课堂上的同伴对话，但这些对话所能提供的主题、词汇和语法复杂程度都有限且随机。如果能够大幅度提高学生使用学术语言进行交流对话的机会及对话质量，对学生的学术语言技能和跨学科阅读素养将有明显的提升。[1]

在跨学科阅读项目中，小组讨论、全班讨论、同伴评论等方式对于学生学习学科学术语言、提升跨学科阅读素养十分重要。因为讨论是一种重要的社会化学习方式，对于学生的多学科学习至关重要。首先，无论是何种学科的阅读，都不仅仅是个人理解文本的过程，更是一个与社会互动的过程，通过这种互动，学生能够学习不同学科的语言规则、与他人交流思想，形成共识或提出不同的建议。其次，讨论能帮助学生从文本中构建意义，通过分享和讨论，学生能够获得同伴的反馈，这有助于他们识别和纠正自己的误解，同时也能够深化对正确概念的理解。例如，在讨论"学校是否应该禁止贩卖垃圾食品"的话题时，学生需要运用他们所学的学术词汇来表达观点、提出证据和反驳对方的观点，这些活动能够激发学生的思维，帮助学生在真实的使用情境中巩固学术语言。最后，在跨学科阅读项目的小组讨论中，学生还需要评估不同的观点，这促进了学生批判性思维的发展。与此同时，在跨学科阅读项目的讨论中，也需要充分锻炼学生的论证和辩论技巧，这对于帮助学生在科学实践中清晰、有逻辑地表达和回应他人论点至关重要。尤为重要的是，小组和全班讨论还能够提升学生的元认知技能和监控反思能力，因为在讨论过程中，学生需不断地评估自己

---

① HEATH S B. Words at Work and Play: Three Decades in Family and Community Life[M]. Cambridge: Cambridge University Press, 2012.

的理解水平，识别自己对学科主题的理解程度，并根据需要调整自己的学习策略。这种自我调节的学习过程对学生成为独立的学习者至关重要。①

　　为了尽可能帮助学生参与学科深度学习与跨学科阅读相关的讨论当中，教师可以向学生示范怎样聆听他人的观点，怎样提出有建设性的问题，怎样高效地整合多个来源的信息，以及怎样在讨论中使用学科学术词汇和概念。总之，讨论不仅能提高学生的跨学科理解能力，还能帮助学生更好地理解复杂的科学概念，发展批判性思维，锻炼他们的沟通能力、论证能力、学术表达能力和元认知技能。在不同学科教师和同伴的支持下，学生可以在讨论中练习如何清晰地借助学术语言表达自己的想法，形成像专家一样的学科思维模式，并建构一定水平的跨学科读写素养，② 因此这种讨论与丰富的学术语言互动机会对于跨学科阅读素养提升项目来说是必不可少的。

三、提升学生的认识论信念

　　在上文中我们提到，认识论信念对于学生的知识整合、跨学科阅读素养提升有重要的作用。因此，理想的跨学科阅读素养项目，还需要促进学生对"知识的本质和特征"的理解，也就是对知识的"元认知"，对学生的知识构建过程进行明确的干预，研究者需要设计帮助学生提升认识论认知和信念的体验，从认识论信念的几个维度，如建构性维度、确凿性维度、来源维度、评估维度等帮助学生发展出合适的认识论信念。研究者还需要为学生提供多源信息理解和整合的机会，通过为学生提供多个学科可能包含不同观点的文本，帮助学生练习理解多个相互冲突的信息源，以此来促进学生对文本知识的理解和整合。研究者还需要在跨学科阅读项目中，引导学生对多学科的不同文本进行信息源方面的比较与讨论，例如，通过引导学生阅读围绕同一主题的多学科文本，比较不同的信息源，帮助学生识别它们之间的差异，讨论这些差异如何产生，以及不同作者的学科背景、思维方式及观点怎样影响这些差异；在这一过程中，要注意引导学生关注不同文本的观点的情境性，即观点与作者的不同背景、承诺和动机的关系，以及评估作者观点、隐含的立场对其论点的影响。最后，为了有效提升学生的认识论信念，项目不仅要关注阅读认知策略的学习，还要关注

---

① SNOW C E. Academic Language and the Challenge of Reading for Learning About Science[J]. Science, 2010, 328(5977):450-452.

② OSBORNE J, SEDLÁČEK Q C, FRIEND M, et al. Learning to Read Science[J]. Science and English Language Arts, 2016, 6-8:37-42.

提升学生对知识的构建过程和对知识本质的元认知理解。这需要教师为学生提供有关知识本质特征、知识的种类等认识论信念方面的明确解说和指导。

四、设计跨学科文本整合任务

跨文本整合任务也是提升学生跨科学读写能力的关键策略，良好的跨学科阅读素养教学项目应当包含跨文本整合的读写任务。乔森（Johnson）和迈耶尔（Mawyer）在其研究中强调了整合不同类型科学文本的重要性，这不仅能够增强学生对科学现象的理解，还能培养他们收集、评估和使用信息的能力。这种整合策略要求学生跨越不同文本类型，从流行文本的普及性介绍，到教科书的概念性解释，再到原始科学文献的实证研究，每一步都为学生的科学理解提供了不同的视角和深度。首先，教师可以使用流行读物，如新闻报道或杂志文章，来激发学生对某一科学现象的兴趣。因为贴近日常生活，这类文本能够迅速吸引学生的注意力，并帮助学生建立起科学现象与自己生活之间的联系。例如，通过一篇关于全球气候变化的新闻报道，教师可以引导学生讨论这一现象对他们日常生活的影响，并构建初步的科学理解模型。接着，教师使用教科书帮助学生深入理解相关概念。教科书的结构化特点使其成为介绍科学理论和定义的理想工具。教师可以指导学生通过识别章节标题、主要观点和支持性观点来组织和理解信息。这种结构化阅读不仅有助于学生理解复杂概念，还能够训练他们从大量信息中提炼关键点的能力。在单元学习的中期，教师还可以引入一手科学文献，补充其他学科视角的阅读材料，为学生提供实证研究的证据，帮助学生建构基于证据的解释，修订原有的心理表征模型，提升跨学科思维。[①]

跨学科文本整合还要求学生能够将不同来源的信息综合起来，形成自己的观点和解释。这需要他们在阅读过程中积极地进行思考和质疑，例如，比较和对比不同学科视角文本中的观点，评估证据的有效性，或是将教科书中的理论知识与原始文献中的实证数据相结合。通过这种跨文本的整合学习，学生不仅能够提升科学读写能力，还能够发展出独立的科学研究能力。他们将学会如何通过跨学科阅读来获取知识，如何通过写作来表达自己的科学理解，以及如何通过讨论和论证来参与跨学科的科学对话。研究者普遍认为，这种综合能力是学生未来在科学领域深造和职业发展中不可或缺的。在教学实践中，教师可以设计多样化的活动来促进跨文本整合，如小组讨论、案例研究、信息整合任务

---

① JOHNSON H，MAWYER K K. Read Like a Scientist[J]. The Science Teacher，2017，84（1）：43-47.

等，并在过程中提供精心指导。这些活动不仅能够加深学生对跨学科知识的理解，还能够提高他们的沟通和合作能力。通过这样的教学设计，学生的科学读写能力将得到全面发展。总之，跨文本整合任务是跨学科阅读项目中的一个强有力的工具，它能够促进学生跨科学读写能力的发展。通过有意识地将不同类型、不同学科的文本融入教学，学生能够更全面、更深入地理解科学概念，并能够在真实世界的情境中应用这些概念。①

五、提升关键阅读策略及学科思维

在跨学科阅读教学中，策略的使用与学科知识的深度和广度密切相关。随着学生对学科知识的理解逐渐深入，他们采用的策略也会变得更加专业和复杂。以历史学科为例，许多学生从一开始只知道简单的记忆策略，会逐渐发展到能够理解事件之间的因果关系，再到能够识别和分析不同历史解释之间的争议，这反映了他们学科知识的增长和学科专用阅读策略使用的日渐成熟。因此，在跨学科阅读干预项目中，实证研究支持的、学科特有的有效阅读策略也是必需的。这些阅读策略既包括通用的阅读策略，也包括具体学科的特殊认知策略。通用的阅读策略包括提问、预测、联系、总结、视觉化（想象）等，而具体的学科认知策略则主要指学科专家在阅读学科文本时喜欢采用的策略，如历史专家在读文献时喜欢采用比对策略，科学家则关注文本结构，关注论点、论据之间的关系及论证的逻辑严密性等，这本质上是要引导学生关注不同学科专家的思维方式并进行模仿。因此，教师应该在教学中鼓励学生发展与学科知识相匹配的阅读策略，培养学生多学科视角的思考方式，以促进他们跨学科阅读素养的提升。②

一系列研究表明，视觉化（形成心理意象）、提问、总结、预测、建立联系（比较）、激活先前知识、推断、使用各种图形组织方法等阅读策略对不同学科的记叙和信息类文本阅读均有显著的效果。③ 国内教师也将自主提问、视觉化、激活先前知识、建立联系和进行推断、记笔记、比较、总结等策略认定为对中

① PHILLIPS GALLOWAY E,MCCLAIN J B,UCCELLI P. Broadening the Lens on the Science of Reading:A Multifaceted Perspective on the Role of Academic Language in Text Understanding [J]. Reading Research Quarterly,2020,55:S331-S345.
② HYND C,HOLSCHUH J P,HUBBARD B P. Thinking Like a Historian:College Students' Reading of Multiple Historical Documents[J]. Journal of Literacy Research,2004,36(2):141-176.
③ OYETUNJI C O. Does Reading Strategy Instruction Improve Students' Comprehension? [J]. Per Linguam:A Journal of Language Learning,2013,29(2):33-55.

小学学生来说有效的阅读理解策略。然而，阅读教学项目中涵盖的阅读策略越多，学生承担的认知负荷就越大，而且大多数实验研究还要开展教学项目，学生还需要完成特定的阅读任务，因此，这些实证研究都不会将所有的有效阅读策略融入实验项目中，而是会选择对理解目标文本最有效的阅读策略教授给学生。由于视觉化、提问、建立联系和总结在国内外都被视为最有效的阅读策略，同时，这四种策略也常被看作内容领域的不同学科通用阅读策略，故而我们在此部分着重介绍一下。

（一）视觉化策略（visualizing）

视觉化策略，即在阅读过程中，将文字内容转化为心理形象表征的策略，是学生将抽象概念具体化、记住关键故事元素并建立这些故事元素之间关系的一种有效的阅读理解策略。[1] 研究发现，熟练的阅读者擅长运用视觉化阅读策略来形成心理图像，而阅读能力较差的阅读者在阅读时也倾向于视觉化的尝试。[2]在阅读叙事文本时，视觉化策略有助于读者积极参与故事并与人物产生密切联系，从而提高读者构建心理表征和理解文本的能力。[3] 在视觉化过程中，学生需要想象两种类型的心理图像，第一类是静态的心理图像，第二类是动态的心理图像。当读者阅读故事时，他们首先需要基于文本信息和背景知识，创建关于场景和主要角色的静态图像，这有助于构建基本的心理表征模型。[4] 读者在阅读短篇小说时，很大程度上依赖于他们的背景知识和过去的个人经历来进行视觉化想象，他们会利用头脑中的心理图像把文本中的角色情感、动机、思维和动态行为视觉化，从而丰富心理表征模型。[5]

研究表明，有几种方法可以促进学生的视觉化策略。首先，教师可以利用与图片文字描述或提示问题相关的关键词线索，引导学生从单个词汇、句子、段落、图表等内容入手进行想象。在教学过程中，教师需要给予学生明确的提

① BOERMA I, MOL S E, JOLLES J. Reading Pictures for Story Comprehension Requires Mental Imagery Skills[J]. Frontiers in Psychology, 2016, 10(24): 1630.

② DE KONING B B, VAN DER SCHOOT M. Becoming Part of the Story! Refueling the Interest in Visualization Strategies for Reading Comprehension[J]. Educational Psychology Review, 2013, 25(2): 261-287.

③ MAR R A, OATLEY K. The Function of Fiction is the Abstraction and Simulation of Social Experience[J]. Perspectives in Psychological Science, 2008, 3(3): 173-192.

④ ALGOZZINE B, DOUVILLE P. Use Mental Imagery across the Curriculum[J]. Preventing School Failure, 2004, 49(1): 36-39.

⑤ ABDULLAH T, ZAINAL Z. Exploring Meaning of a Short Story through Envisionment Building [J]. Procedia-Social and Behavioral Sciences, 2012, 66: 312-320.

示词（如什么、哪里、何时、背景、形状、大小、颜色、数量、动作、情绪或视角）或向学生提出问题（如文本是否让你想起了生活中的某些事情？你是否有一只像文本中描述的宠物?），以上教学活动都可以激活学生的视觉化想象过程，并提高学生的文本回忆能力。①

促进学生视觉化策略发展的另一种有效方法，是使用五官齐动法来激活视觉化过程。教师需要在阅读前、阅读中和阅读后，向学生展示自己开启五种感官想象心理图像的过程。在阅读前，教师需要向学生说明视觉化策略的重要性，并示范基于五感齐动的想象策略性知识；在阅读中，教师需要示范如何五官齐动进行想象；在阅读后，教师需要展示如何对阅读的视觉化过程进行反思。② 在阅读过程中激活五种感官（视觉、听觉、味觉、嗅觉、触觉）可以丰富心理意象。除了与学生分享自己用五种感官进行想象的经历，教师还可以鼓励学生闭上眼睛，尝试像老师一样用所有感官来将文本视觉化。

在视觉化策略教学过程中，教师可以使用图表来帮助学生记录下他们通过五种感官产生的想象，并且给学生丰富的语言提示，如"通过这一段，我可以看到、听到、闻到和触摸到……"；接着，学生可以通过与同伴讨论图表中所记录的五感想象的内容，来分享他们心中所想象的图像；教师还可以利用基于所阅读的文本改编的电影或其他艺术作品来激发学生的视觉化能力。例如，他们可以鼓励学生将电影版本中的人物与书中的插图和他们自己所想象的人物进行比较。如果学生在视觉化过程中由于缺乏先验知识而遇到困难，教师可以鼓励学生上网搜索以丰富想象力。为了帮助学生运用触觉，教师还可以鼓励学生模仿文本中所描述的物体的移动方式。③

杜维尔（Douville）发明了感官激活模型，并研究了感官激活模型教学项目对五年级学生理解能力的影响。该模型通过修改完形填空任务来引导学生运用五种感官，例如，要求学生描述文本中描述的某物看起来、听起来、闻起来、尝起来和感觉起来如何，通过这种方式，学生可以建构出富含各种感觉的详细图像。教师首先展示他们如何借助完形填空任务创建多感官支持的心理图像，然后指导学生练习这一过程并与同伴分享他们根据文本建构的多感官心理图像。

---

① WILSON D. Training the Mind's Eyes:"Brain Movies" Support Comprehension and Recall[J]. The Reading Teacher,2012,66(3):189-194.

② MOREILLON J. Collaborative Stategies for Teaching Reading Comprehension[M].Chicago:American Library Association,2007.

③ BOERMA I,MOL S E,JOLLES J. Reading Pictures for Story Comprehension Requires Mental Imagery Skills[J]. Frontiers in Psychology,2016,10(24):1630.

随着教师和学生同伴的指导逐渐减少，学生最终能够独立完成多感官视觉化过程。研究表明，在接受了为期四周的感官激活项目教学后，成功掌握了多感官视觉化策略的学生在阅读和写作中创建了更多的心理图像；此外，研究还发现，学生们非常喜欢使用视觉化策略来进行阅读。①

在视觉化策略的教学指导中，任务设计发挥着重要作用，因为视觉化策略是一种无形的心理过程，它只能通过诸如口头表达和图片等可见的表达方式来进行讨论和改进。除了上文提到的在阅读过程中运用图表填写五种感官的想象内容，可以帮助学生提高视觉化策略的使用水平，一些研究人员还发现，鼓励学生根据文本绘制图画或学习文本插图，可以阐明文本的隐含关系，促进心理图像的建构，并加强深度学习。② 除了将静态图像视觉化，教师还需要教学生如何在阅读时想象文本中人物的动作和情感。格兰伯格（Glenberg）提出了一个两阶段干预计划，以提高学生将文本中的人物动作视觉化的能力。在该计划中，学生会阅读关于特定地点（如农场或车站）的短篇故事。首先，学生会获得一个与文本中描述的地点中的物体或角色相关的玩具人偶，并被鼓励通过操作玩具来模拟句子中描述的场景。其次，当学生阅读与这个玩具人偶和背景环境相关的新故事时，教师会鼓励学生先把这个玩具人偶代入新的想象，再将人偶玩具移除。此外，教师还可以使用问题提示来帮助学生想象自己就是故事中的角色，从而提高学生对文本中人物动作和情感的视觉化能力。这些问题包括"你在阅读时，是否曾经觉得自己真的在故事中？""你在哪里？你觉得自己在故事中时是怎样的？""你看到了什么，感受到了什么，想到了什么？""你在阅读时是否觉得与某个角色特别亲近？那是怎样的感觉？"等。③

（二）提问策略（questioning）

20世纪八九十年代以来，许多研究都集中在提问策略的教学上。由于20世纪下半叶见证了问题类型学研究的蓬勃发展，这一时期的很多实证研究都设计了与问题类型相关的提问策略教学。在问题分类的理论模型中，最具影响力的包括布卢姆（Bloom）的认知分类学，该分类学指出了六个问题层次：知识、理

---

① DOUVILLE P, BOONE E. Scaffolding Mental Imagery with Elementary, Readers [C]// Paper Presented at the North Carolina Reading Association 34th Annual Conference, Greensboro, 2003.

② EITEL A, SCHEITER K. Picture or Text First? Explaining Sequence Effects When Learning with Pictures and Text[J]. Educational Psychology Review, 2015, 27(1): 153-180.

③ GLENBERG A M. How Reading Comprehension is Embodied and Why that Matters[J]. International Electronic Journal of Elementary Education, 2011, 4(1): 5-18.

解、应用、分析、综合和评价。① 20 世纪初，安德森（Anderson）和克拉斯沃尔（Krathwohl）进一步修订了布卢姆认知分类学，其中包括六个层次：记忆、理解、应用、分析、评价和创造。② 这些类型问题的主要区别在于所需的认知思维水平的复杂性。

关于问题类型的理论在很大程度上影响了问题策略的教学。例如，恰尔迪耶洛（Ciardiello）设计了教学提问项目（teach quest），训练学生提出四种不同类型层级的问题。他通过添加提示词、认知指导、过程示例和实践练习等方式，来培养学生提出四种类型的问题能力。基于记忆的问题是指包含谁、什么、哪里和何时等提示词的问题；聚合思维问题是包含为什么、如何、以什么方式等提示词的问题；发散思维问题是包含想象、假设、预测、如果……那么等提示词的问题；评价性思维问题是包含辩护、判断、证明等提示词的问题。③

早期的一些研究鼓励教师在学生阅读短篇小说时，教会他们使用诸如谁、什么、哪里、何时、为什么和如何等提示词来提出简单问题，并指出这种训练有助于提高学生的阅读理解水平。④ 随着问题层次结构理论的逐渐普及，一些研究者认为，教师应当关注怎样引导学生进行深度思考并提出高层次问题，他们指出，高层次的问题可以有效促进学生的阅读能力发展。例如，赛德克（Sadker）和库珀（Cooper）将需要评估、比较、解决、因果推理和发散思维的五类问题定义为高层次问题，而低层次问题则是需要记忆或回忆的问题。⑤ 研究者指出，教师应当了解不同层级问题的差异和提问方法，并应尽可能地鼓励和引导学生提出高层次问题。

除了问题的认知层次，一些研究者还尝试从其他维度对问题进行分类，并设计有效的提问策略教学模式。拉斐尔（Raphael）认为阅读过程中提的问题并非独立存在，而是与文本密切相关的，因此，他将问题分为"就在那里"型问题（用于生成问题和答案的词语在文本的一个句子中）、"思考并搜索"型问题

① BLOOM B S. Taxonomy of Educational Objectives[M]. New York：Longmans，Green，1956.

② ANDERSON L W，KRATHWOHL D R. A Taxonomy for Learning，Teaching，and Assessing：A Revision of Bloom's Taxonomy of Educational Objectives：Complete Edition[M].Boston：Addison Wesley Longman，Inc. ，2001.

③ CIARDIELLO A V. Did You Ask a Good Question Today? Alternative Cognitive and Metacognitive Strategies[J]. Journal of Adolescent and Adult Literacy，1998，42：210-219.

④ COHEN R. Students Generate Questions as an Aid to Reading Comprehension[J]. The Reading Teacher，1983，36(8)：770-775.

⑤ SADKER M，COOPER J. Increasing Student Higher-order Questions[J]. Elementary English，1974，51：502-507.

（用于生成问题和形成准确答案的词语在文本的多个句子中）和"自我思考"型问题（答案不在文本中）。① 两年后，他又增加了一种问题类型："作者与你"②。贝克（Beck）、麦克翁（McKeown）等研究者提出了"向作者提问"的方法，鼓励学生通过向作者提问（如作者想要表达什么？你认为作者那样说的意思是什么？）来把握和反思作者的写作意图。③ 研究者主张教师应当在阅读教学中提出高质量的问题，这些问题旨在提高学生对说明文本和叙事文本的理解、解释、阐述和意义建构能力。

尽管有关提问策略的阅读教学实践多种多样，但它们通常都从问题类型的教学和区分问题好坏开始。罗森时（Rosenshine）等人总结了问题生成教学中常见的五种问题类型。第一种是通用的问题主干和通用问题教学，训练学生提出诸如"＿＿和＿＿有何相似之处？""为什么＿＿比＿＿好？"和"＿＿的一个新例子是什么？"等问题。第二种是故事语法教学，它训练学生就故事的特定元素（如人物、背景、目标、问题和解决方案）提出问题。第三种是主旨焦点教学，旨在教会学生识别文本每一部分的主旨，并围绕这些主旨提出问题。第四种是提示词阅读教学，旨在引导学生使用如5W1H（何时、何地、谁、什么、为什么、怎么样）等提示词来提出问题。第三种是上述四种类型问题的结合，综合教授学生不同类型的问题的区别和示例，并为学生创造丰富的练习机会，帮助学生在阅读过程中提出不同类型的问题。④

研究表明，在给予学生明确的问题类型指导后，教师需要通过示范、引导学生模仿和反馈强化等方式，在学生应用提问策略时给予充足的支持；还需要向学生展示提问的思维全过程，并在必要时，使用问题矩阵记录问题类型。在阅读前，教师应向学生展示如何使用问题来激活背景知识，并预览文本的重要部分（如标题的意义、作者姓名、封面插图、与其他文本的相关性），这有助于学生将他们的背景知识与主题、话题、标题、作者或插图作者联系起来。在阅读过程中，教师可以通过使用问题提示词（如我想知道……、谁、什么、何时、

① RAPHAEL T E. Teaching Learners about Sources of Information for Answering Comprehension Questions[J]. Journal of Reading, 1984, 27: 303-311.

② RAPHAEL T E. Teaching Question Answer Relationships Revisited[J]. The Reading Teacher, 1986, 39: 516-522.

③ BECK I L, MCKEOWN M G, SANDORA C, et al. Questioning the Author: A Yearlong Classroom Implementation to Engage Students with Text[J]. Elementary School Journal, 1996, 96: 385-414.

④ ROSENSHINE B, MEISTER C, CHAPMAN S. Teaching Students to Generate Questions: A Review of the Intervention Studies[J]. Review of Educational Research, 1996, 66(2): 181-221.

哪里、怎么会、为什么、如何、那是什么意思，以及这段内容让你想到了你自己的哪些生活经历）来提出高质量的问题，并通过大声思考展示自己一边阅读一边提问过程。同时，教师可以使用问题分类矩阵来记录阅读前、阅读中和阅读后提出的问题。在教师示范之后，教师可以支持学生练习一边阅读一边提问，记录问题细节，并根据不同的分类标准对问题进行分类、评价和修正。①

（三）自主提问策略（self-questioning）

自主提问能够在多个方面促进认知阅读过程的发展。

第一，自主提问能够在阅读时引导读者的注意力分配，因为注意力是阅读认知过程模型中的关键心理组成部分之一，并对视觉信息处理以及扫视眼动有重要影响。② 自主提问能够帮助读者将注意力和认知资源集中在文本中最重要的部分。③

第二，从情境模型的角度来看，自主提问能够促进多种策略性过程，包括回顾文本以及检索关键信息、联系先前储存的文本心理表征、检索自身先前知识以创造新知识等策略性过程。具体而言，自主提问是帮助读者激活其先前知识并识别新信息与已有知识之间联系的方式之一。多项研究表明，自主提问与阅读理解过程中对先前知识的检索密切相关，通过在自主提问中提出特定类型的问题，读者储备的已有知识会被激活，从而显著地影响阅读理解的水平。为了提出问题，读者需要将新获得的信息与自己知识结构中存储的先前知识相关联。知道何时提问以及应当提出什么问题，反映了读者知识结构中的条件性知识储备。④

总的来说，优秀的读者在阅读理解过程中常用认知策略包括确立清晰的阅读目标、储备相应的应用文体知识、自主提问和预测等。此外，自主提问也能促进多个文本之间互文模型的构建，因为，研究发现熟练读者也经常通过自主

① MOREILLON J. Collaborative Strategies for Teaching Reading Comprehension: Maximizing Your Impact[M]. Chicago: ALA Editions, 2006: 97.

② VERHOEVEN L, PERFETTI C. Advances in Text Comprehension: Model, Process and Development[J]. Applied Cognitive Psychology, 2008, 22: 293-301.

③ KENDEOU P, MCMASTER K, CHRIST T J. Reading Comprehension: Core Components and Processes[J]. Policy Insights from the Behavioral and Brain Sciences, 2016, 3(1): 62-69.

④ OLSON G M, DUFFY S A, MACK R L. Question Asking as a Component of Text Comprehension [M]// GRAESSER A C, BLACK J B. The Psychology of Questions. Hillsdale: Lawrence Erlbaum Associates, 1985: 219-226.

提问策略将他们当前阅读的内容与他们以前阅读的内容联系起来。① 通过就相关但不同的文本中的主题、人物、情节、关键要点、结构、作者意图、写作手法等方面的相似之处和差异提出问题，读者可以借助文本之间的互文知识达到更高层次的理解。由于跨学科阅读理解也对读者建构互文模型提出了较高要求，而提问策略能够促进互文模型的建构，提问策略也能够对学生的跨学科阅读理解产生较大的帮助。

第三，从读写结合模型的角度来看，自主提问策略能帮助读者像作者一样阅读。通过像作者一样提出关于文本表达技巧的问题，读者不仅能知道文本中的主要观点，还能知道为什么以这种方式表达。读写模型中提到的每一个角色，即规划者、撰写者、编辑和监控者，都主要依赖于读者有意识地进行自主提问，以及生成适当类型的问题。

第四，从景观模型（situational model）的理论视角来看，自主提问，尤其是提出关于文本连贯性的问题，能够帮助读者在阅读过程中强化对连贯性标准的敏感度。例如，指代连贯、时间连贯、空间连贯、因果连贯等。一旦读者通过自主提问形成了对连贯性标准的自觉意识，他更有可能在接下来的阅读过程中更频繁地运用这些标准来识别自己建构的心理表征模型的不一致之处，并进行修正。自主提问还可能通过激活读者的已有知识来识别文本中的相关信息，从而启动两个动态机制——群激活和基于连贯性的检索。通过自问"我之前在哪里看到过类似的信息？""这些信息和我刚刚读过的内容有什么相似之处？""哪些过去的经历或知识可以帮助我理解这部分文本？"等问题，读者可能会更加积极和有意识地参与到群激活和基于连贯性的检索过程中。

作为一种有效的阅读认知策略，自主提问也能激发读者在阅读过程中的元认知意识。② 首先，自主提问能帮助读者识别文本的关键信息，从而促进读者构建和整合文本的关键命题。例如，读者在阅读时提出关于故事主题或人物的特定类型问题，可以引导学生思考文本的核心内容。除了内容，自主提问策略还可以引导读者在阅读过程中思考文本的结构以及写作目的。③ 自主提问策略还能

---

① SIPE L R. The Construction of Literary Understanding by First and Second Graders in Oral Response to Picture Storybook Read-alouds[J]. Reading Research Quarterly,2000,35(2):252-275.

② AKSAN N,KISAC B. A Descriptive Study:Reading Comprehension and Cognitive Awareness Skills[J]. Procedia-Social and Behavioral Sciences,2009,1(1):834-837.

③ BECK I L,CARPENTER P A. Cognitive Approaches to Understanding Reading:Implications for Instructional Practice[J]. American Psychologist,1996,41(10):1098-1105.

够促进故事阅读过程中的问题解决过程，因为通常故事都使用问题解决模式，这要求读者利用自己的先前知识和生活经验来产生解决方案。自主提问可以提高读者对故事中问题解决模式的敏感性，并为读者提供一个有效的探究工具，以跟踪关键线索，得出最终结论。此外，自主提问策略可以帮助读者评估和监控自己的阅读过程。理解监控对于理解结果至关重要。正如先前研究所显示的，熟练的读者在阅读过程中更擅长监控自己的理解过程，并且他们似乎在整个阅读过程中不断评估自己对文本的理解程度。自主提问为读者提供了对自己理解情况和进展进行评估的机会，读者可以发现自己建构的心理表征与文本之间的差异，并采取相关策略进行补充。

在阅读理解过程中，认知过程与动机因素相互交织，自主提问不仅是一种认知技能，也是一种动机投入。鼓励学生在阅读中提出自己的问题，能够提升学生的阅读热情，并且能让学生阅读理解的效果持续较长时间。如果学生能够提出关于文本的高层次、高质量的问题，他们会产生一种阅读中的成就感，从而提升读者的自我效能感。阅读自我效能感指个人对自己阅读能力的信念。研究表明，阅读自我效能感与任务选择的难度、使用更高层次学习策略的频率、在阅读中投入努力以及阅读理解水平密切相关。① 此外，针对文本写作手法的自主提问策略也可以帮助读者产生阅读的愉悦感，提升读者审美体验，支持读者在面对挑战或困难时继续阅读。② 一旦读者克服了阅读过程中的困难或问题，他们的阅读自我效能感将进一步提升，这反过来又会激励读者更多阅读并针对文本的写作手法提出问题。

一些研究者指出，在跨学科阅读项目中，整合了提问、联系、总结等多元策略的"互惠式教学模式"较为适用，因为"互惠式教学模式"所包含的策略是可以运用于跨学科学习的通用策略，能够帮助学生理解不同学科具有挑战性的文本。在前文中我们提到过，在互惠式阅读教学中，通常由一名学生带领一组同伴大声朗读文本中的一段，然后一起运用澄清、总结、提问等策略回答问题，并做出预测。小组接着移动到文本的下一段，并重复这个过程，直到整个文本被阅读和讨论完毕。只不过，在跨学科阅读项目中，学生所读的文本来自不同的学科，围绕同一主题或核心概念。学生之间的互惠教学，是一种强有力

---

① CONLON E G, ZIMMER-GEMBECK M J, CREED P A, et al. Family History, Self-perceptions, Attitudes and Cognitive Abilities are Associated with Early Adolescent Reading Skills[J]. Journal of Research in Reading, 2006, 29(1):11-32.

② FRIJDA N H. The Emotions-Studies in Emotion and Social Interaction[M]. Cambridge: Cambridge University Press, 1986.

的支架形式，能帮助他们更积极地参与跨学科阅读过程，更好地理解复杂的概念。

六、提升阅读动机

（一）提升自我效能感

研究表明，学生阅读时的自我效能感（self-efficacy）可以通过树立榜样、设定目标、自我评价等方式来提升。① 为了激发学生的自我效能感，学生首先需要树立一个榜样，教师展示榜样的行动和心理动机，并解释榜样的所有想法和采取所有动作的原因。随后，学生需要记住这一激励过程的信息，练习自我激励的过程，并在教师的鼓励下反复演练这一心理过程。设定具体清晰的目标也可以帮助学生提高自我效能感，当阅读活动开始时，教师可以帮助学生设定清晰的目标，如掌握某些阅读策略或技能、完成某些任务练习、提升词汇和句子的阅读理解能力等。在努力实现这些目标的过程中，学生将观察、评估和调整他们的目标，并将他们的任务目标与实际表现进行比较。当学生感受到自己在朝着目标前进时，他们的自我效能感就会提高；除此之外，个体在学习能力和进步方面的积极自我评价对于自我效能感的发展也至关重要，因为它们能使学生对自己未来在学习和阅读方面的进步充满信心。② 即使学生的自我评价暂时较低，只要他们相信自己可以通过努力找到更有效的策略、坚持更长时间，或通过他人帮助来取得成功，他们的自我效能感就不会降低。③

（二）提升内部动机

内部阅读动机通常与好奇心、创造力和自我表达感、同伴关系以及成功感有关。为了培养学生的好奇心，教师可以采用"留白"的方式，即通过提问等方式故意指出文本中的空白和矛盾，以激发学生阅读的好奇心，引导他们提问和深入学习。教师还可以在学生个人生活、已有知识与阅读主题之间建立真实而深刻的联系，这有助于学生通过阅读解决现实生活中的问题。学生需要知道

---

① SCHUNK D H. Self-efficacy for Reading and Writing：Influence of Modeling，Goal Setting，and Self-evaluation[J]. Reading and Writing Quarterly，2003，19：159−172.

② SCHUNK D H. Goal Setting and Self-efficacy during Self-regulated Learning[J]. Educational Psychologist，1990，25：71−86.

③ SCHUNK D H，ERTMER P A. Self-regulation and Academic Learning：Self-efficacy Enhancing Interventions[M]// BOEKAERTS M，PINTRICH P R，ZEIDNER M. Handbook of Self-regulation. San Diego：Academic Press，2000：631−649.

阅读主题的重要性、对其现实生活的价值以及为何值得他们付出的努力。① 布置有意义的任务，给予学生创造性表达的机会和探索自我身份的自由，可以激发学生的创造力和自我表达能力。同时，教师也应该增强学生对任务的控制感，通过增加任务中的选择机会、减少教师的监督、允许学生监控和评估自己的学习进度等方式来增强学生对学习过程和学习任务的自我控制感。② 最后，内在动机还与成就感密切相关，成就感与自我效能感可以相互转化。布置符合学生能力水平的挑战性阅读任务，设定具体的阅读目标，提供关于阅读技能学习进度的有效反馈，可以增强学生的成就感，从而促进学生的内在阅读动机。③

（三）社会动机

儿童喜欢在学校与朋友共度时光，因此，在课堂上给予学生机会进行社交互动，如分享阅读体验、讨论书籍情节、与朋友合作解开情节中的谜题等，可以提高学生的阅读热情。④ 多项研究表明，为学生提供足够的合作机会有助于激发社交动机，而个人独自学习则会削弱社交动机。⑤ 通过合作，学生可以分享想法，获得他人的观点，扩展背景知识，结合已有知识和新经验，建构意义。值得注意的是，有研究者指出，合作课堂中同伴主导的讨论比教师主导的讨论更为丰富和活跃。⑥ 此外，小组成员共同朗读、提问、构建文本某部分的意义等活动也能提高学生的合作参与度。⑦ 此外，混合能力小组比同等能力小组更能激发动机，因为阅读困难的学生可以从熟练的阅读者那里学习，而熟练的阅读者则

---

① STRONG R, SILVER H, ROBINSON A. What Do Students Want, and What Really Motivates Them？[J]. Educational Leadership, 1995, 53(1):8-12.

② GUTHRIE J T, KLAUDA S L, HO A N. Modeling the Relationships among Reading Instruction, Motivation, Engagement, and Achievement for Adolescents[J]. Reading Research Quarterly, 2013, 48:9-26.

③ SCHUNK D H. Self-efficacy for Reading and Writing: Influence of Modeling, Goal Setting, and Self-evaluation[J]. Reading and Writing Quarterly, 2003, 19:159-172.

④ MCRAE A, GUTHRIE J T. Promoting Reasons for Reading: Teacher Practices that Impact motivation[M]// HIEBERT E H. Reading More, Reading Better. New York: Guilford Press, 2009: 55-76.

⑤ SIKORSKI M P. Inside Mrs. O' Hara's Classroom[M]// GUTHRIE J T, WIGFIELD A, PERENCEVICH K C. Motivating Reading Comprehension: Concept-Oriented Reading Instruction. Mahwah: Erlbaum, 2004:125-223.

⑥ ALMASI J F. The Nature of Fourth Graders' Socio-cognitive Conflicts in Peer-led and Teacher-led Discussions of Literature[J]. Reading Research Quarterly, 1995, 30:314-351.

⑦ CHINN C A, ANDERSON R C, WAGGONER M A. Patterns of Discourse in Two Kinds of Literature Discussion[J]. Reading Research Quarterly, 2001, 36(4):378-411.

可以通过向同伴解释阅读内容来阐述和澄清自己的想法。[①] 教师还应示范如何使讨论变得有意义和详尽，以促进学生在合作课堂中的阅读讨论技能。[②]

（四）文学圈提升阅读兴趣的实证效果

笔者在一项研究中使用混合式实验研究法检验了整合阅读策略教学和文学圈的融合式阅读教学对学生阅读理解水平、阅读动机、阅读策略水平的影响。[③] 通过前后测配对 T 检验分析，研究者发现，无论是实验组（融合式阅读教学）还是对照组（纯粹文学圈）中的文学圈对学生的自我效能感、内部阅读动机都有显著的正面影响，而对学生的后测访谈更是补充支持了这一结果，对访谈数据的描述性统计分析揭示，对照组中（纯粹文学圈组）96.4%的学生（27 人）提到，他们认为他们的内部阅读动机在接受文学圈的教学方式后得到了明显的提升，因为在接受文学圈教学后，他们能够阅读更多的书籍并与同伴进行讨论。文学圈让他们开始对阅读整本书产生了兴趣，坚持阅读完整本书的毅力也增强了。当他们试图坚持更长时间读书时，他们的阅读兴趣也得到了提升。还有一些学生甚至开始挑战自我，阅读词汇量更大、更为复杂的书籍，而不是像先前一样读卡通漫画或图画书。

访谈片段一：

问：这个文学圈的讨论，还有日志这种形式，有没有给你们读小说的兴趣带来什么影响？

小 D：我觉得有影响，因为之前不太喜欢看小说，然后经过这个文学圈的学习后，就觉得那个小说特别好看。

问：你觉得是这个课程的哪一部分，让你产生这样的变化？

小 D：小组讨论的时候，一个人说问题，其他人回答时候，然后就觉得别的小说理解也有问题，我想跟大家分享。（LCP11, Dechi）

---

① SIKORSKI M P. Inside Mrs. O' Hara's Classroom [M]//GUTHRIE J T, WIGFIELD A, PER-ENCEVICH K C. Motivating Reading Comprehension: Concept-Oriented Reading Instruction. Mahwah: Erlbaum, 2004: 125-223.

② WEBB N M, FARIVAR S. Promoting Helping Behavior in Cooperative Small Groups in Middle School Mathematics[J]. American Educational Research Journal, 1994, 31: 369-395.

③ GU Y X, LAU K L. Examining the Effects of Integrated Instruction on Chinese Sixth-Graders' Reading Comprehension, Motivation, and Strategy Use in Reading Fiction Books[J]. Reading and Writing, 2021, 34(10): 2581-2602.

访谈片段二：

　　问：这个阅读课给你阅读小说的兴趣有没有带来什么变化？

　　小 P：更喜欢读书了……就是看书的时候，就是不会容易厌倦。
（LCP13 Penly）

访谈片段三：

　　问：这个文学圈阅读课你觉得给你阅读小说的兴趣有没有带来什么影响？

　　小 Z：我觉得有提升，我也喜欢读那种字很多的书了，之前我看书都是喜欢那种连图带字，然后现在就是比较喜欢光是文字这种的了。（LCP28，Zheng）

第二节　项目探究式跨学科阅读教学模型

　　由于跨学科阅读素养包含动机、认识论信念、元认知技能、多领域学科知识、多学科学术语言、跨学科互文模型建构等多种元素，近年来，不少研究者主张，使用 "基于项目的探究"（project-based inquiry）模型来设计跨学科阅读教学项目，可以有效地融合这些复杂的元素。项目探究模型结合了学科读写练习、阅读任务、写作任务、学科思维模式、探究性学习活动等元素。斯皮尔斯（Spires）等人结合美国的共同核心课程标准（Common Core Standards），在融合四门学科（英语、科学、社会、数学）的基础上，设计了跨学科教学项目。这个教学模型中包括五个关键环节，并通过这五个关键环节将不同学科的概念学习、文本阅读、读写任务、探究性学习统一起来。这五个环节分别是提出一个激发兴趣的问题（ask a compelling question）、收集及分析资源（gather & analyze sources）、创造性综合（creatively synthesize）、论点及证据（claims & evidences）、批判性评估及修改（critically evaluate & revise）、分享、出版和表演（share, publish & act），这些环节可以融入多个学科及跨学科知识技能的学习。

　　第一个环节 "提出一个激发兴趣的问题"，这个问题指开放性的、有启发性的问题，通常以 "为什么" 和 "怎么样" 开头，与学生的生活经验密切相关，与学习主题（涉及不同学科）密切相关，并且是大家都关心的社会公众议题

（温室效应问题、水污染问题、食品安全问题等），因为这样的问题能够整合不同学科的知识学习和阅读，还能够充分地激发学生的好奇心、积极性。在提出问题之前，教师需要充分激发学生的背景知识。在提出问题的过程中，教师要为学生做详尽的提问示范，向学生介绍好的问题的标准；在整个学习过程中贯穿小组合作的方式，学生会在小组合作的过程中反复讨论和修正所提出的问题，这既能够锻炼学生的团队合作能力和提问能力，又能够兼顾不同学生的阅读和学习兴趣（学生按照兴趣分组）。由于学生初次提的问题多半是"是"与"否"之类的简单而封闭的问题，在此过程中，教师需要给学生提供及时的反馈，帮助学生逐步完善所提的问题。当学生提出问题之后，就进入了"收集和分析资源的环节"，在这一环节，教师主要向学生展示如何收集和分析信息以解决问题，比如，教师需要教导学生怎样使用互联网搜索引擎寻找合适的信息，包括怎样确定关键词、怎样定位相关的资源、怎样避免网络迷航、怎样使用审辩式思维方法评估网页信息的可靠性等；除了搜索现成的信息，教师还会教给学生调查问题的实证方法，比如做实验、做访谈、设计调查问卷等，学生可以通过这些方法收集数据和信息，以解答所提出的问题。[1]

　　斯皮尔斯等人使用十年级学生文学课上阅读的一本书 *A Long Walk to Water*（《到水边的长途旅行》）作为项目探究式跨学科阅读教学的阅读材料。虽然本书是一本小说，但是故事发生的背景涉及真实的历史和社会环境（非洲南苏丹、内战等），并且其中贯穿了全球水资源短缺的问题。这一问题不仅重要、与学生的生活息息相关，还可以融合科学、社会、历史、数学等学科知识，因此，斯皮尔斯等人以一位名叫格罗维尔（Glover）的高中老师所设计的跨学科主题教学为例，介绍了怎样设计项目式跨学科探究学习项目，以提升学生的跨学科阅读素养。课程设计的具体内容示例见表6-1。

表6-1　以全球水危机为主题的项目探究式跨学科阅读教学[2]

跨学科学习环节	英语	科学	历史/社会学	数学
建构背景知识	阅读并讨论 *A Long Walk to Water*《到水边的长途旅行》			

---

[1] SPIRES H A,KERKHOFF S N,Paul C M. Read,Write,Inquire:Disciplinary Literacy in Grades 6-12[M].New York:Teachers College Press,2019:22-38.

[2] SPIRES H A,KERKHOFF S N,Paul C M. Read,Write,Inquire:Disciplinary Literacy in Grades 6-12[M].New York:Teachers College Press,2019:26-27.

续表

跨学科学习环节	英语	科学	历史/社会学	数学
提出激趣问题	标题《到水边的长途旅行》是怎样契合对两位主角的经历的叙述的?	如何使当地的水源变得可饮用?	在南苏丹的历史冲突中,水扮演了什么角色?	行走速度、距离和水容器的重量如何影响南苏丹收集水所需的时间?
收集及分析资源	在小说中使用便笺纸标记与"走"和"水"相关的引用。观看萨尔瓦、尼亚和林达·苏·帕克的视频,以区分作者和主角的声音	查找有关水污染和水可饮用性的科学报告。在学校池塘进行水的实验室测试	分析地图,如经济的、政治的、地形的。观看关于苏丹失落男孩的纪录片(《上帝厌倦了我们》)。阅读关于萨尔瓦·杜特的一手资料(《我继续前行》的记录稿)	根据去和回的距离以及时间,计算主人公尼亚(Nya)收集水时的行走速度。确定她携带的装满水的容器的重量。使用体积和水的密度来计算容器的重量(单位为磅)
创造性综合、论点及证据	通过批判性视角来解读,例如,性别或后殖民主义的视角。构建文学分析论文的主张,用文本证据和对"行走"和"水"作为象征的解读来支持	从实验室结果中解释确定存在的微生物。探索讨论危险微生物消除过程的科学期刊文章。为公共服务公告(PSA)绘制并标注一个模型,以说明消除过程	验证来源,如地图、纪录片、原始文件和书籍。构建一个论点,详细说明水的获取与南苏丹第一次苏丹内战之间的关系	比较尼亚步行的速度/距离与非洲女性平均步行去取水的速度/距离。比较尼亚每天携带的装满水的容器的重量与其他在非洲使用的容器。写出方程,然后绘制去程的时间和距离以及回程的时间和距离的图表

跨学科学习环节	英语	科学	历史/社会学	数学
批判性评估及修改	确保适当的小说文本引用伴随每个主张。修订以确保主张和证据的连贯性	评估使用的语言，以确保客观的态度和语调。确保书面报告和PSA的模型是一致的	评估来源材料和提出的论点中的限制和偏见。将事件置于时间线上，以视觉化表示论点	监控数学运算中的错误。检查方程的逻辑和推理
分享、出版和表演	发布多模态文学分析论文	发布PSA	使用基于网络的媒介发布交互式时间线	发布带有图表和方程解释的信息图表
	组织一次全社区范围的步行活动，以筹集资金帮助在南苏丹建造水井			

第三节　内容驱动整合跨学科阅读教学模型

　　为了提升学生的跨学科阅读素养，洛波（Lupo）等人提出了内容驱动整合模型（Content-driven Integration Model，CDIM）。该模型是对传统阅读教学模式的一次重要变革，提供了一个将数学、社会学和科学等学科知识、阅读与写作教学相结合的系统化方法，主张从小学阶段就整合跨学科阅读、写作技能教学的重要性，因此我们也可以称之为内容驱动整合跨学科阅读教学模型。

　　内容驱动整合模型采用了反向设计原则，这一原则要求教师从最终学习目标出发，反向设计教学活动。这意味着，教师需要先明确学生在单元学习结束时所应达到的知识和技能目标，设计相应的评估方式，接着根据最终的目标和评估方式，反向设计教学过程。因此内容驱动整合模型包含了如下几个关键要素。第一个关键要素，是确定学习内容与目标，这些目标通常源于学科课程标准和大纲要求，它们指导着整个单元内容的教学方向、深度与难度。不同学科的教师需要深入理解学科的核心概念和关键能力，以此为基础来建构学科阅读与写作的教学活动内容。第二个关键要素，是创建跨学科主题单元，跨学科主题单元围绕一个中心主题或问题（气候问题、污染问题、能源问题等），整合不同学科的阅读材料、学习探索活动、知识和技能的学习。在跨学科主题单元的学习过程中，学生能够在真实的、有意义的情境中学习，从而更深刻地理解学科知识，并发展跨学科的思维能力。第三个关键要素，是阅读和写作技能学习的融合，这不仅仅是简单的阅读和写作基础技能的训练，更是针对学生学科思维模式、学科阅读理解和表达学科知识的方式的训练。通过读写技能的融合，学生能够更有效地进行信息整合、分析和批判性思考。此外，学科读写技能训练还鼓励学生使用多模态媒介，如视频、图表、图形和其他视觉辅助工具，以增强学生的学习体验。这些资源有助于学生以多种方式理解和表达学科知识。第四个关键要素，是与教学活动一致的评估设计，在内容驱动整合模型中，评估不是教学过程的终点，而是促进学生更好理解学科知识、掌握阅读技能、促进教学活动和学生发展的必要部分。第五个关键要素，是鼓励教师的跨学科团队合作和学生的合作学习。由于内容驱动整合模型采用跨学科主题教学，无论是读写任务还是教学活动都具有跨学科特性，因此需要不同学科教师之间的紧密合作。通过跨学科团队合作，教师可以共享教学资源，共同设计和实施跨学科单元，从而更有效地促进学生的学科素养发展。与此同时，学生则可以通过小组讨论、合作项目和同伴评估等方式进行协作学习。这种互动式学习不仅促进了学生之间的交流，还帮助他们发展了社交技能和团队合作能力。最后一个关键要素，是持续反思与改进，内容驱动整合模型要求学生和教师都进行持续的教学反思。学生通过阅读和写作反思、自我评估和同伴反馈，更好地理解自己的学习过程和成果；教师则根据学生的学习反馈和评估结果，不断调整和改进教学策略。这种反思性教学实践有助于教师提高教学效果，同时也促进了教师自身的专业发展。通过上述关键要素的相互作用，内容驱动整合模型为小学阶段的跨学科读写技能教学提供了一个全面、系统化的框架。它不仅能促进学生对多学科知识的深入理解，还能通过阅读写作技能的融合，加强学生对跨学科复杂概念的理解、表达和批判性思维能力的发展。①

内容驱动整合模型为教师提供了一系列具体的教学技巧，以实现跨学科读写技能的教学目标。这些策略包括章节预览、预期指南、思考问题等，旨在提升学生的思考深度，提高学生的阅读参与度，它们是教师在课堂上实施跨学科教学的具体行动指南。接下来我们具体介绍其中的关键教学策略。首先是章节预览（chapter previews），设置在阅读材料每个章节开始之前，章节预览概括了学生即将学习的主题和概念。这种结构帮助学生和教师对即将进行的阅读活动有一个清晰的认识，并为接下来的学习设定了基调。第二是预期指南

① LUPO S,HARDIGREE C,THACKER E,et al. Teaching Disciplinary Literacy in Grades K-6: Infusing Content with Reading,Writing,and Language[M].London:Routledge,2021:43-65.

（anticipation guides），通过预期指南，教师可以激活学生的背景知识，挑战他们先入为主的观念，并激发他们对即将阅读的内容的好奇心。第三是提出思考问题（questions to ponder），教师根据阅读材料提出问题，旨在促进学生的深层思考层次。这些问题鼓励学生超越文字的表面含义，深入思考学科复杂概念、原理等问题。第四是设计实践活动，教师会鼓励学生将通过阅读和写作学到的跨学科知识应用于实践活动中，通过动手操作、项目设计或角色扮演等活动，帮助学生将抽象的概念具体化，从而加深学生对学科知识的理解和记忆。第五是将学科知识与读写技能整合。例如，通过将文学作品的阅读与科学概念的学习相结合（如阅读科幻主题作品），不仅能帮学生学习文学作品分析，还能帮助学生深化对科学概念和原理的理解。第六，是实施差异化教学策略，理想的内容驱动整合模型主张满足学生的个性化需求，教师应当为不同水平的学生提供不同层次的阅读材料，及时调整阅读和写作任务的复杂性，为不同学习风格的学生提供多样化的学习活动。最后，教师还需要注重学科之间的互相整合，注意不同学科之间建立概念和知识的联系，帮助学生看到不同学科知识之间的相关性，从不同学科的视角解释主题或现象，这种跨学科的方法有助于学生构建更为全面和综合的知识体系。①

第四节　概念导向的阅读教学

一、概念导向的阅读教学的总体特征

概念导向的阅读教学（Concept Oriented Reading Instruction，CORI）是早期跨学科阅读教学项目之一。虽然最初概念导向的阅读教学并非专注于跨学科阅读能力的提升，而是为了弥补以往阅读项目缺乏阅读动机要素的弊端，但是，因为概念导向的阅读教学成功地融合了不同学科的阅读材料及阅读活动，并为后来的跨学科阅读素养干预项目奠定了理论框架，因此，一些研究者认为，概念导向的阅读教学可以被视作早期较为经典的跨学科阅读素养项目之一。20世纪90年代开始，随着认知心理学和学习科学的发展，越来越多的研究者和教育工作者注意到了阅读动机在学生阅读表现中的关键作用。大量实证研究表明，

---

① LUPO S，HARDIGREE C，THACKER E，et al. Teaching Disciplinary Literacy in Grades K-6：Infusing Content with Reading，Writing，and Language［M］. London：Routledge，2021：43-65.

要想学生掌握阅读认知策略和阅读理解技巧，教师不仅需要为学生提供大量的支架和训练机会，还需要花费大量时间和精力来激发学生的阅读动机、认知和情感参与。① 有鉴于此，古德瑞（Guthrie）及其同事们提出了阅读参与模型，该模型将阅读理解过程视为认知、策略和动机过程的联合体。② 基于阅读参与模型，概念导向的阅读教学最突出的特点是融合了阅读认知策略凝练、元认知技能培养、阅读动机激发等教学元素，使用了丰富的跨学科阅读材料和主题，并特别强调了阅读动机对跨学科阅读参与和阅读理解的重要性。③

二、概念导向阅读教学的设计原则

阅读参与模型视域下的概念导向阅读教学包含的要点如下：第一，跨学科概念主题，概念导向的阅读教学的核心是跨学科的概念主题，该主题整合了不同学科知识、内容、基本技能、阅读认知策略和阅读材料，学生的学习过程就是围绕着这个跨学科主题进行探索、阅读和学习的过程。第二，与现实世界互动，概念导向的阅读教学鼓励学生通过围绕主题的实践活动，如观察、实验、动手操作和记录等活动来学习，这些活动并不仅仅是阅读文本，还包含大量的跨学科主题式探索活动。第三，自我导向，意味着充分释放学生的自主性，允许学生选择他们喜欢的主题、阅读材料、阅读练习任务和表达媒介，同时充分鼓励学生自由地表达对概念主题的理解。第四，趣味性，指为核心概念的学习提供尽可能题材多样、主题丰富、格式多元、体裁广泛、复杂程度不同的有趣的阅读材料。第五，社会合作，强调通过各种形式的合作学习（如伙伴关系、小组合作、全班活动）和丰富的互动机会来促进学生的阅读动机。第六，阅读认知策略教学，强调教师通过示范、解释、指导、讨论、实践和自我反思教授学生多种阅读认知策略，以提高他们阅读不同学科文本的能力，从而提升学生的阅读信心和动机。第七，是投入充足阅读的时间，意味着课堂教学应当为学生提供真实的、持续的默读机会，应该保证学生每天在课堂上能够有时间持续

---

① TABOADA A,TONKS S M,WIGFIELD A,et al. Effects of Motivational and Cognitive Variables on Reading Comprehension[J]. Reading and Writing:An Interdisciplinary Journal,2009,22: 85-106.

② GUTHRIE J T,WIGFIELD A,BARBOSA P,et al. Increasing Reading Comprehension and Engagement through Concept-Oriented Reading Instruction[J]. Journal of Educational Psychology, 2004,96(3):403-423.

③ GUTHRIE J T,MCRAE A,KLAUDA S L. Contributions of Concept-Oriented Reading Instruction to Knowledge about Interventions for Motivations in Reading[J]. Educational Psychologist, 2007,42(4):237-250.

默读多学科文本。最后一个原则是各项原则之间的连贯性，实际的课堂教学需要具有凝聚力和整合性。① 概念导向的阅读教学项目的基本原则，为后续跨学科阅读素养干预项目的设计奠定了良好的基础。

三、概念导向阅读教学中的核心阅读策略及动机激发要素

概念导向的阅读教学项目的教学框架融合了动机激发和阅读策略要素的支持。概念导向的阅读教学项目包含了六种阅读理解认知策略和五种动机建构元素，并旨在培养在认知和情感上都高度投入的、具有较好的跨学科阅读能力的读者。概念导向的阅读教学通过围绕跨学科概念主题的探索活动、阅读材料、阅读及写作任务的内部联系，整合了学科内容、阅读认知策略和社会互动。

一方面，概念导向的阅读教学项目中的多策略阅读教学包括以下六种认知策略：背景知识激活、自主提问、信息检索、总结、图形组织和故事结构识别。每种阅读策略的教学周期为一周，六周的策略教学完成后，接下来的六周将用于系统整合这些阅读策略的实践，这一训练过程使学生不仅能够掌握单个的阅读策略，还能在理解复杂文本时融合多种阅读策略。在教学过程中，教师会示范这些策略，并根据学生的需要提供支持。② 另一方面，学生的阅读动机通过以下五种教学实践得到支持：第一，在复杂的跨学科知识领域（如生态学、太阳系、殖民时期的美洲、西进运动）中，使用跨学科主题目标引导整个阅读教学；第二，在课堂阅读教学中优化学生的选择，给予学生充分的尊重和充足的选择自由；第三，提供与跨学科阅读主题及阅读材料相关的动手实践、探索实验或阅读活动，让学生不仅阅读文本，还能实实在在地参与做中学活动；第四，使用丰富有趣的、能够充分吸引学生兴趣的阅读材料；第五，组织学生进行小组合作学习，以帮助学生理解文本，促进学生更好地完成与阅读相关的概念探索活动。③

① GUTHRIE J,COX K,ANDERSON E,et al. Principles of Integrated Instruction for Engagement in Reading[J]. Educational Psychology Review,1998,10(2):177-199.

② GUTHRIE J T,WIGFIELD A,BARBOSA P,et al. Increasing Reading Comprehension and Engagement through Concept-Oriented Reading Instruction[J]. Journal of Educational Psychology, 2004,96(3):403-423.

③ GUTHRIE J T,MCRAC A,KLAUDA S L. Contributions of Concept-Oriented Reading Instruction to Knowledge about Interventions for Motivations in Reading[J]. Educational Psychologist, 2007,42(4):237-250.

四、概念导向的阅读教学对学生阅读理解能力和动机的影响

一系列实证研究检验了概念导向的阅读教学项目对学生阅读理解能力和阅读动机的影响。20 世纪 90 年代以来,古德瑞及其同事们在小学中实施了多期概念导向的阅读教学项目,发现该项目对学生的内在阅读动机产生了显著的积极影响。与接受传统阅读教学的学生相比,接受概念导向阅读教学的学生在跨学科阅读的好奇心、跨学科材料的阅读理解能力、接受挑战的意愿、社会互动能力、自我效能感等方面均有显著提高;接受概念导向阅读指导的学生在多学科阅读材料的理解水平、阅读动机和阅读策略使用水平的测试上,也显著优于接受传统教学或接受单纯阅读策略教学的学生。[1] 通过对概念导向阅读教学效果的元分析,研究者指出,总体而言,概念导向的阅读教学对学生内在阅读动机有显著的积极效果,平均效应值为 0.30。在阅读理解方面,概念导向的阅读教学对阅读理解有着显著而强劲的积极影响。具体说来,概念导向的阅读教学对学生在标准化阅读理解测试中的表现的平均影响效应值为 0.91,对学生在实验设计测试中表现的影响平均效应值为 0.93,对学生在特定文本类型的阅读理解测试(如信息文本段落理解)和基本技能测试(如口头朗读流畅性)中表现的影响平均效应值为 0.70。最后,概念导向的阅读教学对学生阅读策略的使用也有显著而强劲的积极影响,平均影响效应值为 0.91。[2]

第五节　读写结合的跨学科阅读教学项目

近年来,不少研究者指出,将不同科学课程(如物理、生物、化学、工程)的知识概念教学与阅读、写作技能教学整合起来的融合式跨学科阅读教学项目,能够较好地提升学生的跨学科阅读素养和不同学科的知识建构能力。因此在这一节我们来介绍几个较为著名的融合式教学案例。

帝国谷科学项目(Valle Imperial Project in Science, VIPS)是一项将读写技

①　WIGFIELD A,GUTHRIE J T,TONKS S,et al. Children's Motivation for Reading:Domain Specificity and Instructional Influences[J]. The Journal of Educational Research,2004,97(6):299-309.

②　GUTHRIE J T,MCRAC A,KLAUDA S L. Contributions of Concept-Oriented Reading Instruction to Knowledge about Interventions for Motivations in Reading[J]. Educational Psychologist, 2007,42(4):237-250.

能教育与科学领域的跨学科学习（物理、化学、生物、工程、信息技术等）融合起来的双语教学项目。该项目的主要受众群体是位于美国加利福尼亚州东南角与墨西哥毗邻的帝国县的西班牙裔学生。帝国谷科学项目的科学教学框架包括高质量课程与专业化的教师发展，学校管理者支持，教学及阅读材料，社区及政府部门的支持，以及对项目的评估等五个要素。该项目最主要的特点是通过完成"科学笔记本"的主线任务，采用探究式的教学方法，将科学教育、动手实验、跨学科文本阅读、写作任务、学习策略与概念知识的学习融合起来，采用基于探究的科学教学方法，为学生提供了丰富的从个人角度理解科学现象，进行阐释，并建构意义的机会。这种诠释和建构意义的机会，是通过学生在科学学习体验中"科学笔记本"任务来实现的。这个笔记本任务能帮助学生使用提问、总结、联系等认知策略，并为学生提供丰富的反思机会，促进学生建构意义、转化知识，是重要的认知工具。一系列研究表明，将阅读、写作、动手实验与科学知识结合起来的科学笔记本任务，能有效促进学生的科学知识积累和跨学科阅读素养提升。[①] 为了使用科学学术语言构建有关文本的心理表征和思维模型，学生必须与科学文本、环境、材料、实验活动及同学、老师进行深度互动。在科学笔记本任务中，学生通过写作、绘画等方式建构他们对科学现象的理解，并反思他们的理解是否正确，有何需要改进之处，由此学生的元认知监控能力也得到了提升。与此同时，由于科学学习离不开动手实验和亲身经历，科学笔记本任务也为学生提供了一系列"动手做科学"的机会。研究者指出，科学笔记本不仅能促进学生跨学科读写能力的发展，还能有效帮助学生提升解释科学理论和现象的能力。[②] 总之，帝国谷科学项目对小学4~6年级学生跨学科阅读、写作能力都有显著的积极影响，因此获得了研究者及一线教师的广泛认可和支持。

与帝国谷科学项目类似，科学概念（SCIENCE IDEAS）项目也是一个将阅读、写作教育融入科学知识教育中的跨学科、认知干预导向的大型综合性项目。它的参与者为美国佛罗里达州东南部的大型城市社区的中小学生。20世纪90年代，科学概念项目在该区域高年级小学生中收获了良好的效果。该项目将以每天2小时的综合性课程来替代学校传统的阅读/语言艺术教学。科学概念项目的

---

① KLENTSCHY M P，MOLINA-DE LA TORRE E. Students' Science Notebooks and the Inquiry Process[M]// SAUL E W. Crossing Borders in Literacy and Science Instruction：Perspectives on Theory and Practice. Newark：International Reading Association，2004：340-354.

② NORTON-MEIER L，HAND B，HOCKENBERRY L，et al. Questions，Claims，and Evidence：The Important Place of Argument in Children's Science Writing[M]. Portsmouth：Heinemann，2008.

综合性课程围绕一个特定的跨学科科学主题，包含阅读多学科纸质文本及互联网材料、撰写科研文章、完成科学报告、撰写科学日记、制作命题概念关系图谱和其他知识表征工具、完成探究性科学实验或实践项目等活动，所有活动都围绕那个特定的科学主题展开，旨在深化学生对于科学概念的理解。科学概念项目十分注重对核心科学概念及概念之间关系的理解，在此基础上循序渐进、逐步深入，整个教学过程都注重通过书面文本及口头交流的方式强化学生对于科学概念的建构和解释，教师通过支持学生的学科阅读和写作训练来帮助学生深化对科学核心概念的理解。例如，为了帮助学生理解"蒸发"的概念，教师会先引导学生制作蒸发概念流程图，展示液体蒸发为气体的运作过程，在完成基础知识传递的框架基础上，教师会为学生匹配合适的阅读、写作活动和动手实践项目，包括跨学科视角的阅读材料的补充，以帮助学生扩展巩固科学知识。科学概念项目关注学科专业知识和技能的学习，而在已有知识的基础上一步步积累，建立起严密的知识结构体系是成功建构意义、理解科学概念及阅读材料的关键要素。科学概念项目在学校的实验周期通常为一个学年，20世纪90年代，该项目的积极效果在超过1200名3~5年级不同种族、不同水平的学生中间得到了验证，随后在12所小学K-5年级全面推广。经过近10年的跟踪研究，多项研究陆续报告了科学概念项目在提升学生科学领域跨学科阅读素养、阅读动机、阅读策略使用方面有显著的积极影响，但也有一些研究表明，科学概念项目的效果仍待进一步检验。①

第六节　跨学科朗读教学项目

　　跨学科朗读课程是一种创新的教学模式，由班瑟尔（Bensel）在2022年提出，旨在强化小学教育中的跨学科教育，提升学生的跨学科阅读素养。上一节我们提到的整合了多学科知识和阅读写作教学的跨学科阅读素养干预项目，跨学科朗读项目是在此基础上的改良版本，除了融合阅读、写作活动，该项目还试图通过融入一系列互动式朗读课程，提升学生对特定主题概念的理解以及科学素养，从而为小学生的全面发展打下了坚实的基础。在跨学科朗读课程中，

① ROMANCE N R, VITALE M R. Interdisciplinary Perspectives Linking Science and Literacy in Grades K-5: Implications for Policy and Practice[M]// FRASER B, TOBIN K, MCROBBIE C. Second International Handbook of Science Education. New York: Springer, 2012: 1351-1373.

教师需要通过共同核心标准（Common Core Standards）中的学习指南来扩展自己对学科素养的理解，并围绕学科素养开发一系列课程阅读材料和活动。与上文提到的跨学科阅读素养干预项目类似，跨学科朗读课程的所有内容均围绕一个中心主题构建，并通过教师精心挑选的跨学科多文本（也可以称为"文本集"）来展开。这些文本集不仅包括围绕同一主题的、不同学科的传统纸质书籍，还可能包括照片、视频、音频记录和第一手观察报告等资料，以丰富学生的阅读和学习体验。①

　　跨学科朗读课程的教学环节通常包括以下几个步骤：第一，引入主题。在课程的初始阶段，教师需要激发学生的好奇心和兴趣，并向学生清晰地介绍与即将学习的主题相关的背景知识。为了提升学生的兴趣和好奇心，教师可以讲述与主题相关的历史故事、展示图片或视频，或者提出一个引人入胜的问题来吸引学生的注意力。这一步骤主要是为学生提供一个学习主题的良好起点，并帮助学生在即将学习的内容与自我之间建立联系。第二，朗读与讨论。学生朗读教师选定的不同学科文本，如科学文章、历史文献、文学作品或其他与主题相关的材料。教师在朗读过程中应引导学生积极参与，通过提问和讨论来深化他们对文本的理解。朗读结束后，教师要引导学生进行讨论。讨论可以围绕文本的主题、背景、作者意图、文本结构和语言特点等方面展开，以促进学生的批判性思维和深入理解。第三，词汇及概念学习。学科专业学术词汇及概念的学习，是跨学科朗读课程的重要组成部分。研究者指出，为了帮助学生更好地掌握学科知识、建构核心概念，提升跨学科阅读素养，教师应当引导学生深入学习与主题相关的学科学术专业词汇，并在文本阅读、写作、讨论中实际应用这些词汇。这不仅有助于学生更好地理解文本内容，而且还能提高他们使用专业术语进行沟通的能力。词汇学习的方法可以适当借鉴二语学习的经验，通过各种活动，如词汇匹配游戏、词汇墙、概念图等方式进行。第四，学科素养实践。在这一环节中，教师会为学生创造情境任务，帮助学生通过模拟科学家或社会科学家的工作，来实践特定的学科素养技能。这些情境任务能够赋予学生角色，给学生提供运用学科思维解决问题的机会。例如，学生可以扮演历史学家，通过提问来探索历史事件的不同证据；或者扮演科普工作者，通过建模来展示科学概念。此外，学生还可以扮演数据分析师，学习如何分析证据、评估论据的有效性，以及如何从文本中提取信息来支持自己的观点。第五，反思与

---

① BENSEL L M. A Framework for Interdisciplinary Read Aloud Lessons Culminating Experience Projects[D].Michigan：Grand Valley State University，2022：30.

扩展。课程的最后阶段是反思与扩展，学生需要通过写作或讨论活动来反思自己的跨学科阅读和学习过程，并巩固深化自己对主题的理解。① 班瑟尔建议，教师可以通过引导学生写反思日志、进行小组讨论或撰写论文等方式，帮助学生巩固和应用新获得的知识。这一环节鼓励学生将所学知识与自己的经验和其他学科领域联系起来，从而实现知识的跨学科整合与创新。

跨学科朗读教学项目的有效性也得到了实证研究的支持。研究表明，学生在参与跨学科朗读课程后，在学科知识和词汇概念的习得方面显示出了进步。而通过前后对比教师的自评调查，班瑟尔揭示，教师在参与实施该课程后，对学科素养内涵的理解也有了显著提升，并且在教学实践中更频繁地融入了学科素养技能和跨学科阅读素养教学。总之，跨学科朗读课程为小学跨学科阅读素养教育提供了一种新的思路，它不仅能增强学生对特定学科主题及复杂知识概念的理解，还能培养学生跨学科阅读素养和学习能力。这种教学模式有望改善当前中小学教育中跨学科阅读教学不足的问题，为学生养成良好的终身学习能力奠定基础。

第七节　共同核心标准视域下的跨学科阅读项目

为了提高中学生的跨学科阅读素养和学习能力，帮助学生达到大学入学标准和职业能力要求，美国学者马扎拉（Mazzara）设计了基于共同核心标准（Common Core Standards，CCS）的跨学科教育干预项目。由于共同核心标准重新定义了不同学科读写能力的内涵，从这些定义中我们可以看到，整合多个学科领域的阅读与写作教学的必要性。马扎拉指出，共同核心标准要求学生不仅要掌握基础的阅读和写作技能，也不仅仅是在文学学科领域内掌握阅读写作技能，而是要能够理解和分析不同学科的复杂文本，并在不同学科情境中有效地、灵活地使用多学科学术语言进行阅读、写作和沟通。因此，马扎拉十分重视内容领域的读写能力教学，她认为，这种能力是学生理解跨学科复杂文本和进行批判性思考的基础。在跨学科的阅读教学项目中，马扎拉提倡各学科教师通力合作，建构跨学科阅读写作教学模块，并在各自的学科教学中融入学术读写技能的教学。共同核心标准视域下的跨学科读写教育项目包含几个重要的元素。

---

① BENSEL L M. A Framework for Interdisciplinary Read Aloud Lessons Culminating Experience Projects[D]. Michigan:Grand Valley State University,2022:44.

首先，是使用多元化的跨学科文本。跨学科阅读教育项目中不仅包括传统的文学作品，还涵盖了科学、数学、社会科学等其他学科的文本。教师需要确保通过参与跨学科阅读项目，学生能够接触到各学科的文本类型也是多样化的，如科技手册、实验报告、科学文献、历史文献、新闻报道等，这些文本要求学生运用不同的阅读策略和思维技能。例如，在科学领域，学生需要学会阅读和理解数据图表、实验设计和科学论证；在历史学科中，则需要分析历史文献、理解不同历史事件的因果关系。其次，项目中的文本应当围绕一个与学生的生活息息相关、令学生感兴趣的跨学科主题，如温室效应问题、水源污染问题、粮食安全问题等，这些问题可以从多学科视角提供解释，这些解释可能一致，也有可能彼此冲突，学生可以在特定主题下深入研究，整合不同学科的文本、观点、知识、技能和思维模式。最后，项目中的学习任务要包含探究活动，以问题和概念的学习为导向。教师可以通过设计以探究为基础的教学活动，鼓励学生主动提出问题、寻找证据并形成自己的论点。这种教学方法有助于学生深入理解文本内容，并能够在不同学科之间建立联系，从而提升他们的综合思维能力。

共同核心标准视域下的跨学科阅读教学项目可以分为这样几个阶段。第一，引入阶段：教师介绍新的主题和相关文本，激发学生的好奇心和兴趣。第二，探索阶段：学生阅读跨学科文本，进行小组讨论，围绕主题提出问题，并开始构建对主题的理解。第三，深化阶段：通过写作、展示和探索实验等活动，帮助学生深化对文本的理解和分析。第四，反思阶段：学生和教师一起反思阅读和学习过程，评估自己的理解程度，并讨论如何改进不同学科的阅读策略与学习方法。例如，教师可以引导学生阅读以生态系统为主题的科学文章，要求学生分析文章中的假设、数据和结论，并推荐从不同学科视角出发解释生态系统的文献，指导学生撰写摘要和总结，帮助学生有效整合信息。马扎拉强调，教师在设计跨学科阅读教学时，需要考虑学生的认知发展水平，确保所选的文本和教学活动与学生的实际能力相匹配。通过逐步提升文本的复杂性和深度，教师可以帮助学生逐步建立起对跨学科的、复杂文本的理解和分析能力。与此同时，教师还应帮助学生将文本内容与现实世界联系起来，理解文本在现实中的应用和意义。

在跨学科阅读教学项目中，马扎拉首先特别强调了词汇教学的重要性。她认为，掌握学科学术或专业词汇对于学生在学术和职业环境中的有效沟通至关重要。为了帮助学生扩展词汇量，马扎拉提倡教师应当采用直接教授法和将词汇教学融入学科知识教学的方法。在内容领域的教学中，教师可以预先教授与文本相关的专业词汇和核心概念，帮助学生在阅读前建立必要的词汇基础。例如，在生物学科中，教师可以在学生阅读关于细胞结构的文本前，先介绍"细胞膜""细胞质""线粒体"等关键词汇。教师还可以在教学过程中使用上下文线索、词根词缀分析等策略，帮助学生深入理解词汇的含义和用法。此外，通过讨论、写作和其他语言实践活动，学生可以进一步巩固和应用新学的词汇。跨学科的词汇教学还要求教师注意词汇在不同学科中的交叉应用。例如，数学中的"比例"概念也可以应用于科学实验中的数据解释，历史研究中的"因果关系"同样适用于文学作品的分析。通过这种交叉应用，学生能够更全面地理解词汇，并在不同学科之间建立联系。总之，跨学科阅读项目中，教师可以采用多元化的词汇教学方法，这些方法在一定程度上与第二语言教学方法相通，因为从某种程度上讲，学生学习科学语言也是在进行第二语言的学习。马扎拉指出，这些具体的有效的词汇教学方法包括直接词汇教学，即教师明确地教授新词汇，包括词义、用法和拼写；上下文词汇学习，即通过阅读和讨论文本中的实例，帮助学生理解词汇的含义和用法；词汇映射法，即使用图形组织者帮助学生探索词汇之间的关系和联系；词汇游戏和活动法，即通过游戏和互动活动，如科学词汇接龙、拼写比赛等，使词汇学习更加有趣。马扎拉提出，在跨学科阅读教学中，具体的词汇教学环节包括词汇预览、词汇融入、词汇练习、词汇应用等环节。词汇预览指在阅读新文本之前，教师介绍关键词汇，并与学生一起讨论它们可能的含义。词汇融入指在教学过程中，教师将新词汇融入讲解、讨论、阅读和实践活动中。词汇练习指学生通过练习和测试来巩固他们对词汇的理解和记忆。词汇应用指学生在写作和口语表达中使用新学的词汇，以加深理解。例如，在历史课上，教师可以教授学生与工业革命相关的关键词汇，如"工业化""童工"和"工会"，然后让学生在跨学科写作任务中使用这些词汇来描述相关事件。[①]

随着信息技术的快速发展，数字素养已成为 21 世纪学生必备的技能之一。马扎拉进一步指出，在共同核心标准视域下的跨学科阅读项目中，教师也应当整合数字工具和资源，以培养学生的跨学科数字阅读素养。具体来说，教师可以通过设计基于新兴技术的阅读和写作活动，让学生体验数字化的阅读和写作过程。例如，利用在线数据库和电子期刊进行学术研究，使用多媒体工具来展

---

① MAZZARA E A. Using the Interdisciplinary Approach to Education to Meet the Literacy Standards in the Common Core: And Ensuring Graduates are College and Career Ready [D]. New York: State University of New York, 2014: 37.

示项目结果，或者通过博客和社交媒体平台与更广泛的观众分享观点和作品。此外，跨学科数字阅读素养不仅仅是技术操作技能，更包括对多学科信息的评估、分析和整合能力。教师需要指导学生如何辨别网络上信息的真伪，如何合法地、符合伦理地使用数字资源，并在数字环境中进行有效沟通。例如，教师可以指导学生使用在线资源进行研究，教授学生如何使用各种数字工具，如搜索引擎、数据库和多媒体软件搜索信息，并教导学生如何评估网络信息的可靠性和准确性；接着鼓励学生创建一个关于特定历史话题的多媒体演示文稿，围绕这个话题，整合科学、数学、文学、历史学科的文本与知识，使用数字工具进行创造性写作，制作视频或设计网站，展示数字作品，与同学和老师分享，并且一起反思项目的过程和结果。这不仅能锻炼学生的信息搜集能力，也能提高他们的数字表达能力。①

　　共同核心标准视域下的跨学科阅读教学最突出的特征，是跨学科学习。马扎拉指出，跨学科学习可以促进学生在多个学科领域之间建立联系，并通过项目式任务和主题式教学来深化学生对不同学科的认知理解，全面满足共同学科标准对学生的学科学习及跨学科学习要求。跨学科学习能够让学生综合运用不同学科的知识和技能，从而更好地解决复杂问题和理解复杂概念。这种方法有助于学生发展批判性思维、创造力和沟通能力，这些都是21世纪所需的关键技能。跨学科阅读项目的"跨学科特性"主要体现在这样几个方面。第一，主题选择。跨学科学习通常围绕一个核心主题或问题展开，该主题应具有跨学科的覆盖性和吸引力，教师需要精心选择能够激发学生兴趣的主题。第二，课程设计。教师团队中应当有来自不同学科的教师，他们需要设计一个整合不同学科知识和技能的课程计划，包括确定学习目标、学生活动、知识概念、评估方法和所需资源等。第三，学生参与。学生需要在教师的指导下，参与主题研究、资料收集、数据分析和项目活动，他们需要运用多学科的视角来探索、分析和解决问题。第四，协作学习。跨学科学习鼓励学生之间的合作，学生需要在小组内分享观点、讨论问题并共同完成项目任务。第五，教师角色。教师在跨学科学习中扮演着引导者和促进者的角色，他们需要为学生提供必要的跨学科支持和资源，包括拓展阅读材料、技能和策略支持，互联网学习资源推荐，等等，帮助学生深化对跨学科主题和概念的理解。第六，评估与反思。跨学科学习阅

---

① MAZZARA E A. Using the Interdisciplinary Approach to Education to Meet the Literacy Standards in the Common Core：And Ensuring Graduates are College and Career Ready［D］. New York：State University of New York，2014：39.

读项目要求教师使用多元化的评估方法来评价学生的理解程度和项目成果。学生也需要对自己的学习与阅读过程进行反思。①

马扎拉提供了一个跨学科学习的案例,该案例涉及社会研究、科学、数学和语言艺术等多个学科。在这个案例中,学生探索了"可持续发展城市"的主题。在该案例中,第一,教师引入主题,通过讲座、视频和讨论引入"可持续发展城市"的概念,让学生了解其重要性和复杂性。第二是阅读、研究与探索,学生分组阅读相关文献(包括多种形式、多个学科的同一主题的文本),研究城市可持续发展的不同方面,如环境保护、水资源使用、能源利用、城市规划等。第三是数据收集与分析,学生使用数学技能收集和分析与主题相关的数据,如能源消耗、水污染、碳排放等。第四是科学实验,在科学课上,学生进行实验,比如通过实验了解可再生能源的工作原理和效率。第五是写作与表达,学生撰写论文和报告,在整合前人研究的基础上,使用学术语言技能清晰地表达他们的发现和观点。第六是项目展示,学生在全校范围内展示他们的项目成果,包括模型、海报、演示文稿、视频等。最后,学生和教师一起反思整个跨学科阅读和学习过程,讨论学到的跨学科知识和技能,以及如何将这些应用到现实世界中解决问题。②

结合以上的干预项目及前人的研究,我们可知,中小学阶段不同的跨学科融合式阅读项目存在一定的相通之处。第一,旨在提升跨学科阅读素养的跨学科阅读项目应当提出一个可供学生探索的、涉及重要科学概念的跨学科主题,因为主题式的教学能够帮助学生更为深入地建构和理解核心概念,将不同学科的知识更好地联系起来。第二,高质量跨学科阅读项目应当注重学科词汇的学习,以及借助学科学术词汇建构学科知识的能力,③ 其中最常用的一种学科词汇教学方法是概念导图(concept mapping),这种词汇概念导图能够帮助学生超越对词汇简单定义的机械记忆,更深入地了解复杂词汇的多层含义、不同情境下

① MAZZARA E A. Using the Interdisciplinary Approach to Education to Meet the Literacy Standards in the Common Core: And Ensuring Graduates are College and Career Ready [D]. New York: State University of New York, 2014: 39.

② MAZZARA E A. Using the Interdisciplinary Approach to Education to Meet the Literacy Standards in the Common Core: And Ensuring Graduates are College and Career Ready [D]. New York: State University of New York, 2014: 43.

③ KIM J, RELYEA J, BURKHAUSER M, et al. Improving Elementary Grade Students' Science and Social Studies Vocabulary Knowledge Depth, Reading Comprehension, and Argumentative Writing: A Conceptual Replication [J]. Educational Psychology Review, 2021, 33(4): 1935—1964.

的用法，以及相关的拓展词汇。① 第三，高质量的跨学科阅读项目必须鼓励学生围绕同一主题阅读不同学科、不同类型体裁的文本（如报纸、杂志、书籍、论文等），阅读这些文本能够帮助学生积累关于这一主题的多学科知识、激活背景知识、建构图式、掌握更多学科专业词汇、提出有意义的问题、帮助学生提升跨学科学习能力。不过，跨学科文本并不仅仅指纸质版文章，也包含多模态文本，如视频、音频、照片、地图、图表等。第四，高质量的跨学科阅读项目通常都采取探究式教学方法，引导学生探索感兴趣的跨学科问题。探究式教学鼓励学生关心真实的世界、真实的生活和问题，学生主动提出问题的能力（通常是科学问题或者社会问题，与学生的生活经验密切相关），寻找解决问题的方法。为了解决问题，学生需要主动阅读一系列围绕同一主题、不同学科视角、不同题材的文章，运用认知策略建构意义，积累知识。第五，高质量的跨学科阅读项目通常都包含将阅读、写作、讨论和科学探索活动结合起来的任务，例如，让学生做完试验后撰写实验报告、观察植物生长并撰写植物观察笔记、测量物体并做好测量记录、记录有关科学课程和教材的笔记等。② 阅读不同学科学术文本可以帮助学生了解这些学科的学术文本收集数据、分析数据以及撰写成文的规则和标准，而写作和口头交流任务能帮助学生熟悉学科学术话语体系，掌握学科词汇和学术语言规则。③ 许多跨学科阅读素养干预项目都整合了阅读、写作、讨论和动手实践，这可能是为了贴合学科专家在真实情境中的工作任务和认知过程，以帮助学生更好地养成学科学术思维模式。第六，跨学科阅读项目应当包含一般阅读认知策略和学科专用阅读策略。一般阅读认知策略包括激活已有知识、出声朗读、总结、联想、自主提问、梳理文本结构特征等，而特殊的阅读策略则主要是与学科特定属性相关的、体现学科思维的阅读策略，比如，阅读历史文本时使用对比、横向联系等策略，而在阅读科学类文本时使用视觉化，检验假设、方法、数据等策略。第七，成功的跨学科阅读项目离不开各学科教师与阅读教师（母语教师）的高效合作。不同学科的教师可以通力合作，设计跨学科主题、寻找合适的跨学科文本、安排科学活动及围绕主题的读

① CABELL S, HWANG H. Building Content Knowledge to Boost Comprehension in the Primary Grades[J]. Reading Research Quarterly, 2020, 55: 99-107.

② REVELLE K, WISE C, DUKE N, et al. Realizing the Promise of Project-Based Learning[J]. Reading Teacher, 2020, 73(6): 697-710.

③ LOTT K, CLARK S. Learning the Language of Scientists: Using Disciplinary Literacy to Increase Reading and Writing in Early Elementary Grades[J]. Science & Children, 2021, 59(2): 56-61.

写结合任务。同时，不同学科教师的通力合作也有助于教师专业能力的发展。因此，有些研究者也将这样的跨学科项目视为提升教师跨学科专业素养和自我效能感的良好契机。①

---

① GLAZE - CRAMPES A. Leveraging Communities of Practice as Professional Learning Communities in Science, Technology, Engineering, Math (STEM) Education [J]. Education Sciences, 2020, 10(8):190.

第七章

融合式阅读教学项目的实证效果

第一节　融合式阅读教学设计

我们在前几章提到，融合式阅读教学对于学生阅读不同学科文本的理解能力、跨学科阅读技能、阅读动机和阅读策略使用水平有显著的正面影响。因此在这一章，我们将着重介绍笔者实施的融合式阅读教学项目实验的部分实证效果，以便读者了解融合式阅读教学项目对学生阅读理解水平、阅读动机、阅读策略的综合影响。笔者实施的融合式阅读教学实验中，融合式阅读教学的"融合"体现在三个层次。

第一层是理论整合，它尝试将认知和整体语言视角结合起来，假设阅读理解是一个复杂的认识过程，既涉及多种阅读认知策略，也涉及读者与文本之间有意义的交流。第二层是教学层次的整合，它尝试将阅读策略指导和文学圈活动结合起来。在融合式阅读教学中，教师会和学生一起制定一个阅读计划，并告知学生每周提前完成选定书籍的哪几章进行阅读。在每节课上，教师教学生使用四种有效的阅读认知策略，即视觉化、建立联系、提问和总结。教师明确指导学生如何使用这四种策略在阅读不同学科的书籍时构建意义，并使用学生稍后会在文学圈中阅读的同一本书中的段落节选作为示例，采用出声思考的方法向学生展示边阅读边使用阅读策略来建构意义的过程。教师会向学生反复强调，阅读最重要的目标是构建意义而不是单纯地掌握策略，阅读策略的学习不是最终目标，而是为随后的写作任务和文学圈中的小组讨论做重要准备。在阅读策略教学的环节完成后，学生会参加文学圈的活动，主要包括文学圈中的角色清单、阅读日志和小组讨论。通过完成角色清单、阅读日志，学生会练习他们学到的阅读策略，因为角色清单和阅读日志涉及策略使用和意义构建的练习任务。在小组讨论中，学生不仅会讨论书中的内容，还会讨论他们在任务中的策略使用情况。在这种融合式阅读教学中，策略教学服务于文学圈中的意义构建、阅读后的任务练习和小组讨论的目标，而文学圈中的阅读后任务练习和小组讨论也会和阅读策略的练习相统一。这就是两种教学模式整合的方式。

关于实际操作程序，具体来说，在阅读策略教学环节，教师会教授学生四种策略，即视觉化、提问、建立联系和总结，当然教师也可以随时根据所选择的学科文本特点更新和加入更多的阅读认知策略。在具体教学过程中，教师会首先向学生简要介绍关于某一种阅读认知策略的基本知识，包括它的名称、内涵、何时及为什么要使用这种策略，以及采用该策略的关键程序等。在介绍了该策略的基本知识和使用规则之后，教师就会采用出声思考策略示范在阅读过程中应该如何运用这种策略。在观察了教师如何在阅读书籍时运用多种策略后，学生会再花费一小段时间来进行练习。一般来说融合式阅读教学可以维持一学期左右的时间，学生可以在这一过程中阅读2~3本整书。为了帮助学生更好地掌握多种阅读认知策略，教师可能会在第一个月放慢进度，每节课教授学生一种策略。从第二个月开始，当学生开始熟悉四种策略时，教师会减少了讲授策略知识的时间，增加在实际阅读过程中示范多种策略组合使用方法的时间。

融合式阅读教学的另一个构成要素是文学圈活动，它主要包含四个部分：前期规划、独立任务、小组讨论和教师总结。第一部分是阅读计划，该计划和阅读策略部分的计划统一，教师会告知学生每周提前阅读完所选定书籍的哪几章。第二部分是学生阅读后独立完成角色清单或阅读日志任务，在这一环节，学生会回顾本周指定的阅读内容，并独立使用阅读策略教学环节中介绍的阅读策略完成角色任务（前1个月）或阅读日志（后2个月）。例如，在第一周，教师在策略教学中教授了学生如何使用视觉化策略阅读某本书的前两章，然后在文学圈活动中学生就会完成插画师的角色任务单，因为这个任务单要求他们基于故事情节进行绘画，可以帮助学生锻炼和强化视觉化策略的使用。学生独立完成插画师的角色任务后，会组成4~5人的小组，讨论他们的任务单内容和对所运用到的阅读认知策略的理解，并分享他们对阅读内容的思考。通过小组讨论，学生不仅讨论了书中的内容，还讨论了他们在任务中的策略使用情况。最后，教师对本节课进行了简要总结和评价，并布置下周的阅读任务。由于实验组的学生需要先用四到五周的时间学习阅读策略，他们基本上需要在前一个月的每一节课中，都承担相同的任务角色并完成相同的角色清单。从第二个月开始，当他们熟悉了每一种阅读策略之后，他们就可以承担不同的任务角色并完成包含多种阅读策略的阅读日志。因此，从第二个月开始，每个小组的学生会分享使用多种阅读认知策略理解书籍的经验。在这种融合式阅读教学中，阅读策略教学可以促进文学圈中的意义构建、独立任务和小组讨论活动，而文学圈中的独立任务和小组讨论活动也可以强化巩固学生对阅读策略的学习和掌握。

　　融合式阅读教学的第三层融合是干预效果的整合。以往的阅读策略指导主要关注对学生阅读理解能力的影响，而文学导向的阅读教学主要关注对学生阅读动机的影响，而融合式阅读教学因为整合了阅读策略教学、文学圈活动以及跨学科知识和涉及不同学科知识的阅读材料，研究者会全面关注该教学模式对学生阅读理解、阅读动机、策略使用和跨学科阅读能力的影响。

　　在实验研究中，为了能够更好地检验融合式阅读教学对学生的阅读理解、阅读动机、阅读态度、阅读策略等变量的影响，研究者通常采用对照组实验设计，为了避免成熟效应（mature threaten）和历史效应的威胁，可采用两个对照组的设置，其中一组为不采取教学干预措施的底线组（baseline group），另一组采用文学圈或阅读策略教学方法。文学圈对照组的学生仅接受文学圈教学方法，底线组的学生仅接受传统的阅读教学方法。

　　文学圈对照组活动主要包括四个部分：教师/研究者对文学圈活动的简短介绍、独立任务、小组讨论和全班分享。在简短介绍环节，第一周，教师/研究者会简要介绍文学圈的基本知识及流程，并简要演示如何完成不同的角色清单。在接下来的几周中，教师/研究者会简要回顾上一节课的小组讨论要点和总结，并在简短介绍环节中提醒学生完成角色清单和讨论的重要性。简短介绍之后是独立完成任务的环节，这与融合教学中的文学圈独立任务完成环节类似。由于文学圈对照组的学生没有接受任何阅读策略教学，为了使文学圈对照组的教学时间与融合式阅读教学的时长相近，在独立任务完成的环节，文学圈对照组的学生从五种类型的角色表中选择一种，即连接者、插画师、提问者、总结者和摘录者。除了摘录者，其他任务角色都与融合式阅读教学中的角色相同，摘录者要求学生从所读章节中摘录精彩内容并给出详尽的解释。在国内，融合式阅读教学的文学圈环节中未纳入"摘录者"角色，因为摘录内容是从低年级就开始培养的能力，对国内学生来说并不困难。此外，省略此环节可以为融合式阅读教学节省时间。学生完成角色任务单后，将进行小组讨论并总结，该流程与上述融合式阅读教学中文学圈的流程相同。

第二节　融合式阅读教学对阅读理解水平的影响

一、融合式阅读教学对阅读理解能力影响的实证效果

（一）融合式阅读教学对阅读理解能力的影响

笔者通过混合式实验研究，采用前后测对照组设计，检验了融合式阅读教学对于国内学生的阅读理解能力、阅读动机、阅读策略的影响。在为期四个月的教学实验结束后，笔者采用 MANOVA 检验出了三组起始水平相当的学生在阅读理解能力上的显著差异。融合式教学组的学生在标准化阅读理解测验上的量化成绩，显著好于单纯采用文学圈教学的对照组和采用传统教学方法的底线组。为了找出三组学生在回答不同类型问题中的具体差异，笔者进一步补充分析了三组中同等能力学生的阅读试卷答案。对后测中标准化阅读理解试卷的分析表明，在融合式教学中，大多数学生（包括那些学习困难的学生）对总结、理解人物动机、评价人物、理解关键句等题型给出了更长、更完整的答案。他们对总结问题的回答更加全面，对评价问题的回答包含了更多的解释和证据。示例如下：

示例一：理解人物的动机

10. 多丽恳求医生为她提前手术分娩，是因为＿＿＿＿＿＿＿＿。（理解人物动机类题目）

回答 1（融合式阅读教学组小 S，阅读水平较高）："孩子的爸爸快要死了，她想让孩子感受一下父爱，让父亲见孩子一面。"

回答 2（文学圈对照组小 L，阅读水平较高）："她的丈夫、孩子的父亲即将去世，他想见孩子最后一面。"

回答 3（底线对照组小 K，阅读水平较高）："她想让丈夫在生命的最后一刻见见自己的孩子。"

在融合式阅读教学组中，小 S 对该问题的回答最为全面和准确。虽然其他两组学生的答案也很具体且基于文本，但只有小 S 的答案同时从婴儿和父亲两个角度进行了考虑，并且点出了本文的主题。他的理解更符合主人公的感受和动机。

示例二：理解作者的情感

5.此时，"我"的心情无比激动，又为"我"的"多疑"而"羞愧"，作者感到"激动"的原因是＿＿＿＿＿＿＿＿，感到"羞愧"的原因是＿＿＿＿＿＿＿。（理解人物情感）

回答1（融合式阅读教学组小 R，阅读水平中等）："作者激动的原因是'一位平凡得不能再平凡的盲老人——一个街头艺人，却有着不平凡的理想'，羞愧的原因是'之前还以为他们要耍花招，要骗钱，还说他们很可恶'。"

回答2（文学圈对照组小 W，阅读水平中等）："作者激动的原因是'有传承中国音乐'，羞愧的原因是'为了他的多疑。'"

回答3（底线对照组小 J，阅读水平中等）："作者激动的原因是'他们的想法真棒'，羞愧的原因是'我不应该把他们当乞丐'。"

通过比较三组中等水平学生的答案，我们可以看到，融合式阅读教学组的学生对问题的回答更为全面、具体，更尊重文本且更为准确。

示例三：总结文章

6.请简要概括文章的内容（不超过50个字）

回答1（融合式阅读教学组小 H，阅读水平较高）："一老一少来到街头拉二胡，我误以为他们是要花招多乞点钱，结果他们只是想让二胡发扬光大，我为此感到羞愧与敬佩。"

回答2（文学圈对照组小 D，阅读水平较高）："一老一少街头艺人，为了自己喜爱的乐器发扬光大，在街上演奏，使我感到羞愧。"

回答3（底线对照组小 K，阅读水平较高）："暑假的一天，我在回家路上遇到'乞丐'，扔了钱给他们。但他们只是为了让人欣赏二胡，我站在雨中，久久凝望着他们的身影。"

对该总结问题的理想答案包括三点：老人和年轻女孩所做的事情、他们行动的动机以及作者情感的变化。通过比较三组中较高水平学生的总结，我们可以看到，融合式阅读教学组的小 H 的总结更为全面、清晰和准确。文学圈对照组小 D 的总结虽然简洁且包含了前两点，但不够清晰和具体。而底线对照组的小 K 在简要总结文本方面似乎有些困难。她的总结中涉及了许多不必要的描述，以及关于时间、天气和地点的琐碎信息。

（二）阅读理解策略对阅读理解的积极影响

根据后测访谈，融合式阅读教学组中有 14 名学生（43.75%），包括几名学习困难的学生，提到融合式阅读教学显著提高了他们在标准化阅读理解测试中的表现，他们在接受融合式阅读教学后，在标准化阅读理解测试中犯的错误更少了。

访谈片段示例：

问：你怎么看这个课？喜欢或者不喜欢？或者说你希望下学期还有这个课吗？为什么？

小 K：喜欢！希望下学期还上这个课，因为感觉阅读能力提升了。

问：为什么这么说呢？

小 K：考试的时候，阅读练习错得少了。（EXP06 Kun）

一些学生将这种进步归因于他们从融合阅读教学课程中学习到的阅读认知策略。这些阅读认知策略帮助他们更容易理解文本，提高了他们的阅读能力，并帮助他们在日常的阅读理解练习和语文标准化测试中减少错误。另外两个对照组中没有学生提到自己的标准化阅读理解测试成绩因为使用阅读策略而有所提高。大多数学生认为，在标准化阅读理解测试中，视觉化策略、总结策略和提出高层次问题（评估性问题）是最有效的阅读理解策略。

访谈片段示例

问：如果下学期还开这个课，你们希望这个课程哪些地方应该保留，哪些地方应该改进？

小 S：我感觉阅读策略应该保留，因为提问策略对我的阅读能力有很大帮助，现在阅读能力提升了。

问：哦，你有这种感觉，为什么你觉得你的阅读能力提升了？

小 S：就是考试的时候阅读题几乎就错一两道，还有家庭阅读留的那些作业，几乎没错。（EXP18 Sunny）

具体而言，融合式阅读教学组的 26 名学生（81.3%）表示，他们学会运用五官齐动来想象人物的情感。这些阅读策略有助于他们更好地在阅读理解测试中理解文本中人物的动机和选择。

访谈片段示例：

小 R：我们上上次语文考试，有两篇阅读，我使用了老师教的一些小策略，然后，几乎都对了。

问：你用了哪些策略？

小 R：用五官齐动，把自己当成故事里人物的朋友，或者就是他，来感受那个故事，就更理解他的想法，他为什么要那样做。（EXP02，Ruiwn）

融合式阅读教学组的许多学生认为，总结策略教学促使他们更频繁地回忆文本的主要内容，并反思主要人物的情感变化或特征。

小 R：之前读完书，就像囫囵吞枣。几乎就是扫一眼，然后每一行大概看一眼那种，没有想象主要人物、内容之类的。上完阅读课之后，每次读完一个章节，都会想主要内容，然后还有主要人物的情感变化。（EXP02，Ruiwn）

融合式阅读教学组中一个学习能力较为薄弱学生小丫提到，融合式阅读教学提高了他使用总结策略和视觉化策略的能力，尽管他无法回忆起具体的过程，但他可以在阅读理解测试中使用这些策略。

访谈片段示例：

问：你怎么看这个课？

小丫：非常（用重音高音强调）喜欢（微笑）。

问：为什么呢？

小丫：原本我的阅读理解训练没有那么好，自从上这个课我感觉阅读提高了。

问：是吗？你觉得在哪些方面有显著的提升呢？或者你觉得哪些好了？

小丫：总结一些主要内容，或者是概括文章，更好了。

问：你学会概括文章了？

小丫：嗯（点头）。

问：你觉得这门课学到了什么？

小丫：学到更多的阅读策略以更好地阅读文章。

问：是什么阅读策略让你会读文章？

小丫：概括和想象。（EXP13，Yuan）

一些学生特别提到，提出高层次的评价性问题确实对他们完成日常阅读作业和标准化阅读理解测试有很大帮助。他们提到，在参加融合式阅读教学之前，他们很少在阅读过程中向自己提问，在阅读过程中也从未尝试过评价主要人物，但在参加了融合式阅读教学课程后，他们开始习惯于在阅读时提出关于文本人物的评价性问题。这一变化使他们在标准化阅读理解测试中回答评价性问题时更加自信和熟练。由于其他两组没有接受高层次提问的训练，因此在后测访谈中，其他两组的学生没有将他们在标准化阅读理解测试中的进步归因于提问策略的学习。

访谈片段示例一：

问：（阅读成绩提升）那也可能是因为你本身就是，阅读的能力本来就很强，不一定是因为用了这个阅读策略吧？

小S：我确实是（用重音强调）用了这个策略。

问：你用了什么策略？具体是在做家庭作业的时候还是平时考试的时候？

小S：就是，问更难的、评价类的问题。（EXP18 Sunny）

访谈片段示例二：

小G：阅读课可以提高我的语文阅读理解能力。

问：你觉得可以提高理解能力？为什么呢？哪里提高理解能力了呢？

小G：联系策略，还有提问评价类的问题。（EXP21，Grace）

总体而言，关于标准化阅读理解测试的定量数据分析表明，只有融合式阅读教学组的学生在标准化阅读理解测试中有显著提高，并且在接受融合式阅读教学后，在标准化阅读理解测试中，表现显著优于其他两组。质性数据分析支持了定量数据的结果，并提供了一些解释：（1）融合式阅读教学组的学生比其他两组提供了更全面、更准确的答案，并对问题进行了更多解释；（2）融合式阅读教学组的许多学生认为，阅读策略促进了他们在标准化阅读理解测试中的表现。

二、融合式阅读教学对文学类及跨学科类文本阅读的显著效果

(一) 融合式阅读教学对文学类及跨学科类文本的阅读理解水平的影响

为了调查融合式阅读教学对学生阅读文学类文本理解能力的影响，笔者采用单因素方差分析（ANOVA）来检验接受融合式阅读教学、单纯文学圈教学、传统阅读教学的学生在小说阅读理解测试成绩上的差异。在实验研究中，我们使用融合式阅读教学方法，教学生阅读了两本小说，《草房子》和《鲁滨逊漂流记》。实验之所以选这两本小说，是在学校师生共同协商的基础上，根据学生课内教材学习进度、学生阅读兴趣及跨学科阅读内容要求综合考虑的结果。虽然这两本书的体裁都属于小说，但是《草房子》更偏向于基于作者童年回忆而虚构的儿童故事，文辞优美、形象生动、情感饱满，具有更强的文学性；而《鲁滨逊漂流记》则涵盖了大航海时代的世界地理、历史、政治、经济、宗教、航海、荒野生存技能等多方面的知识，其中的部分章节还包含说明类文本和非连续性文本（如鲁滨逊制作食物、火药的方案和选择清单等），具有较为复杂的背景知识和较强的跨学科性，但同时体裁又属于学生所喜爱和容易理解的小说。单因素方差分析的结果表明，在《草房子》小说阅读理解测试的表现上，三组学生之间无显著差异 $[F(2, 82) = 2.90, p = 0.061]$（见表7-1）。然而，单因素方差分析显示，《鲁滨逊漂流记》小说阅读理解测试的总成绩，三组学生在 0.05 水平上存在显著差异 $[F(2, 82) = 3.72, p = 0.028]$（见表7-1）。使用 Bonferroni 检验进行的事后比较发现，融合式阅读教学组学生在《鲁滨逊漂流记》上的平均总成绩（M = 23.53，SD = 8.42）显著高于传统组（M = 17.48，SD = 9.23）（见表7-1）。这些结果揭示了融合式阅读教学组的学生在《鲁滨逊漂流记》小说阅读理解测试中的表现，显著优于传统组的学生，但在《草房子》的总体表现上，并未显著优于其他两组。因此，总体说来，融合式阅读教学在提高学生小说（包括文学主题和跨学科主题的小说）阅读理解方面比传统阅读教学更有效。

表 7-1 三组学生在两本小说阅读理解水平上的比较

小组	样本数	均值	标准差	F (df1，df2)	p	Post hoc Bonferroni tests
《草房子》成绩对比						
融合式阅读教学	30	20.77	10.08	2.898	0.061	n. s.

续表

小组	样本数	均值	标准差	F (df1, df2)	p	Post hoc Bonferroni tests
文学圈教学	28	16.00	8.84	(2, 84)	—	—
传统教学	27	15.19	9.75	—	—	—
《鲁滨逊漂流记》成绩对比						
融合式阅读教学	32	23.53	8.42	3.715	0.028	1>3
文学圈教学	27	20.11	9.00	(2, 83)	—	—
传统教学	27	17.48	9.23	—	—	—

　　由于每个小说阅读理解测试包含五个子维度（字面意思、重组、推理、评价和欣赏），本研究采用多元方差分析（单因素 MANOVA）来检验不同组别的学生在小说阅读理解测试中的差异。在《草房子》的阅读理解测试上，单因素MANOVA 分析结果表明，接受融合式阅读教学的实验组存在显著的多变量主效应 [Wilks' λ = 0.62, F (10, 158) = 4.26, p < 0.001, partial eta squared = 0.21]（见表7-2）。事后比较采用 Bonferroni 检验显示，在《草房子》的推理题上，融合式阅读教学组学生的得分（M = 6.84, SD = 3.78）显著高于文学圈组（M = 2.93, SD = 2.85）和传统组（M = 4.04, SD = 3.14）（见表7-2）。整体来说，融合式阅读教学组的学生在《草房子》的小说阅读理解测试中，推理题得分显著高于其他两组学生。这一发现表明，与文学圈教学和传统教学相比，融合式阅读教学在提高学生阅读《草房子》这样的小说时有助于提高推理能力。

表7-2　三组学生在《草房子》测试五个维度上的表现

测试维度 （满分）	小组	均值	标准差	F (df, df error)	η^2	Post hoc Bonferroni tests
字面解释（4）	1	2.48	1.09	2.35	0.05	—
	2	2.00	0.98	(2, 85)	—	—
	3	2.56	1.05	—	—	—
重组（12）	1	3.94	2.98	0.20 (2, 85)	0.01	—
	2	3.82	3.20	—	—	—
	3	3.44	2.95	—	—	—

测试维度 （满分）	小组	均值	标准差	F（df, df error）	η²	Post hoc Bonferroni tests
推理（17）	1	6.84	3.78	11.08***	0.21	1> 2，3
	2	2.93	2.85	(2, 85)	—	—
	3	4.04	3.14	—	—	—
评价（11）	1	2.68	2.60	1.52	0.04	—
	2	2.29	1.70	(2, 85)	—	—
	3	1.70	1.92		—	—
鉴赏（14）	1	4.26	3.22	1.30	0.03	—
	2	5.07	2.67	(2, 85)	—	—
	3	3.81	2.87	—	—	—
总分《草房子》		Wilks' λ	F value	df （df Error）	Partial Eta Square	
小组		0.62	4.26***	10 (158)	0.21	

Note：＊＊＊p ＜ 0.001

　　在《鲁滨逊漂流记》的测试中，单向多元方差分析（MANOVA）结果显示，融合式阅读教学组之间不存在显著的多变量主效应［Wilks' λ = 0.83，F (10，158) = 1.53，p = 0.13，部分 η² = 0.088］（见表7-3）。然而，事后 Bonferroni 检验表明，在 0.05 水平上，融合式阅读教学组在重组类问题上的平均分（M = 5.44，SD = 2.67）显著高于传统组（M = 3.70，SD = 2.56）。同样，事后 Bonferroni 检验也表明，在 0.05 水平上，融合式阅读教学组在评价类问题上的平均分（M = 4.09，SD = 1.94）显著高于传统组（M = 2.78，SD = 1.91）（见表7-3）。研究结果还揭示了融合式阅读教学组学生在《鲁滨逊漂流记》小说阅读测试中的重组和评价类问题上，表现显著优于传统组学生。研究结果表明，与传统教学相比，融合式阅读教学在提高学生阅读《鲁滨逊漂流记》这一类小说时的重组和评价类能力方面更为有效。

表7-3 三组学生在《鲁滨逊漂流记》测试五个维度上的表现

测试维度（满分）	小组	均值	标准差	F（df）	η²	Post hoc Bonferroni tests
字面解释（4）	1	1.31	1.06	0.783	0.02	—
	2	1.00	1.07	—	—	—
	3	1.07	0.87	—	—	—
重组（12）	1	5.44	2.67	3.11*	0.07	1 >3
	2	4.70	2.78	—	—	—
	3	3.70	2.56	—	—	—
推理（17）	1	7.66	3.42	2.26	0.05	
	2	6.48	2.97	—	—	—
	3	5.85	3.53	—	—	—
评价（11）	1	4.09	1.94	4.42*	0.10	1 > 3
	2	4.00	1.67	—	—	—
	3	2.78	1.91	—	—	—
鉴赏（14）	1	5.03	2.49	1.86	0.04	
	2	3.93	2.23	—	—	—
	3	4.07	2.48	—	—	—
总分《鲁滨逊漂流记》	Wilks' λ	F value	df	Partial Eta Square		
小组	0.831	1.529	10	0.088		

Note：* $p < 0.05$

（二）学生阅读测试答卷中的组间差异

阅读测试中的推理问题主要涉及推断文本中人物的内心感受、人物做出选择的原因、行为动机以及角色之间的隐藏关系。为了详细了解三组学生在小说阅读理解测试中不同问题的答案差异，笔者在实验研究中进一步使用内容分析方法，分析了学生的阅读测试试卷。分析表明，融合式阅读教学组的学生在《草房子》的阅读推理问题上给出了比其他两组更准确、更完整的答案。许多接受融合式阅读教学的学生能够正确推断角色的情感和行为动机，并为他们的答案提供了更多基于文本的证据，因此他们在推理问题上的平均分高于其他两组（见表7-4）。相比之下，文学圈组和传统组的学生做的推断不够准确，并给出了较少的解释。传统组学生在任务单上的空白率高于其他两组（见表7-4）。

表7-4 学生试卷上的答案内容比较分析

测试内容	问题序号	融合式阅读教学组			文学圈教学组			传统教学组		
		均值	标准差	空白率	均值	标准差	空白率	均值	标准差	空白率
《草房子》										
推理	7	1.2	1.00	0	0.57	0.92	0	0.89	1.01	0
	8	1.2	1.00	0	0.64	0.95	0	0.89	1.01	0
	9	0.8	1.27	20%	0.25	0.75	25%	0.41	0.75	22.2%
	10	2.1	1.40	16.7%	0.43	0.96	32.1%	1.15	1.29	37%
	11-2	0.33	0.71	13.3%	0.14	0.59	17.8%	0.07	0.38	18.5%
	12	1.43	1.14	10%	0.89	0.92	21.4%	0.67	0.92	22.2%
《鲁滨逊漂流记》										
重组	5	0.69	0.97	0	0.37	0.79	0	0.15	0.53	0
	6	1.31	0.97	0	1.26	0.98	0	0.81	1.00	0
	7-1	2.13	1.10	12.5%	2.00	1.07	11.1%	1.85	1.20	18.5%
	11-1	0.47	0.72	6.3%	0.30	0.61	11.1%	0.44	0.64	18.5%
	11-2	0.87	0.99	21.9%	0.78	0.64	7.1%	0.43	0.64	37%
评价	13	1.69	0.86	3.1%	1.59	0.80	0	1.30	0.99	11.1%
	14	1.44	0.80	9.4%	1.41	0.84	3.7%	0.85	0.82	14.8%
	15	0.97	0.86	18.8%	1.00	0.88	11.1%	0.63	0.84	29.6%

示例一：推测问题

9.（《草房子》）"秃鹤用嘴咬住指头，想不让自己哭出声来，但哭声还是抑制不住地从喉咙里奔涌而出，几乎变成了号啕大哭。纸月哭了，许多孩子也都哭了。"请结合上下文说说纸月此时内心最想对陆鹤说什么？

回答1（融合式阅读教学组小K，阅读水平中等）："纸月此时内心最想对陆鹤说：'你别哭，多谢你为班级扮演好这个角色，让我们班取得好名次。'"

回答2（文学圈对照组小C，阅读水平中等）："你不要再哭了。"

回答3（底线对照组小G，阅读水平中等）："别哭了，做人要勇敢。"

所选取段落的上下文情境是陆鹤在学校年度汇报表演中为班级成功赢得了荣誉。他的同学们过去常常因为他的秃头嘲笑他、欺负他,但这次他为自己赢得了尊重。因此,纸月的回答应该包含两个方面:她会为自己曾嘲笑陆鹤的头发而感到抱歉,同时也对陆鹤在比赛中的出色表现感到开心。通过对比三组学生的答案,我们可以看到融合式阅读教学组的同学小 K 给出的答案,比其他两组同水平的学生更丰富、更具体。小 K 能回忆起故事内容的具体情境,并准确推断出主要人物的动机和感受。相比之下,来自文学圈对照组和底线对照组(传统教学)的小 C 和小 G 的回答则较为肤浅、不够准确且缺乏详细阐述。这两名学生都没有准确理解文本中人物当时的感受。

示例二:推测问题

10.(《草房子》)据你推测,纸月的亲生父亲可能是谁?请给出 2 条证据。

回答1(融合式阅读教学组小 P,阅读水平中等):"纸月的亲生父亲可能是清风寺的那个和尚。第一,因为他们一起出现,一起失踪;第二,在桑桑说去板仓找纸月,和尚露出意味深长的微笑。"

回答2(文学圈对照组小 R,阅读水平中等):"不清楚。"

回答3(底线对照组小 M,阅读水平中等):"应该是寒山寺的那位僧人,最后他带纸月走了是其一,其二是看着顺眼。"

回答4(底线对照组小 H,阅读水平较弱):"纸月的亲生父亲可能是慧思和尚,因为他对纸月很亲近,纸月每次都来这。"

通过对比三名中等水平学生的答案,我们可以发现,来自融合式阅读教学组的小 P 给出了一个准确且清晰的答案,并附带了具有说服力的文本证据。他擅长推断人物之间的隐含关系。文学圈对照组小 R 的阅读能力与融合式阅读教学组小 P 同学相当,但他表示自己并不清楚答案,这表明推理题对他来说有一定难度。底线对照组小 M 对答案做出了正确的推断,但她提供的文本证据比融合式阅读小组的小 P 更少且较弱。值得注意的是,来自融合式阅读教学组的薄弱学生小 H 也能够准确地推断出人物之间的隐含关系,并且能列出比其他两组较弱学生更多、更具说服力的文本证据。研究人员分析了其他两组中与小 H 能力水平相似的学生对该问题的回答,发现他们只是空着没写。

示例三：重组问题

　　11.（《鲁滨逊漂流记》）最后，鲁滨逊是如何处理那留在石洞里的五个俘虏的？

　　回答1（融合式阅读教学组小 A，阅读水平中等）："鲁滨逊把他们放出来，他们自由。"

　　回答2（文学圈对照组小 P，阅读水平中等）："把他们杀了。"

　　回答3（底线对照组小 Y，阅读水平中等）："枪毙了他们。"

　　通过对比三名中等水平学生的答案，我们可以看出，来自融合式阅读教学组的小 A 给出了最准确的答案。她正确总结了五个囚犯的结局，并给出了恰当的解释。

示例四：评价问题

　　14. 鲁滨逊在岛上发现有野人的踪迹后，曾经想要杀掉他见到的所有野人，后来他认识到这样做是不对的。你同意他的观点吗？请给出理由。

　　回答1（融合式阅读教学组小 D，阅读水平较高）："我同意他的观点，因为他只是发现了那些野人，而那些野人却没有伤害他，如果打伤了，野人很多，而他就一个人，也打不过。"

　　回答2（文学圈对照组小 H，阅读水平较高）："同意，因为野人并没有威胁到他，他没必要杀掉野人。"

　　回答3（底线对照组小 E，阅读水平较高）："同意，因为野人也是人。"

　　通过对比三组中三名优秀学生的答案，我们可以看出，来自融合式阅读教学组的小 D 的答案，比其他两组小 H 和小 E 的答案更为全面和准确。小 D 不仅考虑了野人的权利，还预测了鲁滨逊原先计划可能产生的结果。

　　（三）融合式阅读教学组及文学圈对照组学生的访谈中的结果

　　后测访谈表明，融合式阅读教学组的 16 名学生（50%）提出，他们在接受融合式阅读教学后，自己阅读小说的能力有了显著提高，因为他们能够更深入地思考人物的行为、语言和情感。他们感到自己对小说的理解能力有所提高，能够回忆起小说的主要内容。一些学习有困难的学生提到，在接受融合式阅读教学后，他们阅读小说时比以前更加细致了。相比之下，文学圈对照组只有 5

名学生（17.86%）和底线组（传统组）的 2 名学生（7.4%）表示他们觉得自己阅读小说的能力有了显著提高。

访谈片段示例一：

问：那在阅读能力的变化上，是体现在哪些方面？

小 K：体现在以前，我读书都是非常快的，一次看十行，看得非常潦草，但自从上了这个课之后，我读书就非常认真，一些人物、动作、语言，我都能想象到，体会出来。（EXP19 Aky）

访谈片段示例二：

小 U：因为以前读书只是感觉很有趣，然后就读了，现在是读完之后可以了解、概括文章的主旨和内容。（EXP 20，Laura）

1. 融合式阅读教学中的策略教学能促进阅读理解的提升

在融合式阅读教学组中，有 20 名学生（62.5%）将其小说阅读理解能力的提升归因于通过阅读日志练习巩固了一系列阅读理解策略。这些阅读理解策略可以帮助他们仔细、认真阅读。例如，通过使用视觉化阅读策略，他们能够将自己想象成小说中的人物角色，因此，他们能够更好地理解角色的感受。

访谈片段示例：

小 Y：我会想象那个情景，然后把自己当成主人公。（EXP08，Young）

小 Z：想象画面，就能感受主人公的情感，还可以深入了解小说。（EXP05，Shenzh）

小 P：我会用想象的策略，就是用五官齐动的方法，来想象他当时的情境，然后来体会人物的质量。（EXP16，Peace）

通过提出问题，特别是更高层次的问题（如创造性问题、评估性问题），融合式阅读教学小组的学生提到，能够更加深入和仔细地阅读小说。提出问题有助于他们关注小说中的许多有趣细节，并帮助他们更好地回忆小说的主要内容。

访谈片段示例：

小 T：我挺喜欢这个阅读课的，以前我从来都没有用过提问策略，就只是读书，但是现在学会了提问策略以后，感觉读书读得更精细了，能让我

多想一些。(EXP28,Tao)

融合式阅读教学小组的学生提到，学习阅读策略后，通过阅读后练习总结每章的主旨大意，他们更加擅长对文本中的故事或人物进行总结，这提升了他们重组信息、回答文章概括类问题的能力。

访谈片段示例：

小K：我在阅读完后，会总结出来它大概讲的是哪些事情。(EXP06,Kun)

小Z：总结人物经历，我从中能学到很多。(EXP05,Shenzh)

小W：提问策略的话，以前自评应该就1~2分，现在应该是3分、3.5分，就是有提高，因为现在提问比以前多了很多。概括策略以前也用得少，现在进步挺大的。(EXP27,Wenny)

2. 融合式阅读教学中的小组讨论能促进阅读理解能力的提升

在后测访谈中，融合式阅读教学组的29名学生（90.63%）也将自己在文学类和跨学科主题类文本的阅读理解能力的提升归因于富有成效的小组讨论。他们都提到，融合式阅读教学课堂上的小组讨论有助于他们理解小说。他们可以从他人的观点中学习，相互补充理解，交流困惑，完善自己对文本的解读。

访谈片段示例一：

小W：讨论的时候可以说出那些问题，然后可以把那些问题写在日志上面跟同学一块交流，日志可以帮你梳理内容。

问：为什么跟同学交流很好呢？有什么收获？

小W：收获是可以通过讨论得出答案，可以改正自己的答案，跟正确的答案接近。(EXP25,Wei)

访谈片段示例二：

问：你对小组讨论的态度是什么呢？你怎么看小组讨论？

宋：我感觉小组讨论挺好的，可以让组员互相了解、取人之长补己之短。(EXP18,Sunny)

融合式阅读教学小组中的一些学习薄弱学生和中等学生指出，他们在接受了融合式阅读教学之后，阅读理解能力方面有了很大提升，并将这一提升归功于小组讨论中丰富的同伴支持。他们提到，在小组讨论中，他们经常从能力较强的学生那里得到帮助，这些学生总是会耐心给他们解释书中的内容，教他们更仔细地分析文本和主要人物，并帮助他们运用阅读教学策略在阅读日志或角色扮演中找到问题的答案。一些阅读能力较为薄弱的学生（如融合式阅读教学组的小Y）还提到，能力较强的学生有时会纠正他们对人物或故事的误解。

访谈片段示例：

问：我看你小组讨论经常是跟小F、小K一起是吗？

小Y：对。

问：那你觉得跟他们讨论给你带来什么样的影响？

小Y：我有时候文章中有些不懂的地方就听他俩解释。

问：哦，能举个例子吗？比方说？

小Y：像鲁滨逊为什么要往山洞里放那些食物，我就从讨论里知道野人入侵时，在里面防可守进可攻。（EXP13，Yuan）

3. 没有融合式阅读策略教学的讨论可能会导致讨论质量的低下

根据读者反应理论和交流理论，接受文学圈教学方法的学生的阅读理解能力，应当显著优于接受传统教学方法的小组，因为文学圈能为学生提供趣味性强、开放、深入且自由的学生主导的小组讨论。然而，笔者通过混合式准实验研究的后测访谈表明，文学圈小组的讨论效果，并不像一些支持文学圈教学法的研究所设想的那样。本研究的结果表明，文学圈教学的效果似乎取决于小组讨论的质量。尽管文学圈对照组中有16名学生（57.14%）提到小组讨论显著加深了他们对小说等书籍的理解，但文学圈对照组中也有11名学生（39.29%）表示，他们的小组讨论非常嘈杂，纪律性差，小组成员经常在讨论中嬉笑打闹，而不是专心听别人讲话。相比之下，在融合式阅读教学组中，只有3名学生（9.38%）报告说他们的小组讨论嘈杂且纪律性差。文学圈教学组中有14名学生（50%）提到，其小组成员在讨论时经常谈论电脑游戏和笑话等不相关的话题，而不是认真思考问题的答案。一些调皮的学生总是喜欢故意讲一些不相关的笑话来逗其他小组成员开心。相比之下，融合式阅读教学组中有5名学生（14.29%）有类似的感受，但频率较低。

访谈示例片段一：

问：他们为什么不好好回答你的问题呀？

小 X：因为他们想的都是别的。如我在问一个问题的时候，他们在想游戏之类的，不好好回答问题。

问：那你在小组里面怎么办呀？

小 X：督促他们赶紧讨论，先停止说话，听我说完问题，但没什么用。

（LCP 24 Jiaxon）

在没有阅读策略教学的文学圈对照组中，有 9 名学生（32.14%）提到，小组讨论中有的同学提出的问题过于简单、单调、肤浅，甚至奇怪。他们认为回答这些低质量的问题很无聊，因为这些问题不值得讨论，对理解课文也没有帮助。相比之下，整合了阅读策略教学和文学圈教学模式的融合式阅读教学组中，只有 2 名高水平学生（6.25%）认为小组讨论中的问题过于简单。

访谈示例片段：

小 Y：有时候，组员提的问题比较无聊。

问：他们提的什么问题让你觉得无聊呀？

小 Y：总是提一看书就知道的问题。

此外，没有接受阅读策略教学的文学圈对照组中有 6 名学生（21.43%）提到，一些小组成员非常固执且专横。尽管他们没有仔细阅读这本书，对故事和人物有明显的误解，但他们拒绝接受其他学生的合理建议。据这 6 名学生称，小组讨论中常常充斥着无意义的争吵和争执，而不是深入的讨论。相比之下，融合式阅读教学组中只有一名学生报告说，她的一名小组成员过于固执，无法接受他人的合理意见。

访谈示例片段一：

小 D：有的人提的问题与书本无关，我并不想回答。

问：能举个例子吗？

小 D：比如，鲁滨逊残忍吗？然后一连三个问题全是鲁滨逊残忍吗？

问：你为什么觉得这个问题跟文本没什么关系？

小 D：因为我觉得她对鲁滨逊的理解是不正确。

问：但是她始终坚持自己的看法吗？

小 D：对（点头）。

问：那遇到这种情况你们怎么办？小组当中会争执么？

小 D：我就不让她说了，让别人发表意见。

问：那你们在小组中有办法反驳或者改变她的看法吗？

小 D：我觉得都没用（笑）。

问：为什么呀？

小 D：即使你是对的，他们也都不会改变自己的想法（笑）。（LCP11, Dechi）

值得注意的是，没有接受阅读策略教学的文学圈对照组中的一些优秀学生，甚至将他们的小组讨论总结为失败和浪费时间。学生主导的小组讨论对他们理解书籍和文本中主要人物帮助不大，因此他们几乎无法从小组讨论中学到什么东西。而在融合式阅读教学组中，没有优秀学生持这种观点。

访谈示例片段一：

问：你对这个阅读课有什么看法，怎么评价它？

小 W：我感觉有的时候提一些稀奇古怪的问题，然后就是答上来，他还非让你答，如果你答得不好，他还一直质疑，我觉得这个形式挺好的，就是组员有的时候可能不太配合。

问：那这会给你造成什么影响呢？

王：就是讨论比较失败，比较吵，听不清大家的结果，感觉收获不是很大。（LCP03 Prince）

访谈示例片段二：

小 D：我觉得阅读日志和小组讨论涉及的点少，有些部分没有提及。

问：什么部分没有提及？

小 D：就是没有对文本主角行为进行充足分析。如果不教方法，就只是让大家去提出一些问题的话，大家一定不会分析。

问：你是希望这个分析是老师带着你们分析？还是……

小 D：对（点头），老师带一下。（LCP11, Dechi）

此外，在没有接受阅读策略教学的文学圈对照组中，还有 5 名学习困难的学生提到，当他们难以理解文本中的一些关键词或关键句时，无法从其他小组成员那里获得帮助，因为同伴的解释也不够清晰，这一问题阻碍了他们对小说类书籍的理解。更糟糕的是，教师/研究者忙于指导其他小组，既没有足够的机会单独回答这些学习困难学生的问题，也没有足够的时间就这些问题向全班学生进行明确的解释。

访谈示例片段：

问：那你读不明白的时候，跟其他同学讨论，他们能帮助你解答吗？

小 P：有的他们解答出来我也有一点不明白。

问：那你当时为什么没有举手问老师呢？

小 P：因为我看老师一直在其他组里面看他们讨论，所以我就没有举手。（LCP04，Pearl）

总体而言，小说阅读理解测试的定量分析表明，融合式阅读教学组的学生在《鲁滨逊漂流记》的整体得分上，显著优于底线教学组（传统教学组）。质性数据分析，通过揭示以下内容支持了量化分析结果。首先，融合式阅读教学组的学生在《草房子》的推理问题上给出了更多基于文本的准确且完整的答案，并在重组类和评价类问题上给出了更全面且解释更丰富的答案；相比之下，其他两组学生的表现则较差。其次，融合式阅读教学组中，超过一半的学生认为，阅读策略教学和小组讨论促进了他们对文本的阅读理解。再次，三个组中的大多数学生都报告说，《鲁滨逊漂流记》比《草房子》难得多，前者涉及的背景知识、跨学科知识更多也更复杂，而正是因为《鲁滨逊漂流记》涉及更多的跨学科主题章节和多种类型的文本及表达方式，难度更高，这使得融合式阅读教学对《鲁滨逊漂流记》这样的小说来说变得更为必要。最后，没有阅读策略教学的文学圈对照组中的许多学生提到，小组讨论既嘈杂又无效。

第三节　融合式阅读教学对阅读动机的影响

一、对质性数据的描述性统计分析

由于三个组所有学生都接受了后测访谈，研究人员计算了三组学生提出的与阅读动机变化相关的命题，并获得了一些有趣的三角互证数据。在自我效能感的变化方面，融合式阅读教学组中有 25 名学生（78.1%）提到，他们感到自我效能感有所提高，而文学圈对照组中有 21 名学生（75%）和底线对照组（传统教学组）中有 3 名学生（11.1%）感觉自己的阅读能力有所提高。在内在阅读动机的变化方面，融合式阅读教学组中有 26 名学生（81.3%）、文学圈对照组中有 27 名学生（96.4%）和底线对照组（传统教学组）中有 20 名学生（74.1%）认为自己的内在阅读动机有所提高。在社会动机方面，融合式阅读教学组中有 8 名学生（25%）提到他们感到社会动机有所提高，而文学圈对照组和底线对照组（传统教学）中，没有学生提到这一点。然而，文学圈对照组中有 12 名学生（42.9%）感到他们的社会动机有所下降，而底线对照组（传统教学组）中有 13 名学生（48.1%）感到他们一直保持着高水平的社会动机，并希望有更多的机会与同学讨论书籍。在外在阅读动机方面，融合式阅读教学组中有 12 名学生（37.5%）、文学圈对照组中有 5 名学生（17.9%）和底线对照组（传统教学组）中有 1 名学生（3.7%）感到自己的外在动机有所提高。

表 7-5　三组学生阅读动机主题出现的数量及频率对比

变量	主题	每组案例数（名）和比率		
		融合组	文学圈	传统组
自我 效能感	自我效能感得到提升	25 78.1%	21 75%	3 11.1%
	得到提升：因为更能够理解文本中的主要思想和人物，阅读也更仔细、更细致	16 50%	5 17.9%	1 7.4%
	得到提升：因为能够阅读更多内容，并且投入更长的时间阅读，更有能力与同学们进行深入讨论	0 0	17 60.7%	0 0
	得到提升：因为阅读理解能力得到了提升，他们能够用更多阅读理解策略，如视觉化（使用五官齐动）、提问创造联系	18 56.3%	0 0	0 0
	得到提升：因为感觉阅读教学提升了阅读能力	0 0	0 0	2 7.4%
	得到提升：因为阅读理解测试中的表现得到了提升，薄弱学生能够得到熟练学生的帮助和支持	13 40.6%	0 0	0 0

续表

变量	主题	每组案例数（名）和比率		
		融合组	文学圈	传统组
内在动机	感觉内部动机得到了提升	26 81.3%	27 96.4%	20 74.1%
	得到提升：因为开始感觉阅读非常有趣和快乐，愿意读完整本书，挑战阅读更多更难的书，读得更多更仔细	22 68.8%	27 96.4%	7 25.9%
	得到提升：因为使用了像视觉化、提问这样的阅读策略让阅读变得更为有趣。视觉化策略帮自己产生了精彩的想象，而提问策略能挖掘更多文本的细节	14 43.8%	2 7.1%	0 0
	得到提升：因为教师提供了精彩的、吸引人的文本分析，特别是主要人物角色、背景知识、写作风格，以及有趣的问题	0 0	1 3.6%	20 74.1%
社会动机	社会动机得到提升：因为喜欢在小组中被接受的感觉，团结、和谐的感觉，喜欢能分享观点的机会，有获得感，喜欢别的同学提出的好问题	8 25%	0 0	0 0
	社会动机有所下降：小组讨论中的问题无意义并且过于简单，讨论过程单调无聊，小组成员陷于无意义的争吵，小组成员吵闹、不专注、讨论没有效果	0 0	12 42.9%	0 0
	社会动机没有变，跟之前一样较高：因为一直都喜欢小组讨论的形式，可以加强同学之间的关系连接，帮助他们从他人身上学习，结交新朋友。和朋友一起讨论很开心，让人感觉放松和安全，和同学朋友一起阅读讨论的氛围令人愉悦	11 34.4%	13 46.4%	0 0
	社会动机没有变，跟之前一样较高：喜欢和家人、朋友、同学讨论所阅读的书籍，即使老师不允许也喜欢在课外跟同学交流，希望有更多机会在课外跟同学交流，因为平时机会不多	0 0	0 0	13 48.1%

变量	主题	每组案例数（名）和比率		
		融合组	文学圈	传统组
外在 动机	外部动机有所提升	12 37.5%	5 17.9%	1 3.7%
	得到提升：因为发现读书能提升阅读能力、知识储备和在阅读理解测试中的成绩表现，所以愿意多阅读	12 37.5%	2 7.1%	0 0
	得到提升：因为觉得阅读老师很好，希望能多读书以让老师感到欣慰	0 0	3 10.7%	1 3.7%

首先，质性数据的描述性统计分析表明，融合式阅读教学组的大多数学生认为，他们的自我效能感和内在阅读动机得到了提高。这表明融合式阅读教学对学生的自我效能感和内在阅读动机是有益的。其次，研究结果也表明，文学圈对照组的大多数学生认为，他们的自我效能感和内在阅读动机得到了提高，这表明文学圈也对学生的自我效能感和内在阅读动机产生了积极影响。最后，接受传统教学的底线对照组后测访谈的部分描述性统计结果表明，传统组的大多数学生也认为他们的内在阅读动机得到了提高。这表明，传统阅读教学方法也能对学生的内在动机产生一定的影响。比较三组之间相关命题数量和比例发现，融合式阅读教学组中，认为自己的自我效能感、社会动机和外在动机均得到提高的学生的百分比，高于文学圈对照组和底线对照组（传统教学组）。

综上所述，通过定量统计和质性数据的描述性统计分析，融合式阅读教学组的学生在接受阅读策略教学和文学圈教学后，在阅读动机的各个方面都有显著提高；文学圈对照组的学生在接受文学圈的教学活动后，内在阅读动机和自我效能感显著提高；底线对照组（传统教学组）的学生在接受传统教学后，内在阅读动机显著提高。这些结果还表明，融合式阅读教学组的学生在自我效能感、外在动机和社会动机方面显著优于文学圈对照组的学生，在外在动机方面显著优于底线对照组（传统教学组）。

二、融合式阅读教学组学生阅读动机变化的原因

在自我效能感方面，融合式阅读教学组的 16 名学生（50%）表示，他们的阅读理解能力有所提高，因为现在他们可以更仔细地阅读，并且更能够理解小说中人物的行为、语言和主要思想。这种提高增强了他们的阅读信心，从而提

升了他们的阅读自我效能感。

访谈示例片段：

小 S：之前我读书的时候，根本就没往脑子里去，读过一遍两三天就把书名给忘了。参加这个课用过阅读日志之后，我可以给自己的阅读能力打三四分，这本书主要内容都记住了。（EXP18，Sunny）

融合式阅读教学组的 18 名学生（56.3%）表示，他们感到自己的阅读理解能力有所提高，因为他们学会了使用多种阅读理解策略来仔细深入阅读。他们学会了运用五种感官来想象和更好地理解人物的情感。他们还学会了提出高层次的问题（评估类问题和创造类问题），并从文本到文本，或从文本到经验中建立联系。这些阅读策略帮助他们对阅读的内容产生了更深刻的印象，并提高了他们的阅读理解能力。随着他们对阅读理解能力的信心提高，他们的阅读自我效能感也得到了提升。

关于内在动机，在融合式阅读教学组中，有 22 名学生（占 68.8%）表示，他们感觉自己的内在阅读动机得到了提升。这是因为融合式阅读教学让他们觉得读书变得有趣和快乐。他们在接受融合式阅读教学后，也逐渐开始阅读更多不同类型的书籍，更加能够坚持读完整本书，不再仅仅局限于阅读漫画，而是挑战更复杂的小说和各种类型的书籍，并且更容易沉浸在书中的世界。

访谈示例片段：

问：那对小说的兴趣之前打几分，现在打几分？

小 Y：小说的兴趣，之前打 1.5 分，现在打 3.8 分。

问：为什么呀？

小 Y：之前是读自己感兴趣的，现在冒险类的、文艺类的都会看。（EXP08 Young）

不仅如此，在融合式阅读教学组中，有 14 名学生（43.8%）认为，通过使用视觉化和提问等策略，他们的内在阅读动机得到了提升。视觉化策略帮助学生尽情发挥想象，而提问策略则帮助他们发现了有趣的细节。这些策略促进了他们的仔细阅读、创造性思维和对文本的深入理解，使读书的过程变得有趣且富有成效。

　　小 B：因为我以前阅读读着读着就变无聊了，就去干其他事了。上过这个课之后，就会认真读，并将自己代入人物中去想象，体会他的感受，他当时该怎么做，就会觉得读书非常有意思。（EXP12 Britney）

　　小 H 以前是一个不喜欢读书的学生，但在接受融合式阅读教学后，他认为自己对阅读小说的兴趣有所提高。他认为视觉化策略使阅读变得有趣，尤其是当想象人物的行动的时候。

　　问：那你对小说的兴趣呢？之前打几分？现在打几分？

　　小 H：之前 2、3 分。

　　问：现在呢？

　　小 H：4、5 分。

　　问：你觉得主要变化出现在哪儿？

　　小 H：想象，可以想象。

　　问：因为可以想象，所以有点兴趣了，是吗？

　　小 H：嗯（点头），感觉读书也挺有意思的。（EXP15，Hobe）

　　也有接受融合式阅读教学的学生提到，他认为自己对阅读小说的兴趣有所提高，是因为使用了提问策略，能够更多地理解文本的细节，这使得阅读更加有趣。

　　问：你对阅读小说的兴趣，之前打几分，现在打几分？

　　小 L：对小说的兴趣，以前是 2 分，现在是 4 分。

　　问：为什么呢？这个提升还挺明显的？

　　小 L：因为就是用了这些策略，然后了解故事中的一些细节，就让我更喜欢读书。（EXP16，Peace）

　　在融合式阅读教学组中，有 8 名学生（25%）提到，他们非常愿意参加关于小说的小组讨论，希望融合式阅读教学继续保留小组讨论。因为他们发现，在小组讨论中，他们被其他人所接受，并有一种团结和谐的感觉。他们还感到放松，并有足够的机会与他人分享对书籍的看法。此外，他们还可以获得新知识或新观点，并且分享其他学生提出的宝贵问题。这一发现解释了为什么融合式阅读教学组的学生在社会动机方面有了显著提高。

访谈示例片段：

问：当你提这些问题时，你们小组的组员在回答问题的时候会给你什么样的感受？

小 Q：他们在回答问题的时候会给我一种比较团结的感受。

问：就是大家认可你，大家在讨论你的问题？

小 Q：嗯（点头）。

问：什么是团结的感受，可以再具体一点吗？

小 Q：就是小组提问题的时候相处得十分融洽。（EXP07，Zhi）

第四节　融合式阅读教学对阅读策略的影响

一、融合式阅读教学对阅读策略使用水平的正向影响

融合式阅读教学组中有 30 名学生（93.8%）认为他们在接受融合式阅读教学后，阅读策略使用水平有所提升，而文学圈对照组中仅有 1 名学生（3.6%）认为他们使用的阅读方法或策略后阅读水平有所提升，接受传统教学的底线对照组中则没有学生认为有所提升。具体来说，在视觉化策略方面，融合式阅读教学组中有 26 名学生（81.3%）提到，通过阅读策略教学学会了更好地进行想象，且有 11 名学生（34.4%）表示，喜欢使用视觉化策略。在提问策略方面，融合式阅读教学组中有 17 名学生（53.1%）提到，通过提问策略教学，比以前更好地提出问题，而文学圈对照组中有 10 名学生（35.7%）认为，他们通过阅读课，学会了提出问题，底线对照组中则没有学生这么认为。在联系策略方面，融合式阅读教学组中有 11 名学生（34.4%）认为通过策略教学学会了比以前更好地建立联系。最后，在总结策略方面，融合教学组中有 10 名学生（31.3%）提到通过阅读策略教学，学会了更好地进行总结。

对质性数据的描述性分析表明，融合式阅读教学组的学生在接受融合教学后，阅读策略使用水平得到了显著改善，四种策略使用水平改善的学生多于其他两组。总体而言，对质性数据的定量分析，支持了关于融合教学的量化研究结果，这表明融合式阅读教学对学生的策略使用水平具有积极影响，并且在提高学生策略使用水平上，比文学圈和传统教学法更为有效。

表7-6　三组学生阅读策略主题出现的数量及频率对比

变量	主题	每组案例数（名）和比率（%）		
		融合组	文学圈	底线组
总体变化	阅读方法或策略没有变化	2 6.3%	3 10.7%	12 44.4%
	阅读策略的提升：在接受阅读策略教学之前，他们几乎没有使用任何理解策略进行阅读，在教学之后，他们开始更频繁地使用多种阅读策略，如视觉化策略、提问策略、总结和联系策略，以达到更深入的理解水平	30 93.8%	1 3.6%	0 0
	阅读策略有一点提升：因为使用了阅读日志，开始知道怎样根据文本提出问题，而不是随便提出问题；两个熟练读者提出他们学会了总结和联系，但是不知道具体哪一方面有所提升	0 0	17 60.7%	0 0
	阅读策略有一点提升：在阅读方法和策略上有了一点改进，能够反复仔细阅读，并试图理解作者的写作目的；由于老师PPT中的图片和老师对人物情感的分析，想象能力得到了提高；由于反复仔细阅读，自然而然地产生了联系，因此学生的联系能力也得到了提高	0 0	0 0	6 22.2%
视觉化	学会通过五官齐动方法用视觉化策略进行想象，把自己当作故事中的主人公	26 81.3%	2 7.1%	0 0
	喜欢视觉化策略/喜欢画画：因为他们喜欢画画和想象，画画和想象促进了他们的阅读理解能力	11 34.4%	1 3.6%	3 11.1%
	喜欢插画师的角色：因为不需要写太多字，可以自由想象	0 0	9 32.1%	0 0
	讨厌插画师的角色：因为不喜欢画画，或者画得不好看	0 0	10 35.7%	0 0
	在阅读时自发想象文本中的图像和声音，没有任何教学，从小读书就是这样	0 0	1 3.6%	10 37.0%
	喜欢视觉化策略觉得可视化能力提高了，因为老师的指导PPT中有很多关于这本书的图片，激发了想象力	0 0	0 0	1 3.7%

变量	主题	每组案例数（名）和比率（%）		
		融合组	文学圈	底线组
提问	上课之后学会了更好地提问（创造类问题和评价类问题），针对人物的动机提问	17 53.1%	10 35.7%	0 0
	父母和课外辅导班会教自己提问：针对书籍题目提问、针对细节或者是错别字提问，提出预测问题	0 0	0 0	12 44.4%
	喜欢提问策略：有和别人讨论和提出问题的机会	0 0	7 25%	0 0
联系	在接受教学后学会了更好地进行联系：将文本与自己联系起来，将文本与世界联系起来，将文本与文本联系起来	11 34.4%	4 14.3%	0 0
	会自发在文本和真实生活之间、在文本与文本之间建立联系；很自然就把文本和其他相似文本或主人公联系在一起，没有接受任何教学，从小读书就是这样	0 0	1 3.6%	7 25.9%
	喜欢联系者的角色：容易找到文本之间的相似性或者文本和真实生活之间的相似性	0 0	2 7.1%	0 0
总结	通过课程学会更好地总结：总结每章主要人物和主旨，总结人物情感和人格品质，总结文章内容，制作思维导图（仅融合组）	10 31.3%	4 14.3%	0 0
	喜欢总结者的角色：能够总结文章主要内容，提升总结能力	0 0	2 7.1%	0 0
	自发总结文本主要内容，给家长复述故事，使用六要素法总结文本主要内容；没有接受正式教学，从小读书就是这样	0 0	0 0	5 18.5%
	父母或者课外辅导班教会自己使用思维导图总结文本主要内容	0 0	0 0	3 11.1%
	语文老师要求总结文本的主要内容或者把4~5篇课文总结为几句话	0 0	0 0	3 11.1%

续表

变量	主题	每组案例数（名）和比率（%）		
		融合组	文学圈	底线组
提升原因	教师策略教学：因为教师策略教学十分有帮助，希望能有更多关于阅读策略的教学	14 43.8%	0 0	0 0
	小组讨论：小组讨论能够帮助学生练习巩固不同的诸如总结和提问的阅读策略，强化使用阅读策略的意识，帮助薄弱学生学习阅读策略	12 37.5%	1 3.6%	0 0
	阅读日志和阅读任务清单：阅读日志和阅读任务清单有助于练习和巩固不同的阅读策略（视觉化、联系、提问和总结）	22 68.8%	7 25%	0 0
	融合式阅读教学：融合式阅读教学所有环节，包括默读、直接策略教学、阅读日志、任务清单、讨论，都有助于学生掌握阅读策略。每个环节都为下一个环节做预备，希望每个环节都被保留	8 25%	0 0	0 0
	家庭支持：爸爸妈妈或其他亲戚教自己诸如提问、联系、总结等阅读理解策略	2 6.3%	1 3.6%	3 11.1%
	课外辅导：通过网上阅读项目或者课外辅导项目学了一些阅读理解策略	1 3.1%	1 3.6%	2 7.4%

二、融合式阅读教学组学生阅读策略进步的原因

根据学生的后测访谈，融合式阅读教学组的所有学生均提到，他们感受到了阅读策略使用水平的明显提升。因为在参与融合式阅读教学之前，他们只是简单读书，不会用任何有效的阅读策略，不过，在接受阅读教学后，他们学会了熟练而频繁地使用诸如视觉化、提问、总结和联系等多种阅读策略。这些策略也帮助他们更深入地理解了文本中人物的情绪、动机和选择，并帮助他们更好地记住文本中更多的故事和情景。

访谈示例片段一：

问：现在阅读小说的时候会采用哪些策略？

小R：五官齐动、想象、思维导图。

问：然后那其他的呢？还会想到什么策略？

小R：最常用的就是这三种。用五官齐动，把自己当成故事人物的朋友，或者就是他，来感受那个故事，就更理解他的想法和他为什么要那样做。（EXP02，Ruiwn）

访谈示例片段二：

小H：以前的话，就是只看内容，没有总结或者也没有思考，上完课之后，能思考，还能提问，然后还能想象画面。（EXP26，Hysen）

具体来说，根据后测访谈内容，在视觉化策略方面，融合式阅读教学组26名学生提到，他们通过融合式阅读教学课程中的策略教学环节，学会了使用五官齐动进行想象，把静态的文本内容想象成动态画面，并把他们自己想象成主要角色。这一策略帮助他们更好地经历和想象主要人物的情感和遭遇。一些学生也提到他们在上过融合式阅读教学课程后，能比之前更频繁地使用视觉化阅读策略，并且以前只能想象一个小片段，接受完融合式阅读教学后，能够在读书的时候想象完整的章节。

在提问策略方面，根据后测访谈，17名融合式阅读教学组的学生提到，他们学会提出不同类型的问题，尤其是像创造类问题和评估类问题这样的高水平问题，他们也学会了提出关于人物动机和情感的问题。

小R：我（读书时）也用提问策略，主要还是问理解类和创造类的问题。比如故事里已经发生了一件事，我就会提问说如果这件事没有发生，下边会怎么样。就像《丁丁历险记》这本书，我当时读完就问自己，如果丁丁不是那么爱冒险，会发生什么，它后边的故事会怎么样展开。（EXP02，Ruiwn）

在联系策略方面，根据后测访谈，11名融合式阅读教学组的学生提到，他们学会了建立文本与文本、文本与世界、文本与自己之间的联系。他们比之前更加频繁地使用这些阅读策略，这些策略能帮助学生更好地理解文本。

访谈片段一：

小T：我以前读书时根本就没想过体验书中角色想法，把自己代入；也没有想过怎么能从文本联系到自己，或者联系到世界上的那些经历，我不

会想到这些。但是上完这个阅读课之后，我发现，在读书时使用这些策略，就更让我能深入地了解这本书。（EXP28，Tao）

访谈片段二：

汪：我以前读书时偶尔会使用联系策略，但是更多用的是想象策略。使用想象策略就会让你读书时候，感觉自己就是那个主人公。现在我也会用联系策略，比如说我上次读《鲁滨孙漂流记》，使用了联系策略，就联想到《格列佛游记》的主人公也跟鲁滨孙挺像的。还有就是在《草房子》里面，读到桑桑生病那一段，我会使用联系策略，联想到我读过的《秘密花园》这本书里，主人公也是一开始对自己没有信心，后来经过朋友的鼓励和陪伴，就慢慢变得更加乐观、活泼。所以，上完这个阅读课，除了想象，现在我用联系策略的次数也很多。（EXP27，Wenny）

在总结策略方面根据后测访谈，11 名融合式阅读教学组的学生提到，他们学会了总结每章的主旨、关键点和主要人物角色的情感和人格特征。

小 S：因为以前不了解那些阅读策略，读书的时候只是粗略地概括一下，但也概括不好。但是上完这个课之后，我觉得概括文本内容时，能抓住重点了，甚至还可以对书里一些人物的品质做出评价。（EXP22，Jiesy）。

至于融合式阅读教学组的学生阅读策略使用水平显著提升的原因，融合式阅读教学组中 14 名学生将他们的进步归因于教师采用的直接策略教学法，以及老师采用出声思维方法对阅读策略的演示。他们提到，教师的阅读策略教学非常有效。他们强烈希望未来能接受更多的阅读理解策略教学。

访谈片段一：

S：我感觉，老师教的阅读策略应该保留，以后继续给我们讲，因为这个提问策略对我的阅读能力有很大的帮助，现在我的阅读能力提升了。（EXP18，Sunny）

访谈片段二：

问：你对这个阅读课的态度是怎么样的？
张：喜欢。

　　问：为什么？

　　张：因为阅读课上老师能教给我们很多的阅读方法，不是只读就行了，而是要能理解。（EXP29，Zham）

　　融合式阅读教学组 12 名学生将他们在策略使用水平上的进步，归因于融合式阅读教学中的小组讨论环节，因为小组讨论能够帮助学生练习和巩固多种阅读策略，并提升他们使用阅读策略的能力。通过讨论，他们可以学习其他组员是怎样使用阅读策略的，并反思自己的阅读策略使用过程，通过这种方式，他们能够改善自己使用阅读策略的方式。

访谈片段一：

　　问：你在小组讨论中听小 F 和小 K 讨论，对你自己的阅读有什么影响？

　　小 S：我觉得小 F 提的那些问题非常有价值，可以带动我跟他一起去思考。他解答问题的方法，跟我的也不一样，他解答问题的方法就是在书中去找，而我的解答方法就联系自己的经历。所以我觉得我应该学学他的方法，从书中寻找问题的答案应该会更准确一些。

　　问：所以你认为小 F 给你了一种不同的寻找答案的方法和新的提问的方式，对吗？

　　小 S：嗯，对。（EXP 18，Sunny）

访谈片段二：

　　小 L：（笑）我记得小 H 画的图。让我印象深刻的是，他画的鲁滨逊所使用的枪是加了八倍镜的，这一点让我印象特别深刻，他画的图能帮助我们小组成员更好地理解书里的内容，然后还有小 M 提的问题也很好，她喜欢提出不同类型的问题，她提的问题能让我们把书中的内容和自己的生活实际联系起来。（EXP17，Lancey）

　　除此之外，小组讨论还能帮助一些薄弱学生更好地学习阅读策略，因为这些学生能够从其他经验丰富的组员那里学习到怎样运用阅读策略来完成阅读任务、阅读日志和任务清单。融合式阅读教学小组中有 22 位学生提到，阅读日志和角色任务清单也能够帮助他们锻炼和巩固阅读策略的使用情况。当学生使用阅读日志的时候，他们可以提出更多的问题、用视觉化策略画出更多关于文本内容、主人公的图画，这能够帮助学生更好地回顾文本的内容。

小 P：我比较喜欢阅读日志，因为它可以让我们自己提出问题，可以让我们更加深刻地记住文中那些内容和想象的画面。比如，为什么鲁滨逊要把那些树干插到堡垒的外面。（EXP30，Pei，a struggling student）

小 L：我觉得阅读日志很有用，就是能让你提出自己的问题，画图也很有用，比如根据鲁滨逊叙述的星期五的外貌特征，把星期五画出来，就让我对星期五的印象更加深刻。（EXP31，Lucy）

融合式阅读教学小组中，有 8 名学生将他们在策略上重要的进步归因于融合式阅读教学的所有环节。他们认为融合式阅读教学所有环节，包括默读、阅读策略的直接教学、角色任务单和阅读日志、小组讨论对掌握阅读策略有很大的帮助，融合式阅读教学的每个环节都是下一个环节的准备和过渡，学生认为这些环节应该在未来的阅读教学中都得到保留。

访谈片段一：

问：对这个阅读课，你怎么看？比如用 3 分制打分，1 代表不喜欢，2 代表中等，3 代表喜欢，你会打几分？

小 Z：我会打 3 分。

问：为什么呢？

小 Z：因为，在阅读课上，您一开始让我们先自己读三章内容，然后您再带我们精读，给我们任务清单，让我们提出自己的问题、概括主要内容，写完之后到下半节课进行小组讨论，主要讨论每个人提出的问题，我们就能听到小组内其他同学对不同问题的看法和见解。我觉得这个过程安排得特别好。

问：为什么你觉得这个过程安排得特别好？这个课程跟你平时上课的安排有什么不一样？

小 Z：最大的不同就是在这个课程中，我们可以在读书时用提问策略，自主提出许多问题，但在其他课上，就不能自己主动提出问题。（EXP07，Zhi）

三、融合式阅读教学组和文学圈对照组学生策略使用情况比较

融合式阅读教学组和文学圈对照组学生所完成的角色任务清单、阅读日志也有较为明显的差异。在完成任务清单和阅读日志时，融合式阅读教学组的学生能够使用视觉化策略根据故事中的人物角色画插画。文学圈对照组的学生也有机会画插画，因为他们需要扮演插画师的角色，完成角色任务清单，为接下来的小组讨论主题做准备。所有学生都有选择完成或不完成角色任务的自由。

角色清单和阅读日志的分析显示，在整个实验期间，融合式阅读教学组的学生在角色清单和阅读日志中，总共绘制了54幅图片；而文学圈对照组的学生仅绘制了21幅图片（见表7-7），这表明文学圈对照组的学生，可能并不像融合式阅读教学组的学生那样喜欢使用视觉化的策略进行阅读。

表7-7 融合式阅读教学组和文学圈对照组学生任务单策略使用情况比较

任务单上的任务类型	融合式教学组		文学圈对照组	
	总共频次（次）	百分比	总共频次（次）	百分比
视觉化策略				
画画	54	100%	21	100%
提问				
记忆类问题	54	15.94%	132	37.07%
理解类问题	171	50.44%	207	58.15%
应用类问题	15	4.42%	0	0
评价类问题	21	6.19%	8	2.25%
创造类问题	78	23.01%	9	2.53%
联系				
文本与自己	68	60.72%	37	94.87%
文本与文本	15	13.39%	0	0
文本与世界	29	25.89%	2	5.13%
总结				
借助文本结构	56	37.09%	0	0
借助思维导图	81	53.64%	0	0
提取重要事件	10	6.62%	76	27.21%
抄录章节标题	0	0	37	55.88%
提取细节	4	2.65%	23	16.91%
关于文本人物或故事情节的自由评论	51	100%	95	100%
教学实验开展期间完成的任务单总张数（张）	277		298	

（一）任务角色清单分析一：视觉化策略

任务清单 1 为融合式阅读教学组 S 同学的任务单。S 同学是一位阅读水平较高的同学。她想象了《草房子》第一章中的一个重要场景。在这个场景中，第一章的主角陆鹤成功地扮演了戏剧中最大的反派角色。任务清单 2 为融合式阅读教学组 W 同学的任务单。W 是一位阅读水平较高的同学。她想象了《草房子》第一章的另一部分重要内容，就是纸月到油麻地小学第一天的情景，教师正在给吵闹的班级介绍纸月。任务清单 3 为融合式阅读教学组 J 同学的任务单。J 是一位阅读水平较高的同学。他也想象了《草房子》第一章的内容，在这一部分内容中，第一章的主角，陆鹤，被一个屠夫调侃羞辱，而陆鹤想要用砖头报复反击。任务清单 4 为文学圈对照组 L 同学的任务单。她和融合式阅读教学组的 S 同学想象的是同一部分内容，陆鹤正在扮演剧中最大的反派。通过对比四张任务清单能发现，融合式阅读教学组完成的视觉化策略任务，比文学圈对照组的同学完成的类似人物更复杂、更详细。融合式阅读教学组的同学的视觉化策略和绘图包含更多的对话、涉及更多角色、呈现更多细节、使用更多颜色，并且还在角色人物清单上对他们的绘图做了更多解释，而文学圈对照组的同学则没有对他们的绘图做任何解释。

（二）任务角色清单分析二：提问策略

根据工作表，融合式阅读教学组的学生在整个实验期间，共提出了 339 个问题。其中，记忆类问题占比 16.93%，理解类问题占比 50.44%，应用类问题比占 4.42%，评价类问题占比 6.19%，创造类问题占比 23.01%。相比之下，文学圈对照组的学生共提出了 350 个问题。其中，记忆类问题占比 37.08%，理解类问题占比 58.15%，没有应用类问题，评价类问题占比 2.25%，创造类问题占比 2.53%（见表 7-7）。结果表明，融合式阅读教学组和文学圈对照组学生均学会了提出问题，但融合式阅读教学组的学生在提出高层次问题方面比文学圈对照组的学生更为熟练。

学生提出的问题示例：

1. 融合式阅读教学组阅读水平较高的小 W 同学在《鲁滨逊漂流记》中提出的问题："为何鲁滨逊不惜违反父母的意见，也要坚持航海？他的哥哥们已经出事，他却还是要去？"

2. 文学圈对照组阅读水平较高的小 D 同学在《鲁滨逊漂流记》中提出的问题："鲁滨逊他们用三份火药和弹丸干了什么？""答：因为他们发现一头狮子，想吃狮子肉和扒了狮子皮用来取暖。所以他们用枪的三份火药和弹九。"

3. 融合式阅读教学组阅读水平较高的小 P 同学在《鲁滨逊漂流记》中提出的问题："鲁滨逊为什么要把葡萄挂在树枝上晒干？鲁滨逊不搬家，为什么还要在那片地方建立一个茅屋？他如果没有巡视小岛，会怎么样？"

4. 文学圈对照组阅读水平较高的小 H 同学在《鲁滨逊漂流记》中提出的问题："鲁滨逊既然有食物，为什么还要做面包？"

5. 融合式阅读教学组阅读水平中等的小 L、小 T、小 P 同学在《鲁滨逊漂流记》中提出以下问题。

小 L："鲁滨逊在这场大病中，获得的教训是什么？如果鲁滨逊病没好他会怎么样？主人公种完稻子、麦子后，又发生了什么？"

小 T："如果鲁滨逊不去佛德角他会怎样？"

小 P："为什么鲁滨逊在做船时不考虑船能否到海中，不实地测量一下呢？"

6. 文学圈对照组阅读水平中等的小 L、小 Z、小 H 在《鲁滨逊漂流记》中提出以下问题。

小 L："鳖那么好捉吗？"

小 Z："鲁滨逊天天吃鳖不会觉得残忍吗？"

小 H："甜酒不像白酒一样辣为什么还有人被灌得酩酊大醉？"

两组学生所提问题的对比分析显示，融合式阅读教学组的学生倾向于提出更多高层次问题，特别是创造类问题。相比之下，文学圈对照组的学生则更多聚焦于记忆类问题和基础性理解问题。进一步观察发现，融合式阅读教学组的学生提出的问题，紧密围绕主人公的性格特征、重要经历或跨学科背景知识展开。其中，部分学生甚至能够提出引发读者对人物性格进行深入批判性反思的问题。而文学圈对照组的学生，虽然提出的问题同样引人入胜，但更多聚焦于细枝末节。

（三）任务角色清单分析三：联系策略

学生的任务清单表明，融合式阅读教学组的学生在完成任务清单的过程中，总共建立了 112 个联系。其中，60.71% 为文本与自我联系，13.39% 为文本间联系，25.89% 为文本与世界联系。相比之下，文学圈对照组的学生总共建立了 39 个联系，其中 94.87% 为文本与自我联系，没有文本间联系，5.13% 为文本与世界联系（见表 7-7）。比较结果表明，融合式阅读教学组的学生建立的联系类型和深度显著好于文学圈对照组学生。

1. 融合式阅读教学组阅读水平较高的小 J 同学建立文本与自我的联系："文中第 44 页说道，他在岛上睡得十分舒适，我在一个陌生、没人，而且是一个岛上，我可能睡 2 到 3 个小时就醒来，因为岛上可能会有小虫、蛇之类的，会生病。睡觉也可能不太舒适，而他第二天醒来后精神焕发，鲁滨逊真厉害！"

2. 文学圈教学组阅读水平较高的小 J 同学建立文本与自我的联系："鲁滨逊是一个十分坚强的人，即使他流落荒岛他也不屈不挠地活了下去，而我十分胆小，晚上上完舞蹈课也不敢自己回家，这一点是我该向他学习的。"

3. 融合式阅读教学组阅读水平中等的小 R 同学建立文本与文本之间、文本与世界之间的联系："我觉得鲁滨逊遇到星期五就像我看过的《神奇校车》里面的人物一样，不管遇到什么都不害怕。我觉得鲁滨逊的遭遇很像一些贫困地区的人，经过自己的努力，变得富有了。"

4. 文学圈对照组阅读水平中等的小 W 同学建立文本与自己的联系："如果我被留在荒岛上，我就准备自生自灭了，而鲁滨逊却不是这样。"

经过对两组学生所使用的联系策略进行比较后发现，融合式阅读教学组的学生建立了更多种类的联系：文本与自我、文本与文本、文本与世界。即便是在融合式阅读教学组中遇到学习困难的学生，也能建立起高水平的文本与文本、文本与世界之间的联系。相比之下，文学圈对照组的学生建立的联系全部为文本与自我之间的联系。此外，融合式阅读教学组的学生建立的联系在细节上也比文学圈对照组更为丰富。

（四）任务角色清单分析四：总结策略

在总结策略任务方面，根据对学生任务清单的分析，融合式阅读教学组的学生共完成了 151 篇总结。其中，37.09% 的学生借助了文本结构进行总结，53.64% 的学生借助了思维导图，6.62% 的学生在概括时提取了主要事件，而 2.65% 的学生则错误地把细节当成主要内容进行了概括。相比之下，在文学圈对照组中，学生完成了 136 份总结。然而，在这些摘要中，没有学生使用文本结构或思维导图进行概括，27.21% 的学生概括时提取了主要事件，55.88% 的学生直接复制了章节标题，而 16.91% 的学生则错误地把细节摘录当成了对主要内容的概括（见表 7-7）。这一对比表明，融合式阅读教学组的学生在撰写总结方面比文学圈对照组的学生更为熟练。以上这些差异在一定程度上解释了，为什么融合式阅读教学组的学生在四个策略的使用上显著超过文学圈对照组的学生。

通过分析学生策略任务清单我们发现，融合式阅读教学组阅读水平较高的小 S 对《草房子》中的重要章节内容进行总结，他使用了思维导图对杜小康的心路历程进行了详细的总结。他还别出心裁地画出了一个机器人思维导图的图案，在形象而有趣的思维导图中，他成功地概括了杜小康（本书主人公之一）几乎所有的重要经历及其主要的性格特点。在《草房子》第四课中，来自融合式阅读教学组的阅读水平中等的小Y同学也对杜小康的心路历程进行了思维导图总结。他运用思维导图概括了杜小康的一部分重要经历及其主要性格特点。在《草房子》第四课中，来自文学圈对照组的阅读水平中等的小R总结了杜小康的经历。他没有使用思维导图，而是总结了一些与杜小康的经历有关的重要情节，特别是最后一章的内容，但是没有归纳人物的性格特征，他的总结内容如下：

> 主要人物：杜小康、杜小康的爸爸、桑桑
> 主要场景/环境：家里已经没钱了，红门里
> 主要事件：杜小康的爸爸生病了，红门里整天闲着没人敲门，后来朱一世趁他们垮台，就在桥头开了一个小杂货铺，后来杜家连灯油钱都没有了，后来杜小康想上学，他爸不让，让他养鸭子，鸭子把人家的鱼苗都吃了。最后杜小康他爸，让债主把红门拆了抵债。后来杜小康和他爸从老家回来，他爸爸瘦得只有骨架，他在学校做小买卖，他不怕大家笑话他。

在《草房子》第四课中，来自文学圈对照组的阅读水平中等的小M总结了杜小康父亲经历的大事，但是没有总结杜小康的主要经历。她的总结内容如下：

> 主要人物：杜小康、杜雍和
> 主要场景：红门
> 主要事件：杜雍和因为瘫痪，需要花钱治病，所以把杂货铺卖了，可是钱还是不够，只能向别人借钱。

来自融合式阅读教学组的阅读水平中等的小A总结了鲁滨逊第一次看到野人的反应。她使用了文本结构（问题—反应—解决）总结了其中的主要事件："鲁滨逊发现了野人—他非常害怕—他加固了自己的房子还种了许多树来隐藏他的房子。"来自融合式阅读教学组的阅读水平中等的小Y总结了鲁滨逊第一次看到野人的反应。他也使用了文本结构（问题—反应—解决）总结了其中的主要事件："鲁滨逊发现有脚印，非常惊慌，就加固了他的房子，种了许多树来隐藏他自己。鲁滨逊发现人骨，感觉有野人，就找了一个山洞把最重要的财产塞进去了。"相比之下，来自文学圈对照组的阅读水平中等的小J也总结了鲁滨逊第一次看到野人的反应，他没有使用文本结构或思维导图："鲁滨逊看到了野人脚

印，很害怕。"

通过对比融合式阅读教学组与文学圈对照组的学生完成的角色任务清单中的总结策略作业，我们可以发现，融合式阅读教学组的学生总结包含了更多的关键事件，而文学圈对照组学生的总结，则包含较少的重要信息，且包含更多琐碎细节。融合式阅读教学组学生的总结更为全面、简洁，相比之下，文学圈对照组学生的总结则稍显冗长，包含了一些冗余的信息。此外，融合式阅读教学组的学生能够运用思维导图、文本结构等思维工具辅助总结，而文学圈对照组学生则未能做到这一点。总体而言，量化结果表明，在接受融合式阅读教学后，融合式阅读教学组学生在四大阅读策略（视觉化、提问、联系和总结）上均取得了显著进步。文学圈对照组学生在提问、联系和总结策略上取得了显著进步，而底线对照组（传统教学组）学生则在视觉化和总结策略上取得了显著进步。在后测中，融合式阅读教学组的学生在视觉化策略的使用上，显著优于文学圈对照组学生，并且在提问、联系（控制前测分数后）和总结策略上显著优于两个对照组。

对学生访谈数据及学生的任务清单数据分析的结果，完全支持了融合式阅读教学组的量化统计结果，并部分支持了文学圈对照组的量化统计结果。它们还为量化统计结果提供了一些解释：首先，融合式阅读教学组的许多学生表示，他们的策略使用水平得到了改善，因为他们在融合式阅读教学中学会了在阅读不同学科、不同类型的文本时灵活使用多种阅读策略。他们学会了用五官齐动的方法来使用视觉化策略，提出高质量的问题，建立不同类型的联系，并在接受融合式阅读教学后学会总结文章的主要思想。他们将这种改善归因于教师采用的直接策略教学、小组讨论、角色表或阅读日志，以及融合式阅读教学中不同环节的整体结合。其次，文学圈对照组的大多数学生只是笼统地认为他们的阅读方法得到了改善，但无法明确指出通过阅读课在哪些具体方面得到了提高。一些学生表示，他们学会了扮演插图师的角色，提出更多问题，在自身与现实生活之间建立联系，并通过完成角色任务清单和阅读日志来总结文章的主要思想。最后，对比融合式阅读教学组和文学圈对照组的学生的任务清单发现，文学圈对照组学生提出的问题和建立的联系比融合式阅读教学组的学生更为简单、肤浅和单调。此外，文学圈对照组学生的总结在准确性、结构化水平和全面性方面也不如融合式阅读教学组的学生。

参考文献

一、中文文献

（一）中文著作

[1] 龙协涛．读者反应理论［M］．新北：扬智文化事业股份有限公司，1997.

（二）中文期刊

[1] 洪瑛瑛．小学语文阅读教学中体验学习探究［J］．现代基础教育研究，2020，40（4）：191-194.

[2] 李笋．小学语文读写结合教学模式的构建［J］．中国教育学刊，2020（S1）：50-51.

[3] 潘娟．品味经典传承美德：以读后感为载体，用经典文学的光辉照亮孩子的灵魂深处［J］．教育教学论坛，2014（34）：213-215.

[4] 杨雨．小学语文"体验式"阅读教学模式探讨［J］．教育理论与实践，2017，37（26）：55-56.

[5] 张文静，辛涛．阅读投入对阅读素养影响的跨文化比较研究：以PISA 2009为例［J］．心理发展与教育，2012，28（2）：175-183.

（三）其他文献

[1] 段艳敏．论中学语文阅读课的语感教学方法［D］．武汉：华中师范大学，2006.

[2] 顾贤芳．初中语文阅读教学中语感能力培养的策略研究［D］．南京：南京师范大学，2008.

[3] 官璐．美读与中学语文阅读教学中语感的培养［D］．济南：山东师范大学，2006.

[4] 江玲玲．多重对话下的语文阅读教学的文本解读策略研究［D］．芜湖：安徽师范大学，2015.

[5] 李丹丹．"对话"理论在语文教学中的本土化发展［D］．哈尔滨：哈尔滨师范大学，2015.

［6］马建军."对话式"教学在语文阅读教学中的运用［D］. 呼和浩特：内蒙古师范大学，2011.

［7］申岩林. 从单篇到单元：20 世纪阅读教学研究初探［D］. 北京：北京师范大学，2010.

［8］汪媛. 对话理论指导下的语文阅读教学［D］. 沈阳：沈阳师范大学，2006.

［9］魏欣宇. 中美阅读教学活动比较与借鉴［D］. 天津：天津师范大学，2014.

［10］魏欣宇. 中美阅读教学活动比较与借鉴［D］. 天津：天津师范大学，2014.

二、英文文献

（一）英文著作

［1］ANDERS P L，GUZZETTI B J. Literacy Instruction in the Content Areas［M］. 2nd ed. Mahwah：Lawrence Erlbaum Associates，2005.

［2］BRITT M A，ROUET J F，PERFETTI C A. Using Hypertext to Study and Reason about Historical Evidence［M］// ROUET J F，LEVONEN J T，DILLON A，et al. Hypertext and Cognition. Mahwah：Lawrence Erlbaum Associates，1996.

［3］BRITT M A，PERFETTI C A，SANDAK R，et al. Content Integration and Source Separation in Learning from Multiple Texts［M］// GOLDMAN S R，GRAESSER A C，VAN DEN BROEK P. Narrative Comprehension，Causality，and Coherence：Essays in Honor of Tom Trabasso. Mahwah：Lawrence Erlbaum Associates，1999.

［4］BRUNER J S. Vygotsky：A Historical and Conceptual Perspective［M］// WERTSCH J V. Culture，Communication and Cognition：Vygotskian Perspectives. Cambridge：Cambridge University Press，1985.

［5］BUT J C. Assessment：A Tool for Improving Disciplinary Literacy［M］// BUT J C. Teaching College-Level Disciplinary Literacy：Strategies and Practices in STEM and Professional Studies. London：Palgrave Macmillan，2020.

［6］COX C. Literature-based Teaching：A Student Response-Centered Classroom［M］//NICHOLAS J K. Reader Response in Elementary Classrooms. Mahwah：Lawrence Erlbaum Associates，1997.

［7］DANIELS H. Literature Circles：Voice and Choice in Book Clubs & Reading Groups［M］.Portland：Stenhouse Publishers，2002.

［8］FISH S. Is There a Text in this Class？The Power of Interpretive Communities［M］.Cambridge：Harvard University Press，1982.

[9]GADAMER H. Truth and Method[M].New York:Seabury Press,1975.

[10] HARRISON C, PERRY J. Understandin:How We Learn from Texts[M]// HARRISON C. Understanding Reading Development. London:SAGE Publications,2004.

[11]INGARDEN R,CROWLEY R A,OLSON K R. The Cognition of the Literary Work of Art[M].Evanston:Northwestern University Press,1973.

[12]ISER W. The Act of Reading:A Theory of Aesthetic Response[M].Baltimore: Johns Hopkins University Press,1978.

[13]MCRAE A,GUTHRIE J T. Promoting Reasons for Reading:Teacher Practices that Impact Motivation[M]// HIEBERT E H. Reading More,Reading Better. New York: The Guilford Press,2009.

[14]MOKHTARI K,SHEOREY R,REICHARD C. Measuring the Reading Strate-gies of First and Second Language Readers [M]// MOKHTARI K, SHEOREY R. Reading Strategies of First and Second-Language Learners: See How They Read. Norwood:Christopher-Gordon Publishers,2008.

[15] MORROW L M, GAMBRELL L B. Literature-based Reading Instruction [M]// KAMIL M L,MOBENTHAL P B,PEARSON P D,et al. Handbook of Reading Research: Vol 3. New York:Longman,2000.

[16]KINTSCH W. Comprehension:A Paradigm for Cognition[M].Cambridge:Cam-bridge University Press,1998.

[17]KINTSCH W. The Construction-Integration Model of Text Comprehension and its Implications for Instruction[M]// RUDDELL R B, UNRAU N J. Theoretical Models and Processes of Reading. 5th ed. Newark:International Reading Association,2004.

[18] LUPO S, HARDIGREE C, THACKER E, et al. Teaching Disciplinary Literacy in Grades K-6:Infusing Content with Reading,Writing,and Language[M]. New York: Routledge,2021.

[19]PEARSON P D,TIERNEY R J. On Becoming a Thoughtful Reader:Learning to Read Like a Writer[M]// PURVES A,NILES O. Becoming a Reader in a Complex Society. Chicago:Chicago University Press,1984.

[20]PERFETTI C A,ROUET J F,BRITT M A. Toward a Theory of Documents Representation[M]// VAN OOSTENDORP H,GOLDMAN S R. The Construction of mental Representation during Reading. Mahwah:Lawrence Erlbaum Associates,1999.

[21]PRESSLEY M,AFFLERBACH P. Verbal Protocols of Reading:The Nature of Constructively Responsive Reading[M].Mahwah:Lawrence Erlbaum Associates,1995.

[22]PRESSLEY M,EL-DINARY P B,WHARTON-MCDONALD R,et al. Trans-actional Instruction of Comprehension Strategies in the Elementary Grades [M]//

SCHUNK D M, ZIMMERMAN R J. Self-regulated Learning: From Teaching to Self-Reflective Practice. New York: The Guilford Press, 1998.

[23]REEVE J A. Self-Determination Theory Perspective on Student Engagement [M]// CHRISTENSEN S L, RESCHLY A L, WYLIE C. Handbook of Research on Student Engagement. New York: Springer Science, 2012.

[24] ROMANCE N R, VITALE M R. Interdisciplinary Perspectives Linking Science and Literacy in Grades K-5: Implications for Policy and Practice[M]// FRASER B J, TOBIN K G, MCROBBIE C J. Second International Handbook of Science Education. Dordrecht: Springer, 2021.

[25]ROSENBLATT L M. Literature as Exploration[M]. London: Heinemann Educational Books Ltd, 1970.

[26] ROSENBLATT L M. The Reader, the Text, the Poem: The Transactional Theory of the Literary Work[M]. Carbondale: Southern Illinois University Press, 1994.

[27]SMITH F. Understanding Reading[M]. 4th ed. Hillsdale: Lawrence Erlbaum Associates, 1994.

[28]SNOW C E, UCCELLI P. The Challenge of Academic Language[M]// OLSON D R, TORRANCE N. The Cambridge Handbook of Literacy. Cambridge: Cambridge University Press, 2009.

[29]TRACEY D H, MORROW L M. Lenses on Reading: An Introduction to Theories and Models[M]. 2nd ed. New York: The Guilford Press, 2012.

[30] VYGOTSKY L S. Mind and Society: The Development of Higher Mental Processes[M]. Cambridge: Harvard University Press, 1978.

[31]VITALE M R, ROMANCE N R. A Knowledge-based Framework for Unifying Content Area Reading Comprehension and Reading Comprehension Strategies[M]// MCNAMARA D. Reading Comprehension Strategies. Mahwah: Lawrence Erlbaum Associates, 2007.

[32]ZWAAN R, RADVANSKY G, WHITTEN S. Situation Models and Themes [M]// LOUWERSE M, VAN PEER W. Thematics: Interdisciplinary Studies. Amsterdam: John Benjamins Publishing Company, 2002.

（二）期刊

[1] ADAMS T L. Reading Mathematics: More than Words Can Say [J]. The Reading Teacher, 2003, 56(8): 786-795.

[2]ALLEN S. An Analytic Comparison of Three Models of Reading Strategy Instruction[J]. International Review of Applied Linguistics in Language Teaching, 2003, 41(4): 319-338.

［3］BECK I L, CARPENTER P A. Cognitive Approaches to Understanding Reading：Implications for Instructional Practice［J］. American Psychologist, 1986, 41（10）：1098-1105.

［4］BECK I L, MCKEOWN M G, SANDORA C, et al. Questioning the Author：A Yearlong classroom Implementation to Engage Students with Text［J］. The Elementary School Journal, 1996, 96（4）：385-414.

［5］BAKER L, WIGFIELD A. Dimensions of Children's Motivation for Reading and Their Relations to Reading Activity and Reading Achievement［J］Reading Research Quarterly, 1999, 34（4）：452-477.

［6］BARR C D, UCCELLI P, PHILLIPS GALLOWAY E. Specifying the Academic Language Skills that Support Text Understanding in the Middle Grades：The Design and Validation of the Core Academic Language Skills Construct and Instrument［J］. Language Learning, 2019, 69（4）：978-1021.

［7］BARZILAI S, ESHET-ALKALA Y. Reconsidering Personal Epistemology as Metacognition：A Multifaceted Approach to the Analysis of Epistemic Thinking［J］. Educational Psychologist, 2014, 49（1）：13-35.

［8］BRÅTEN I, BRITT M A, STRØ MS H I, et al. The Role of Epistemic Beliefs in the Comprehension of Multiple Expository Texts：Toward an Integrated Model［J］. Educational Psychologist, 2011, 46（1）：48-70.

［9］BRÅTEN I, GIL L, STRØ MS H I, et al. Personal Epistemology across Cultures：Exploring Norwegian and Spanish University Students' Epistemic Beliefs about Climate Change［J］. Social Psychology of Education, 2009, 12：529-560.

［10］BROWN R, PRESSLEY M, VAN METER P, et al. A Quasi-experimental Validation of Transactional Strategies Instruction with Low-achieving Second-grade Readers［J］. Journal of Educational Psychology, 1996, 88（1）：18-37.

［11］BECK I L, CARPENTER P A. Cognitive Approaches to Understanding Reading：Implications for Instructional Practice［J］. American Psychologist, 1986, 41（10）：1098-1105.

［12］BECK I L, MCKEOWN M G, SANDORA C, et al. Questioning the Author：A Yearlong Classroom Implementation to Engage Students with Text［J］. The Elementary School Journal, 1996, 96（4）：385-414.

［13］BERGERON B S. What does the Term Whole Language Mean? Constructing a Definition from the Literature［J］. Journal of Literacy Research, 1990, 22（4）：301-329.

［14］BLOCK C C. Strategy Instruction in a Literature-based Reading Program［J］.

The Elementary School Journal,1993,94(2):139-151.

[15]BOERMA I,MOL S E,JOLLES J. Reading Pictures for Story Comprehension Requires Mental Imagery Skills[J].Frontiers in Psychology,2016,10(24):1630.

[16] BURNS B. Changing the Classroom Climate with Literature Circles [J]. Journal of Adolescent & Adult Literacy,1998,42(2):124-129.

[17]CHINN C A,ANDERSON R C,WAGGONER M A. Patterns of Discourse in Two Kinds of Literature Discussion [J]. Reading Research Quarterly, 2001, 36(4): 378-411.

[18]CIARDIELLO A V. Did you Ask a Good Question Today? Alternative Cognitive and Metacognitive Strategies[J].Journal of Adolescent & Adult Literacy,1998,42: 210-219.

[19] CONLON E G, ZIMMER-GEMBECK M J, CREED P A, et al. Family History,Self-perceptions,Attitudes and Cognitive Abilities are Associated with Early Adolescent Reading Skills[J].Journal of Research in Reading,2006,29(1):11-32.

[20]DEBACKER T K,CROWSON H M,BEESLEY A D,et al. The Challenge of Measuring Epistemic Beliefs: An Analysis of Three Self-report Instruments [J]. The Journal of Experimental Education,2008,76(3):281-312.

[21]DE KONING B B,VAN DER SCHOOT M. Becoming Part of the Story! Refueling the Interest in Visualization Strategies for Reading Comprehension[J].Educational Psychology Review,2013,25:261-287.

[22]DIAKIDOY I A N,KENDEOU P,IOANNIDES C. Reading about Energy:The Effects of Text Structure in Science Learning and Conceptual Change[J].Contemporary Educational Psychology,2003,28(3):335-356.

[23] FANG Z, CHAPMAN S. Disciplinary Literacy in Mathematics: One Mathematician's Reading Practices[J].The Journal of Mathematical Behavior, 2020, 59:100799.

[24]FANG Z,COATOAM S. Disciplinary Literacy:What You Want to Know about It[J].Journal of Adolescent & Adult Literacy,2013,56(8):627-632.

[25]FUCHS L S,FUCHS D,HOSP M K,et al. Oral Reading Fluency as an Indicator of Reading Competence:A Theoretical,Empirical,and Historical Analysis[J].Scientific Studies of Reading,2001,5(3):239-256.

[26]FULDA J S. Rendering Conditionals in Mathematical Discourse with Conditional Elements[J].Journal of Pragmatics,2009,41(7):1435-1439.

[27]GLYNN S M,MUTH K D. Reading and Writing to Learn Science:Achieving Scientific Literacy [J]. Journal of Research in Science Teaching, 1994, 31(9):

1057-1073.

[28] GOLDMAN S R. Adolescent Literacy: Learning and Understanding Content [J].The Future of Children,2012,22(2):89-116.

[29] GOLDMAN S R,BRITT M A,BROWN W,et al. Disciplinary Literacies and Learning to Read for Understanding:A Conceptual Framework for Disciplinary Literacy [J].Educational Psychologist,2016,51(2):219-246.

[30] GOODMAN K S. Reading:A Psycholinguistic Guessing Game[J].Journal of the Reading Specialist,1967,6(4):126-135.

[31] GRAESSER A C. Deeper Learning with Advances in Discourse Science and Technology[J].Policy Insights from the Behavioral and Brain Sciences,2015,2(1): 42-50.

[32] GRAHAM S,HERBERT M. Writing to Read:A Meta-analysis of the Impact of Writing and Writing Instruction on Reading[J].Harvard Educational Review,2011, 81(4):710-744.

[33] GU Y X, LAU K L. Examining the Effects of Integrated Instruction on Chinese Sixth-graders' Reading Comprehension, Motivation, and Strategy Use in Reading Fiction Books[J].Reading and Writing,2021,34(10):2581-2602.

[34] GU Y X,LAU K L. Reading Instruction and Reading Engagement and Their Relationship with Chinese Students' PISA Reading Performance:Evidence from BSJZ, Hong Kong, and Chinese Taipei [J]. International Journal of Educational Research, 2023,120:102202.

[35] GUTHRIE J T,MCRAE A,KLAUDA S L. Contributions of Concept-Oriented Reading Instruction to Knowledge about Interventions for Motivations in Reading[J]. Educational Psychologist,2007,42(4):237-250.

[36] GUTHRIE J T,KLAUDA S L, HO A N. Modeling the Relationships among Reading Instruction, Motivation, Engagement, and Achievement for Adolescents [J]. Reading Research Quarterly,2013,48(1):9-26.

[37] GUTHRIE J T,WIGFIELD A,BARBOSA P,et al. Increasing Reading Comprehension and Engagement through Concept-Oriented Reading Instruction[J].Journal of Educational Psychology,2004,96(3):403-423.

[38] HARTMANN D K. Eight Readers Reading: The Intertextual Links of Proficient Readers Reading Multiple Passages[J].Reading Research Quarterly,1995, 30(3):520-560.

[39] HOFER B K, PINTRICH P R. The Development of Epistemological Theories:Beliefs about Knowledge and Knowing and Their Relation to Learning[J].Re-

view of Educational Research,1997,67(1):88-140.

[40]HUDSON T. Theoretical Perspectives on Reading[J].Annual Review of Applied Linguistics,1998,18:43-60.

[41]HYND C,HOLSCHUH J P,HUBBARD B P. Thinking Like a Historian:College Students' Reading of Multiple Historical Documents[J].Journal of Literacy Research,2004,36(2):141-176.

[42]INGLIS M, ALCOCK L. Expert and Novice Approaches to Reading Mathematical Proofs[J].Journal for Research in Mathematics Education,2012,43(4):358-390.

[43]SCHIJF J E,VAN DER WERF G P C,JANSEN E P W A. Measuring Interdisciplinary Understanding in Higher Education[J].European Journal of Higher Education,2023,13(4):429-447.

[44]JOHNSON H,MAWYER K K. Read Like a Scientist[J].The Science Teacher,2017,84(1):43-47.

[45]KENDEOU P,MCMASTER K, CHRIST T J. Reading Comprehension:Core Components and Processes[J].Policy Insights from the Behavioral and Brain Sciences,2016,3(1):62-69.

[46]KENDEOU P,SMITH E R, O'BRIEN E J. Updating During Reading Comprehension:Why Causality Matters[J].Journal of Experimental Psychology:Learning,Memory,and Cognition,2012,39(3):854-865.

[47]KENDEOU P,VAN DEN BROEK P,HELDER A,et al. A Cognitive View of Reading Comprehension:IMPLICATIONS for Reading Difficulties[J].Learning Disabilities Research & Practice,2014,29(1):10-16.

[48]KENDEOU P,VAN DEN BROEK P,WHITE M J,et al. Predicting Reading Comprehension in Early Elementary School:The Independent Contributions of Oral Language and Decoding Skills[J].Journal of Educational Psychology,2009,101(4):765-778.

[49]KIM J,RELYEA J,BURKHAUSER M,et al. Improving Elementary Grade Students' Science and Social Studies Vocabulary Knowledge Depth,Reading Comprehension,and Argumentative Writing:A Conceptual Replication[J].Educational Psychology Review,2021,33(2):1935-1964.

[50]KINTSCH W. The Role of Knowledge in Discourse Comprehension:A Construction-integration Model[J].Advances in Psychology,1991,79:107-153.